Fetiches ordinarios

LUIGI AMARA

Fetiches ordinarios

RANDOM HOUSE

El papel utilizado para la impresión de este libro ha sido fabricado a partir de madera procedente de bosques y plantaciones gestionadas con los más altos estándares ambientales, garantizando una explotación de los recursos sostenible con el medio ambiente y beneficiosa para las personas.

Fetiches ordinarios

Primera edición: febrero, 2025

D. R. © 2025, Luigi Amara

D. R. © 2025, derechos de edición mundiales en lengua castellana:
Penguin Random House Grupo Editorial, S. A. de C. V.
Blvd. Miguel de Cervantes Saavedra núm. 301, 1er piso,
colonia Granada, alcaldía Miguel Hidalgo, C. P. 11520,
Ciudad de México

penguinlibros.com

Penguin Random House Grupo Editorial apoya la protección del *copyright*. El *copyright* estimula la creatividad, defiende la diversidad en el ámbito de las ideas y el conocimiento, promueve la libre expresión y favorece una cultura viva. Gracias por comprar una edición autorizada de este libro y por respetar las leyes del Derecho de Autor y *copyright*. Al hacerlo está respaldando a los autores y permitiendo que PRHGE continúe publicando libros para todos los lectores.

Queda prohibido bajo las sanciones establecidas por las leyes escanear, reproducir total o parcialmente esta obra por cualquier medio o procedimiento, incluyendo utilizarla para efectos de entrenar inteligencia artificial generativa o de otro tipo, así como la distribución de ejemplares mediante alquiler o préstamo público sin previa autorización.
Si necesita fotocopiar o escanear algún fragmento de esta obra diríjase a CeMPro (Centro Mexicano de Protección y Fomento de los Derechos de Autor, https://cempro.org.mx).

ISBN: 978-607-385-498-6

Impreso en México – *Printed in Mexico*

La variedad de las cosas es en realidad lo que me construye.

FRANCIS PONGE

Preámbulo. Un gabinete de curiosidades de lo inmediato

En "Rondar las calles", uno de sus ensayos más originales y digresivos, Virginia Woolf recorre sin rumbo las calles de Londres hasta alcanzar "el desfase del yo". Aunque su pretexto sea salir en busca de un lápiz, en realidad quiere apartarse de la vida cotidiana, abrir un paréntesis en la soledad de la habitación propia, donde todo lo damos por descontado y nos hemos rodeado de objetos que expresan nuestro temperamento y refuerzan nuestra experiencia personal. La imagen que elige para describir el momento en que deja atrás ese mundo íntimo y consabido es extraña pero significativa: alude a salir de esa "especie de caparazón que nuestra alma ha excretado para guarecerse". Al cerrar tras de sí la puerta para lanzarse a la deriva, se transforma en un molusco acaso desprotegido pero alerta, una "ostra central de receptividad" a la que todo le llama la atención. Flotando suavemente en la corriente de las calles, sin otro propósito que el de estirar las piernas y alejarse de ese yo bajo techo y anquilosado de la vida práctica —conseguir el lápiz es lo de menos—, se diría que ha recuperado la curiosidad y que sus sentidos se han despertado del largo marasmo en que se hallaban en su caverna doméstica. Al cabo de unas horas que se confunden con días, después de revolotear como una polilla en torno de distintos y sucesivos parajes frente a los que sólo puede detenerse un instante a entregarse al ensueño, el paréntesis debe cerrarse y entonces vuelve a casa para reintegrarse a sus viejas posesiones y prejuicios, donde la ostra de receptividad descansará de nuevo y se sentirá arropada y segura en su concha sin sobresaltos ni preguntas, a la manera de un pie que se adormece en la comodidad de su pantufla.

En este librito de ensueños y vislumbres bajo techo me he propuesto el movimiento contrario al de Virginia Woolf; en vez de salir a la intemperie en pos de lo desconocido, he querido que la polilla de la atención revolotee alrededor de los objetos comunes y las cosas corrientes que nuestra alma ha excretado para guarecerse. La idea de que todas estas sillas y utensilios y puertas y focos con que nos cobijamos, todas estas escobas y almohadas y libros y al cabo polvo forman parte de nuestra alma, como si fueran su continuación material y no sólo el escenario por el que se conduce a sus anchas, me ha hecho representarme el itinerario de estos ensayos como una deriva al revés, un recorrido por las paredes y rugosidades de ese caparazón cambiante y variopinto que ya no nos dice nada y casi nunca nos interroga, en busca de las fuerzas secretas e inadvertidas que dan cuerpo a las cosas cotidianas.

Los sociólogos han desarrollado toda clase de teorías acerca de los objetos y han llegado al extremo —tal vez excesivo— de determinar medidas para que un artículo de consumo califique como tal: dada su condición arrojadiza y portátil, el rango del objeto estaría entre el milímetro y los 86 x 139.7cms (de acuerdo con las categorías del Modulor establecidas por Le Corbusier). Esa puntillosidad y afán de rigor acarrea consecuencias contraintuitivas, pues ni la cama ni el librero ni la pantalla de televisión —como las gigantes que se estilan en la actualidad— se ajustarían a dichos parámetros. Más allá de un problema de dimensiones o de alcance terminológico, se diría que el cascarón de cosas que el alma segrega según sus posibilidades vitales, estéticas y económicas, está integrado por más componentes que los objetos en el sentido específico de "productos fabricados industrialmente"; aun cuando los aparatos tecnológicos y las herramientas —y los bártulos y los cachivaches— se hayan convertido en parte esencial del entorno, el hábitat se compone también de elementos naturales controlados, de soluciones arquitectónicas que parecen formar parte de la estructura del mundo e incluso de epifenómenos como el eco o las sombras, que inducen hábitos que socialmente se han endurecido hasta el límite de lo calcáreo.

Etimológicamente *obiectus* significa "puesto delante" o "arrojado contra"; designa en general las cosas materiales que existen fuera de nosotros. Para la premisa de estas exploraciones no me ha importado tanto la distinción natural/artificial ni el hecho de que se trate de productos artesanales o fabricados en serie; mucho menos si son móviles o pueden ser manejados con facilidad. Lo decisivo para situarlos al centro de mis indagaciones ha sido que, en contra de la etimología que los rebaja como artículos de poca monta —de los cuales podemos desprendernos y asociamos aun a lo abyecto—, más bien dependamos de ellos y nos hayamos acostumbrado a su presencia al grado de que notemos su ausencia de inmediato y, antes que como simple pérdida, la experimentemos como una mutilación, como un hueso o vértebra que echamos de menos. Tanto como el sílex o las pieles de animales de la prehistoria, que se integraban al entorno cotidiano gracias a la intervención y el trabajo humano, nos relacionamos con el fuego de la estufa o el hielo en cubitos de la nevera como elementos plenamente domesticados. Al menos en lo que concierne al hábitat y su parafernalia desbordada, la observación de Nietzsche de que "sólo podemos comprender un universo conformado por nosotros mismos" pone en perspectiva la pretensión de trazar una frontera precisa entre aquello que construimos y la naturaleza.

Los utensilios de piedra y otros materiales perecederos de los que se valieron los prehomínidos para sobrevivir hicieron posible la aparición del ser humano sobre la faz del planeta; según arqueólogos y antropólogos, la evolución de nuestro linaje sería inconcebible sin la tecnología, entendida en sentido amplio: del rebozo primitivo para cargar bebés hasta la computadora más avanzada, pasando por la iluminación artificial y el martillo. En el siglo XVIII, el filósofo alemán Herder señaló que la característica que nos hace más humanos es la imperfección biológica, la necesidad de recurrir a soluciones y alternativas para adaptarnos al medio y paliar nuestras limitaciones y debilidades. Un par de siglos antes, sin embargo, Michel de Montaigne ya había descreído de una condición "defectuosa e indigente" del ser humano, necesitada de "auxilio ajeno", y observó que nos alejamos voluntariamente de la ley de la naturaleza a través del artificio —al que identificaba con la costumbre y la tradición—, a la manera de una ficción que a la larga se vuelve contra nosotros y nos impone toda clase de barreras y constreñimientos: "Como hacen quienes extinguen la luz del día con la artificial, hemos extinguido nuestros propios medios con los medios prestados".

Lo cierto es que rasgos como el bipedismo, el desarrollo del cerebro y el lenguaje articulado surgieron directa o indirectamente de la invención de objetos y de soluciones tecnológicas, y al parecer ya no hay vuelta atrás; puede antojarse una hipérbole, pero el cuerpo humano no tiene como frontera la piel, sino que se extiende a todo lo que ha fabricado o moldeado fuera de ella. Además del esqueleto de doscientos seis huesos que nos llevamos a la tumba, contamos con un exoesqueleto colectivo, de lo más extenso y variado: se compone de acero y silicio, de madera y cemento, de electricidad y plástico; en sus manifestaciones más íntimas, no es raro que nos acompañe en el féretro: los entierros rituales con joyas, ropajes y enseres del difunto constituyen una práctica milenaria que no ha desaparecido del todo. Sin ese exoesqueleto misceláneo que nos sirve de coraza, quién sabe si saldríamos vivos de una breve temporada en la selva o el desierto… Y otro tanto podría decirse de la memoria o de la inteligencia, que no se alojan únicamente al interior de nuestras cabezas, sino que están inscritas en piedras y papeles y chips, además de encarnadas en la forma de las cosas y los espacios edificados, como si además de asideros y soportes implicaran en todo momento nuestra presencia e imagen.

Según los oráculos del doctor Freud, el ser humano se ha convertido en "un dios con prótesis". La metáfora es llamativa y certera, pues aúna poderío y servidumbre, grandeza y minusvalía. Ahora, sin embargo, la compenetración y dependencia han llegado tan lejos que ya no está claro qué sostiene a quién ni quién moldea a qué. Ese caparazón secreto al que Virginia Woolf vuelve tras su aventura callejera ha devenido en un entramado complejo de muletas y puntales, que poseen un significado y lugar únicos dentro de la historia personal, pero que además hacen las veces de signos y talismanes.

En este sentido, el término "fetiches" del título del libro responde menos a un énfasis en el carácter "facticio" de los objetos que a su capacidad de hechizo; antes que a su cualidad construida o sintética, quiere apuntar a que esas cosas y pertenencias de las que nos rodeamos han adquirido la condición de amuletos, pues parecen estar investidos de fuerzas latentes; remite a la circunstancia perturbadora y cada vez más extendida de que, en un contrajuego animista o una ironía donde lo tribal se impone a lo postindustrial, nuestras posesiones también nos poseen, si bien desde nuestra petulancia racional prefiramos hablar, en todo caso, de la tutela o del cuidado que nos procuran nuestros *gadgets*.

El fetiche, tanto en su significado proveniente de la antropología como en el giro económico que le dio Karl Marx, remite a la noción de sucedáneo o sustituto; si bien se presenta en su inmediatez como el apogeo de una cosa en contraste con todo lo demás (como si fuera necesario darle la espalda al cosmos para enfocarse en la veneración de algo concreto que, en su particularidad, se antoja caprichoso e incluso arbitrario), en última instancia hace la función de un doble, de un sostén corpóreo y manipulable que suplanta ya sea a Dios, ya a la realidad social que lo hizo posible a través del trabajo (y otro tanto podría decirse en su acepción dominante como un tipo de parafilia, donde toma el lugar del sujeto y lo desplaza). Criatura fantasmagórica a la que le concedemos voluntad propia y potencialidades misteriosas y etéreas, lo inquietante del fetiche es que asume cualquier forma; se diría que su poder de encandilamiento es movedizo y contingente, y puede lo mismo recaer en un metal precioso que en una bagatela, en una prenda de vestir o en un color, en una cuenta de vidrio o en la adquisición más reciente; lejos de participar en el reencantamiento del mundo, se detiene en un solo fragmento, en una porción mínima a expensas del resto, en una entronización del detalle en aislamiento engañoso.

Pero si después de la crítica marxista a la mercancía y sus endemoniados destellos metafísicos parecía obsceno rendirse al culto del objeto —ya que al adorarlo adoramos ciegamente el sistema de explotación—, se diría que con el avance de la tecnología digital ese culto ha alcanzado su máxima expresión posible, su cúspide más problemática: la devoción a un dispositivo —pantalla inteligente o teléfono celular—, entendido como cifra o puerta de entrada al universo, sintetiza el efecto dual del fetiche en cuanto esclavitud a una única cosa y en cuanto eclipse de la realidad circundante.

De la misma manera en que T. W. Adorno veía en las pantuflas la objetivación del gesto de no agacharse —una alianza perfecta entre diseño y función que las vuelve un monumento a la modorra—, las cosas cotidianas, cuyo territorio natural es el propio domicilio, determinan nuestro comportamiento en cuanto portadoras de forma, además de que pautan nuestros deseos y aprehensiones y perfilan, quizá más de lo que estamos dispuestos a reconocer, nuestras ideas sobre el mundo y la continuidad de ser quienes somos. Pero habituados como estamos a su presencia, a esa invisibilidad por saturación que las hace salir paulatinamente de la escena de la conciencia, rara vez reparamos en su poder de encantamiento, en el remolino incesante de fantasías con que nos envuelven y subyugan. Preexistentes y proclives a la acumulación por efecto del *horror vacui*, son difíciles de percibir en cuanto realidad construida, cuya genealogía nos trasciende y condiciona como parte de una herencia cultural proliferante y palpable. De allí que para hurgar al interior de esa valva material y anímica (la imagen del entorno doméstico como "concha" curiosamente también figura en las páginas de sociólogos como Abraham Moles), para escarbar en esa realidad humana, demasiado humana que comienza en la cocina, sea necesario un ejercicio de extrañamiento, un paso al margen que permita, frente a aquello que se encuentra delante de nuestras narices, *ver más*.

Y en eso consiste, precisamente, el desfase que he procurado en las siguientes páginas. Que por un efecto análogo aunque de signo contrario al de la deriva callejera, la habitación propia se transforme en una suerte de *Wunderkammer* de lo próximo e inmediato, una versión en negativo del gabinete de curiosidades del Renacimiento y la Modernidad, en la cual, en vez de rarezas y tesoros peregrinos provenientes de las antípodas, se encuentren entreverados los enseres domésticos y los fenómenos ordinarios que ya conocemos de sobra. Así como Jonathan Swift sabía transformar un objeto cotidiano en algo sacro y hasta cierto punto desconocido a través de su mirada extrañante, esa misma estrategia desfamiliarizadora, tan cara a los poetas, puede emplearse al revés para desbancar lo sacro y desnudar las cosas de su pátina de grandiosidad y su aura de reverencia, hasta hacernos desconfiar de nuestros hábitos perceptuales y nuestras inercias asociativas. Sólo hasta que el fetiche queda desprovisto de sus fulgores se puede comprender hasta qué punto, como anota Didi-Huberman, "el detalle fue un cebo para la mirada", en el sentido de que, en su separación, niega o desdeña todo lo demás y propicia que se nos escapen los vínculos, pero en especial obnubila aquello que hay debajo de la pompa y la magnificencia con que lo revestimos.

Los textos que componen este libro los escribí a lo largo de un periodo de cuatro años para la columna *Fetiches ordinarios*. Si una columna mensual, sobre todo cuando mantiene una unidad relativa, tiene ya algo de monumento a la constancia o a la terquedad, debo reconocer que este tipo de preocupaciones me han acompañado desde mucho tiempo atrás, quizá desde que escribí, hace más de un par de décadas, el ensayo "La promiscuidad de los encendedores" y empecé a investigar, al mismo tiempo, sobre esas criaturas perturbadoras y mamíferas que son los postizos y las cabelleras falaces para mi libro *Historia descabellada de la peluca*.

En esta ocasión, al contrario de lo que sugería Charles Olson, en vez de ahondar en un sola cosa y descender por sus entrañas como otra forma de rozar el infinito, he optado por una asiduidad de tipo *horizontal* o, si se quiere, desperdigada, según el ejemplo compositivo de Aulo Gelio en sus misceláneas y quizá demasiado deshilachadas *Noches áticas*, a fin de iluminar los más variados rincones de esa gruta o caparazón a la que, no sin cierto candor, denominamos "casa", conformada por una utilería al mismo tiempo material y mental.

Aunque al principio temí que mis aproximaciones adoptaran un cariz demasiado personal, ligadas a objetos y obsesiones que al fin y al cabo se enredan con mi propia historia, no tardé en darme cuenta de que, considerados con distancia, todos estos elementos demasiado presentes y a los que volvemos siempre —del retrete al papel baño y de la pelota a la cobija—, constituyen el verdadero testimonio del temperamento y valores de una cultura, los restos arqueológicos y fósiles artificiales que abundarán en el futuro cuando ya no estemos aquí, dispersos y desconcertantes como desafíos que otras mentes, acaso muy distintas de las nuestras, se sentirán tentadas a descifrar, como nosotros nos sentimos ahora ante las herramientas talladas de la prehistoria.

Agradecimientos

Salvo el preámbulo, los cuarenta y ocho textos breves de que se compone este libro se publicaron por primera vez en el suplemento "El cultural" del periódico *La razón*. Quiero mandar un saludo y un reconocimiento al comité editorial del suplemento, que vio con buenos ojos y alentó un proyecto tan disparatado y hasta cierto punto distante de los temas de actualidad y de las efemérides y novedades editoriales de las que se ocupan por lo regular esos impresos. Quizá no haya nada más actual que la silla en la que nos sentamos ni nada más presente que la almohada sobre la que apoyamos la cabeza o que el periódico que todavía extendemos como un milagro de otra era sobre la mesa, al lado de la taza de café; la prueba es que, cuando llegan a faltarnos, nos sumimos en el desconcierto, en una orfandad *objetual*, por llamarla así, y en cierta forma somos un poco más miserables. Pero desde luego no es el tipo de actualidad en la que suelan interesarse los suplementos culturales... Por ello, expreso mi gratitud sobre todo a Julia Santibáñez, que creyó en mi columna y la apoyó desde el primer momento, y también a Natalia Durand, que asistió en la tarea de leerla y corregirla con profesionalismo y buen tino. Debo aclarar que aquí se publican las versiones originales, acaso más especulativas y delirantes, y en cualquier caso no recortadas ni adaptadas por las exigencias de espacio que rigen en ese tipo de medios.

Asimismo doy las gracias a Oli, que a lo largo de los años —"desde su más tierna infancia", como se dice—, me ha planteado toda clase de preguntas sobre la razón de ser de las cosas, algunas de muy difícil respuesta, otras incontestables para mí, que en la mayoría de los casos fueron el detonante de estas aproximaciones breves. Por qué calientan las cobijas o por qué limpia el jabón, cuál es el sentido de arrastrar nuestras heces en agua potable o de dónde surge la magia reflectante de los espejos, son interrogantes que en algún punto de la existencia desaparecen de nuestro horizonte y dejan de inquietarnos, a pesar de que no tengamos la más pálida idea ni de sus secretos inherentes ni de sus mecanismos de acción o sus desventajas. Ahora, que ya cumplió dieciocho años, aunque no ha dejado de hacerse miles de preguntas, los papeles se han invertido y más bien me explica el funcionamiento de las cosas o me enseña su composición química o me cuenta su árbol genealógico como si se tratara de una saga de criaturas fantásticas. Pero en su momento fueron sus propias inquietudes los que me motivaron a explorar de nueva cuenta el otro lado de los objetos, y también su espesor y maravilla material, y a practicar ejercicios de extrañamiento frente a lo más familiar y más próximo.

A menudo recuerdo una de las instrucciones fluxísticas de Yoko Ono en su legendario libro de acciones intitulado *Pomelo* (*Grapefruit*), que en español apareció por primera vez bajo el sello argentino de Ediciones de la Flor:

PINTURA PARA VER LA HABITACIÓN

Taladrar un agujero pequeño, casi invisible,
en el centro de la tela y ver
la habitación a través de él.

Durante muchos años, las preguntas con que me sorprendía
Oli abrieron para mí ese agujero pequeño y casi invisible.

Elogio de la cobija

Quedar atrapados bajo las cobijas hasta muy tarde, en una suerte de capullo transitorio que incuba sueños de desperezamiento y utopía, es uno de los placeres insustituibles que depara el invierno, con sus noches largas y demasiado frías y su sucesión de celebraciones, comilonas y resacas. Cuentan que R. L. Stevenson escribía en la cama, no sé si todos los días o sólo cuando la enfermedad lo postraba; bajo su amparo es que quiero escribir estas líneas acolchadas y tal vez demasiado tibias con las que, además, pongo a prueba los beneficios de la horizontalidad.

El ambiente que se forma bajo las cobijas tiene algo de marsupial, de gruta mamífera, hospitalaria y portátil; de no ser porque ese ambiente oscuro y cálido invita a la compañía y no tarda en ser aprovechado incluso por el gato, diría que despierta reminiscencias uterinas, que nos induce a acurrucarnos en posición fetal. Tal vez el llamado de las cobijas sea tan poderoso porque recuerda la experiencia amniótica, sólo que con las ventajas de la promiscuidad, en un enredo de placer y calor corporal que haría las delicias —y seguramente hizo— de Sigmund Freud. Las cobijas cumplen la función de una segunda piel, que restituye el pelaje que perdimos en alguna etapa de la evolución y que nos dejó desnudos y vulnerables. Aunque decimos que hay frazadas más calientes que otras, sabemos que simplemente aíslan y conservan nuestra temperatura; para combatir la hipotermia debemos marinarnos en nuestras propias irradiaciones, pero el efecto mejora con la presencia de otros cuerpos.

Según los antropólogos, buscar refugio bajo las cobijas es una vieja necesidad que heredamos del *Homo erectus*. Desde el Pleistoceno, nuestros antepasados ya practicaban esa forma intermitente de hibernación que consiste en cubrirse con pieles de animales. Se dice fácil, pero eso significa dos millones de años de arrastrar literalmente la cobija… El crecimiento del cerebro, la pérdida de pelo corporal y la posición erguida estarían relacionados con las ventajas que trajo consigo la cacería a pleno sol, que nos hizo magníficos corredores de largas distancias y modificó la forma un tanto excepcional en que regulamos la temperatura del cuerpo, a través de la humedad exudada por cinco millones de glándulas sudoríparas, muchas más que las de cualquier otro mamífero. A cambio de tiritar en las madrugadas frías, el *Erectus* nos legó extremidades superiores ya complemente liberadas de la tarea de la locomoción, una superabundancia neuronal para resistir las inclemencias del mediodía, así como la inclusión constante de proteína animal en la dieta.

Ovillado bajo mi edredón cien por ciento poliéster, me dejo llevar por la ensoñación del ser humano como corredor de fondo, que respondería a la inquietud ya planteada por Montaigne acerca de si la costumbre de vestirnos se originó por necesidad o por artificio. Hasta donde se sabe, ninguna otra especie animal acostumbra esa forma de cacería extrema o desesperada que consiste en acosar a la presa durante varios días hasta vencerla por cansancio. Todavía hoy, rarámuris y huicholes persiguen ritualmente al venado a lo largo de varias jornadas bajo los efectos ancestrales del peyote. Siguen su pista, lo otean a la distancia y lo mantienen en movimiento hasta que cae rendido con las pezuñas desgastadas. La recompensa, además de su carne, está desde luego en la piel, con la cual los cazadores-recolectores han confeccionado mantos y cobertores desde tiempos inmemoriales. En pleno siglo XXI, los aborígenes del desierto central de Australia siguen uniendo pieles de canguro para guarecerse del frío junto a otras personas y en compañía de sus perros.

En alguna fase de la evolución, las pieles curtidas y trabajadas se emplearon también para confeccionar viviendas. Los tipis de los indios norteamericanos se elaboraban típicamente con pieles de búfalo. Me gusta pensar que la antigua cobija comunitaria se infló en algún momento y se le proporcionó una estructura de palos y colmillos de mamut para convertirla en una forma de arquitectura. Quizá porque estoy plácidamente sepultado bajo varias capas de tela, me convenzo de que la cobija es en realidad la casa primigenia, que aquellas pieles que el hombre de las cavernas entrelazó por primera vez para cubrir su desnudez fueron la piedra angular, ligera y transportable, no sólo de la tienda de campaña, sino de la idea misma de casa en un contexto todavía predominantemente nómada. Aunque en la imaginación colectiva se impuso la idea de que nuestros antepasados habitaban en grutas y cuevas, la evidencia sugiere que sólo las habitaban esporádicamente y que más bien les daban un uso ritual.

Tengo a la mano *La prehistoria del sexo*, libro atrevido y fascinante de Timothy Taylor, inmejorable para leerse bajo la tersura envolvente y primitiva de las cobijas, pues en él desarrolla una hipótesis alternativa sobre nuestra desnudez. Aunque muy aceptada, la explicación de Konrad Fialkowski del corredor de fondo que acosa a su presa no da cuenta de por qué, dada la división del trabajo entre cazadores y recolectores, la hembra de la especie fue la que perdió comparativamente más vello. Si debido a la maternidad y la crianza participaba en actividades que no le exigían exponerse al sol del mediodía, cabría esperar que su pelambre se conservara en mayor medida y, en contraposición, fuera el macho el que tendiera a lo lampiño. A diferencia de la pudibundez y el sesgo patriarcal de muchos estudios antropológicos, que hacen del cazador el eje principal de la evolución y del desarrollo de herramientas, el arqueólogo británico aventura que la posición erguida modificó la sexualidad de nuestros ancestros, lo cual afectó no sólo su comportamiento, sino también su morfología. Al mismo tiempo que el bipedismo expuso los genitales masculinos, ocultó los femeninos, y llevó a que las señales del estro, tan presentes en otros primates, se perdieran, como la hinchazón y enrojecimiento de la vulva. Ello habría desembocado en la pérdida de pelo y la aparición de nuevas zonas erógenas. Los glúteos acentuados y carnosos, así como el crecimiento redondeado de los pechos femeninos y la manía en torno al tamaño del pene (que es más grande y vistoso, en efecto, que el de los chimpancés, bonobos, orangutanes y gorilas, nuestros parientes evolutivos más cercanos), serían parte de un proceso de expansión de la superficie sexual de la piel al que se añadirían los aditamentos de la cultura —ropa, tatuajes y cosméticos. A pesar del célebre título de Desmond Morris, quizá nunca hubo en realidad un "mono desnudo", sino cuerpos que reinventan sus atractivos y los disfrazan y decoran como parte del juego de la seducción.

    El precio que habíamos de pagar por un cuerpo *sui generis*, que presenta curvas lisas y voluptuosas alternadas con manchas de pelo que retienen y potencian las fragancias corporales, sería la necesidad de meternos bajo las cobijas, a veces para los placeres de la carne, a veces para no pasar frío, y en general para no ser picados por los mosquitos y la mosca tsetsé —por mucho los mayores azotes de la humanidad. Tal vez la Caída bíblica estuvo asociada a una combinación de todos estos elementos; los biólogos evolutivos sospechan que los mitos alrededor de la expulsión del paraíso recogen el trauma ocasionado por una epidemia de paludismo, que habría orillado a nuestros antepasados a abandonar la abundancia y las delicias del edén y a cubrirse con pieles de animales para disminuir la exposición a picaduras de insectos. Si bien la vergüenza o el pudor se antojan emociones demasiado ligadas a la historia cultural como para presumir su carácter universal en relación con alguna parte específica del cuerpo, también es cierto que ninguna otra especie requiere de tanta intimidad a la hora de la copulación como la nuestra; y no parece una mera coincidencia que el rubor, causado por la dilatación de los vasos sanguíneos de las mejillas y otras zonas de la piel, tenga un significado en buena medida sexual. A juzgar por las comunidades y tribus de las selvas tropicales que incluso en las noches de invierno prescinden casi por completo de ropa —aunque no de alguna manta para resistir las bajas temperaturas—, no sería inverosímil que las hojas de higuera que Adán y Eva cosieron para taparse cumplieran originalmente funciones distintas a las del mero recato. Después de todo, quienes se hayan atrevido a tener sexo a la intemperie en algún paraje idílico sabrán perfectamente de la voracidad que se apodera entonces de los mosquitos...

En muchos pueblos de México, cuando algún miembro de la familia se independiza, recibe de regalo un par de cobijas de esas que duran toda la vida. A falta de un fuego que pueda mantenerse encendido día y noche, el hogar se funda alrededor de la promesa de no pasar frío. Los tradicionales son los cobertores San Marcos, dos o tres kilos de tela cariciosa estilo Jacquard, que alían la fibra acrílica con una imaginería salvaje en el estampado. Dado el declive de los cobertores de lana y los edredones de plumas, muchas cobijas sintéticas imitan el tacto de la pelambre y se diseñan con patrones tipo jaguar, bisonte o cebra, en un homenaje oblicuo a aquellas noches heladas de la prehistoria; en fechas recientes se han sumado imágenes de caballeros-águila, unicornios e incluso de la Virgen de Guadalupe. No está claro que la representación de un búfalo contribuya a mantener la temperatura corporal en los duros inviernos de las llanuras de Norteamérica; sin embargo, muchos braceros mexicanos se sienten más cómodos y apapachados bajo esos coloridos retazos del país que dejaron atrás. Tanto en las comunidades de chicanos establecidos como en los albergues de residentes temporales, decir "San Marcos" es mucho más que invocar un sinónimo de "buena cobija"; es una suerte de guiño y una seña de identidad. Del otro lado de la frontera, en la ardua intemperie de la inmigración, el impredecible manto de la mexicanidad tiene por estandarte a un tigre, y en los días de campo y las carnes asadas es común que se extienda sobre el terreno esa bandera secreta, resistente y afelpada, como una versión tex-mex de *El desayuno sobre la hierba* de Manet.

El gran problema con las cobijas es que, a mitad de la noche, nunca parecen suficientemente amplias. No importa con quién durmamos, en algún punto las jalará o se hará taco con ellas y terminará por robárnoslas, dejándonos tan desvalidos como debió sentirse el *Homo erectus* en plena sabana africana durante el invierno. Así como algunos matrimonios han optado por dormir en camas separadas, he sabido de parejas que se reservan cada uno su juego de cobertores, en un retorcimiento salomónico del dicho "Donde no hay amor, ni las cobijas calientan". Aunque podría acarrear serios inconvenientes de hacinamiento y también de almacenaje —sin mencionar las afectaciones que supondría para la institución del matrimonio—, una medida sería coser varias frazadas entre sí, tal como se estilaba en la edad de oro de la prehistoria, e invitar bajo su abrigo a todos los miembros del clan: a amigos y amantes, perros y gatos y, ¿por qué no?, hasta el perico. Después de todo, la palabra "cobija" viene del latín *cubilia*, plural neutro de "cubil": guarida de las fieras, aposento de la manada, cueva colectiva.

Viaje alrededor de la maceta

No importa el tamaño de la maceta, alberga la promesa de un jardín. Así sea en el piso cuarenta y dos de un rascacielos "inteligente", muy lejos de la corteza terrestre, una maceta abre un resquicio a la exuberancia vegetal, a la fronda que quedó marginada a fuerza de paredes y cemento. En ese pequeño depósito de tierra que continúa o materializa el cuenco de la mano, cabe un bosque en miniatura, un huerto al alcance de nuestras recetas o un cactus solitario que hace las veces de espejo, y que adoptamos como compañía y fuente viva de oxígeno y color, pero también como una porción de alteridad, un pequeño bastión verde al que debemos toda clase de cuidados.

"El lodo, apartándolo del lodo, no es más lodo", escribió Antonio Porchia en una de sus inquietantes "voces". Un trozo de tierra, apartándolo de la tierra, no es más tierra, sino una balsa para la migración, una isla diminuta pero móvil, la oportunidad de echar raíces en otro lado.

Aunque escasee la evidencia arqueológica (en comparación con los jarrones y vasijas, sus parientes de alcurnia, se han conservado pocas macetas milenarias y se han estudiado todavía menos), se cree que se inventaron en el antiguo Egipto como medio de transporte para llevar plantas llamativas de un ambiente a otro, pues ya se sabe que el jardín del pueblo vecino siempre luce más verde. Desde entonces, la fiebre del trasiego vegetal se ha extendido por todo el globo de forma incontrolable y, a condición de que uno tenga buena mano, es posible hacer florecer una palma de Madagascar a miles de kilómetros de África, mientras en el alféizar de una ventana en Siberia crece una dalia mexicana.

En una variedad fundacional de destierro, la flora endémica de un continente ha viajado en barco —en auténticos invernaderos flotantes— a destinos insospechados, para adaptarse a climas remotos y prosperar bajo otros cielos. A diferencia de las semillas y bulbos que las acompañan en la travesía, las plantas que viajan en maceta —como las magnolias o las orquídeas— llevan consigo el sustrato que las vio nacer, una rebanada de la tierra ancestral, del humus propicio para su crecimiento, que les hace más llevadero el cambio de aires. Si en la actualidad también a las plantas se les exigen papeles migratorios (por el riesgo de colonización y plagas que comportan), tal vez no agradecemos lo suficiente la maravilla cotidiana de que, gracias a las macetas, podamos rodearnos de flores exóticas y aspirar sus aromas lejanos, e incluso darnos el lujo, como ya se estilaba en la Roma imperial, de mimarlas bajo techo durante las estaciones inclementes. A fin de cuentas, tal vez no seamos dueños de otra tierra como no sea la de las macetas, lo que no es poca cosa cuando reparamos en que carecemos de un lugar en dónde caernos muertos...

En *La inteligencia de las flores*, Maurice Maeterlinck describe los fantásticos mecanismos para vencer lo que parece una de las limitaciones características de las plantas: la inmovilidad, el arraigo a un espacio determinado. Semillas aerodinámicas capaces de viajar varios kilómetros; néctares embriagantes que atraen a la fauna que esparcirá sus simientes; tallos que giran ciegamente en espiral a fin de aferrarse a algo que los ayude a ascender; simientes que recorren distancias enormes en los estómagos de los pájaros… Aunque pesa sobre las macetas un halo de sedentarismo y encierro, y en el refranero hayan sido condenadas a no pasar del corredor, a su manera han contribuido a la proliferación de las plantas, cuya naturaleza es viajar. El recuerdo más persistente que tengo de mi abuela materna es volviendo de la calle cargada de esquejes y macetas, incluso si sólo había dado la vuelta a la manzana.

Una maceta tiene algo de paraíso a escala pero también de laboratorio mínimo, en el que a veces por desidia y a veces por confusión probamos ideas osadas sobre la naturaleza como en un tubo de ensayo. Aunque haya macetas tan grandes como toneles en los que podría acampar un niño, una de sus cualidades es la contención y el control que consiente su pequeñez, la posibilidad de domesticar la naturaleza incluso en un ángulo poco soleado del escritorio. En este sentido, la disciplina legendaria del bonsái no consiste tanto en la miniaturización de un árbol o en su sujeción artificial y a ultranza, sino en la compenetración que puede haber entre el recipiente y el árbol, entre el hueco que le hemos construido y su desarrollo condicionado. A fuerza de dedicación y arte, aquello que prospera en la alta montaña pueda hacerlo también en un pequeño nicho de la casa, idealmente en el marco de un *tokonoma*.

En 1960, el ingeniero David Latimer creó un ecosistema vegetal estable dentro de una botella de vidrio de grandes dimensiones, sellada herméticamente con corcho. A la manera de una burbuja autosuficiente, gracias a los rayos del sol y el dióxido de carbono de sus propias hojas marchitas, recicla los nutrientes y produce en su interior un ciclo del agua a pequeña escala. El terrario ha fascinado incluso a la NASA, que lo ha entendido como un mensaje en una botella para el florecimiento de la vida en otros planetas. Después de que la planta (una tradescantia originaria de América) hubo de ser regada una sola vez en 1972, la atmósfera en miniatura alcanzó finalmente el equilibrio, y así se ha mantenido desde entonces, como prueba viviente de que una maceta no es sólo un mundo adentro de otro mundo, sino también una cápsula espacial en potencia.

Siento inclinación por las macetas porque abren una mirilla hacia el trópico o hacia las llanuras desérticas, porque traen a casa una tajada fragante de las antípodas. Pero más allá de las flores raras que auguran, una maceta es un refugio, un albergue a menudo definitivo para esas compañeras silenciosas que se sobreponen a nuestros olvidos y soportan de buena gana lo mismo palabras de aliento que peroratas inconsecuentes. Hay días en que converso más con las plantas que con cualquier ser humano, y confieso que siempre me ha dado risa aquello de que no debes tener plantas en la habitación donde duermes porque emanan dióxido de carbono durante la noche. Además de que hay muchas variedades —como la sábila, las orquídeas o las calanchoe— que purifican el aire y producen oxígeno al ocultarse el sol, sería tanto como decir que no hay que pasar la noche al lado de nadie porque su respiración nos roba el oxígeno…

Transterradas a un ambiente ajeno, condenadas a elevarse hacia la monotonía del cielo raso, las plantas de interior dependen en buena medida de nuestros cuidados, pero no hay que olvidar que también nosotros dependemos de ellas, y no se descarta que, en el futuro, pequeñas junglas domésticas sean la clave para la salud planetaria.

Lo que más me atrae de las macetas es su relación con el proceso de habitar un espacio. Pese a que se cuentan entre los objetos más frágiles y pesados de las mudanzas, cada maceta puede compararse con una casa, una vivienda elemental que contagia su vocación de arraigo. Cabe pensar que de no ser porque las macetas albergan y propagan la vida —porque construyen una casa adentro de la casa—, los balcones y terrazas, los patios interiores y los ventanales no habrían gozado de tanta fortuna en el arte arquitectónico. Hay quienes afirman que el hogar está donde se aloja su biblioteca personal; en mi caso difícilmente podría pasar por alto a las plantas, la sensación de pertenencia que establecen, la hospitalidad que irradian, su cofradía acogedora y silenciosa. Como anotó Simone Weil en el libro *Echar raíces*: "Nada en el mundo vive sin raíces. Los seres humanos, al igual que las plantas y los animales, necesitamos de un suelo nutricio para vivir. Sin él, es decir, desarraigados, nos marchitamos, nos corrompemos y morimos".

Para echar raíces necesito que se extiendan hacia las plantas y se enreden con ellas, hasta afianzarse en un nuevo suelo. Como pioneras del cambio, en una mudanza que precede a la mudanza, lo primero que llevo a una casa deshabitada es, desde luego, una vanguardia de macetas.

La melancolía del polvo

En la batalla diaria contra el polvo siempre llevamos la de perder. De un lado, la artillería esforzada de escobas, plumeros, trapos, aspiradoras; del otro, la táctica milenaria de tomarnos desprevenidos con paciencia y acumulación. Aunque lo veamos flotar con destellos de belleza engañosa a través de los rayos de luz, el polvo nos sorprende cuando ya ha cubierto con un velo gris todas las superficies, incluidos los rincones menos visitados de nuestra mente.

Una parte del polvo doméstico proviene de nosotros mismos: de las células muertas de la piel; polvo somos y al polvo volveremos. Los ácaros que se alimentan de ellas, así como sus deshechos y heces, también lo componen en gran proporción, y según los médicos serían los principales responsables de las alergias. Además se conforma de pelos, hollín, esporas, virus, tierra transportada en los zapatos, hongos, polen, cadáveres de insectos y hasta de la arena del desierto del Sahara, que atraviesa el océano Atlántico durante la estación seca del año. En una versión invertida del efecto mariposa, una tolvanera puede desatar una crisis de estornudos al otro lado del mundo, pero lo cierto es que sin esos flujos planetarios los suelos serían menos fértiles y ricos, por no hablar de que habría menos nubes, pues el vapor se adhiere a las partículas suspendidas hasta alcanzar esa consistencia y forma característica de criaturas blancas y cambiantes que vagan sin rumbo por el cielo.

La genealogía del polvo nos haría retroceder al origen del universo. Esta pizca de sal, tan diminuta que parece el grano de un grano, ¿de qué mar se habrá evaporado y en qué siglo? ¿De dónde proviene esta partícula de caucho: del derrapón de ayer en el crucero o del rebote impredecible de una pelota precolombina? Y estas briznas de azufre, revueltas entre escamas, limaduras de metal y fragmentos de ojo de mosca, proceden de la erupción de un volcán hace miles de años o de un experimento fallido en el laboratorio de química de la escuela del barrio? ¿Hay rastros de la cabellera de un cometa en el paño con que limpiamos la ventana?

El polvo, descrito por el naturalista Alfred Russel Wallace como "materia fuera de sitio", tiene la tentación de volar, de suspenderse juguetonamente en el aire. Pero más allá de sus cabriolas y sus arranques furiosos en forma de torbellino, que "nos muestra que la luz existe" —según la epifanía de Didi-Huberman—, su vocación genuina es la de posarse sobre el lomo de las cosas como un presagio de inacción y melancolía. Su medio predilecto son las habitaciones oscuras y mal ventiladas y su aspiración última es el encierro. Allí, al igual que la muerte y el olvido, "nos va invadiendo, lenta, poro a poro", como reza el poema "Trayectoria del polvo" de Rosario Castellanos. Aunque pueda parecer inocuo —la caspa del paso del tiempo sobre el mundo—, el polvo no deja de ser dañino en mayor o menor medida, de allí que quienes se guarecen detrás de cortinas pesadas y eligen los ambientes lóbregos para darle la espalda al mundo, desarrollen a menudo asma o dolencias respiratorias.

Habitado por distintas criaturas microscópicas, el polvo está en cierta forma vivo. Comparable a un musgo incoloro o a un ecosistema sin peso, pero táctil, crece de forma inadvertida y espontánea, lo cual no excluye que también pueda cultivarse. Marcel Duchamp tuvo uno o quizá varios criaderos de polvo. Según sus apuntes, el polvo le interesaba como materia prima para un nuevo pigmento, una especie de color neutro o "no color", que idealmente se crearía a partir de la materia gris del polvo acumulado durante meses, y con el que compondría obras alejadas de la pintura, por fin ya desprendidas de lo retiniano, que sintonizarían directamente con la materia gris del cerebro. A uno de esos criaderos —el que fotografió su amigo y cómplice Man Ray en 1920—, lo llamó *Élevage de poussière*, que puede traducirse como "criadero" o "cultivo" de polvo, aunque el término francés "*élever*" significa también "elevar" o "levantar". La elección de la palabra es significativa por los múltiples sentidos que abre, pero en particular por la connotación de que algo animado y viviente está en juego; en vez de referirse a un simple depósito de polvo, a un proceso mecánico de acumulación, en el que se haría visible una capa de inactividad —o de abandono intencional del trabajo—, Duchamp elige un término que no sólo enaltece la sustancia compleja e infraleve, sino que revela que el proceso es un auténtico método de crianza, una suerte de invernadero del "no color", una caja de Petri para la selva volátil de su grisura, en la que prospera algo autónomo y movedizo, a medio camino entre lo micótico y lo animal.

Sé que en algunas bibliotecas crepusculares se deja crecer un revestimiento de polvo sobre el canto de los libros como una estrategia de defensa contra los depredadores del papel: una barrera decrépita, antes que propiamente deletérea, contra la avidez de las polillas. Pero si descontamos estas excentricidades y proyectos artísticos, es muy raro que se alienten bosques domésticos de polvo; tan raro como si se cultivaran granjas de moho en techos y paredes para la contemplación de manchas.

Durante los meses interminables de la pandemia del covid-19, la cruzada contra el polvo alcanzó niveles nunca vistos, en ocasiones ya en los límites de lo patológico; un poco porque, encerrados en casa, había que ocuparse en algo, un poco porque sobre la pelambre de ese monstruo horizontal e imponderable que reaparece cada mañana parecía dormir una amenaza de muerte.

Apenas si hay sitios donde no penetre su lluvia volátil. Incluso detrás de los cuadros o al interior de las cajas de música es posible notar su presencia subrepticia, y con los años la misma levedad cambia de signo y se transforma en añoranza. Según Walter Benjamin, incluso los sueños pueden cubrirse de polvo. No sólo los sueños diurnos que, como las ilusiones y las promesas, pueden abandonarse o posponerse tanto que terminan por quedar sepultados bajo capas de irresolución y tristeza; también —o sobre todo— la actividad onírica, que para él participa íntimamente de la historia y, una vez desgastada y atraída por la banalidad, se deja invadir por un manto gris en el que sólo se reconocen las siluetas de los clichés y los lugares comunes.

Efecto del desgaste y la erosión de las cosas, el polvo puede rebosar de vida en su interior, pero se asocia con la destrucción y la ruina. Hay culturas y civilizaciones sin nombre de las que no queda sino polvo; y sabemos que nuestros huesos, en caso de no ser cremados, terminarán por desintegrarse en una variedad más lenta pero igualmente frágil de ceniza. "Morder el polvo" significa humillación y derrota, aunque deriva de la costumbre medieval de comer tierra ante la inminencia de la muerte como beso de despedida del planeta. Según recientes teorías científicas, la clave del origen de la vida podría encontrarse en el polvo cósmico, en los residuos de asteroides y las esquirlas infinitesimales de antiguas supernovas; no obstante, lo que nos obsesiona es pasar el trapo por la capa de polvo acumulada sobre los muebles, ya que en esa película insustancial vemos reflejado nuestro destino.

La cualidad germinativa y nutricia del polvo —no en vano los españoles se refieren coloquialmente al acto sexual como "echar un polvo"—, así como los ciclos de regeneración de la vida, se antojan un flaco consuelo frente a la certeza del declive y la extinción, a pesar de que algunos de los versos más memorizados del idioma español, aquellos que cierran el soneto de Francisco de Quevedo "Amor constante más allá de la muerte", están llenos de entusiasmo y ardor con respecto a la capacidad mnemotécnica del polvo:

> Alma a quien todo un dios prisión ha sido,
> venas que humor a tanto fuego han dado,
> medulas que han gloriosamente ardido,
>
> su cuerpo dejará, no su cuidado;
> serán ceniza, mas tendrá sentido;
> polvo serán, mas polvo enamorado.

Del célebre versículo bíblico "polvo eres y al polvo volverás" (Génesis 3: 19), solemos pasar por alto que *ya* somos polvo —polvo de estrellas, si queremos darnos importancia— y que volveremos a la tierra porque de allí fuimos tomados, tal como apuntan tantas mitologías. A escala cósmica también nos confundimos con ácaros, criaturas insignificantes y, hay que decirlo, bastante tóxicas que prosperan y al cabo se extinguen en una pequeña roca esferoide que orbita como una mota azul alrededor de una estrella enana en un rincón apartado de la Vía Láctea.

¿Por cuánto tiempo flotan en el ambiente las células muertas de quien acaba de morir? ¿Cuántos días después de que alguien ha partido respiramos aún las trazas de su aliento? La batalla contra el polvo es una batalla perdida porque no se puede vencer a la muerte, ni siquiera a sus emisarios más inadvertidos y sutiles.

De todas las tareas cotidianas, quizá no haya otra más melancólica que la de lidiar con el polvo.

El reino de la mesa

Para poner las cartas sobre la mesa se necesita primero una mesa, quizás el mueble más elemental de todos. Su origen se remonta a la necesidad de levantar la comida del suelo, de situarla a buen resguardo de la suciedad y las bestias, en una suerte de pedestal. Esa superficie plana, generalmente de madera o piedra, crea una auténtica meseta en el paisaje doméstico, una tarima que divide la habitación en dos, no sólo desde el punto de vista espacial, sino también moral: arriba, la zona de la visibilidad y las buenas maneras; abajo, la de las pulsiones secretas. Incluso sin el telón de los manteles largos, al interior de esa cámara oscura, que nuestros pies conocen bien, se da rienda suelta a lo reprimido.

Gracias a la división de planos que crea la línea de la mesa, el cine ha explorado el lenguaje de la acción paralela, en particular para fines eróticos, pero también recuerdo escenas (de Ingmar Bergman a Michel Gondry) en que la mesa crea una cueva onírica o un refugio para el regreso a la infancia —la edad en que la mesa también nos sirve de techo. Mucho antes del monstruo debajo de la cama, en épocas en que aún se dormía en el suelo, el horror ya se agitaba en ese territorio vacío, próximo y penumbral, que escapa a nuestra vista.

Alfred Hitchcock desarrolló una escuela del suspenso a partir de lo que llamó "la teoría de la bomba": mientras se desarrolla una conversación anodina en el plano superior, el espectador sabe que hay una bomba abajo de la mesa.

Una extensión elevada, pulcra y amplia, es propicia para la investigación. Los múltiples significados de *tabula*, la raíz adoptada en distintas lenguas romances y también en inglés, remiten lo mismo a la plancha de madera que a un método racional y analítico de ordenamiento, de allí las tablas sinópticas, la tabulación matemática y el *tabulario* del registro público en el Imperio romano. Antes de cocinar se recomienda "despejar la mesa"; consejo que vale para el dibujo, las operaciones quirúrgicas o el armado de un rompecabezas. La plataforma rectangular, fabricada en algún material liso, proporciona un plano cartesiano para esas labores de la vigilia que llamaríamos "apolíneas"; y aunque mi mesa suela estar repleta y propenda a la entropía más voraz, cada tanto me entrego al ritual de limpiarla con la idea de recomenzar desde cero el rompecabezas de la vida diaria.

De noche, cuando la luz declina y se va apagando el sentido del deber, la mesa se convierte en el centro de la celebración. Dioniso, dios de la embriaguez y el éxtasis, recurre a ella para escanciar el vino y ofrecer las viandas del convite. Los famosos banquetes de la antigüedad grecolatina no sucedían en largas mesas atiborradas de comensales, sino en lechos o divanes (*klinai*) que les permitían entregarse a la fiesta reclinados cómodamente. En el más famoso de todos, el simposio que Platón y Jenofonte recrean en sus diálogos homónimos, hay que visualizar a Sócrates y a Agatón, a Aristófanes y demás asistentes, recostados en parejas cerca de una mesita baja, de forma cuadrada, que servía de eje al *triclinium*, la disposición clásica para la libación (*sympósion* significaba llanamente "reunión de bebedores"), uno de cuyos lados quedaba libre para el servicio.

No está claro en qué momento apareció la mesa de comedor tal como la conocemos hoy. Al parecer no era empleada en el antiguo Egipto ni en el Lejano Oriente, aunque no se descarta que ciertos monolitos horizontales de la prehistoria se utilizaran para comilonas. En el Nuevo Testamento se hace referencia explícita a la mesa de la última cena (Lucas 22:14), que no sabemos si lucía como la suntuosa y reverencial pintada por Leonardo da Vinci o como la más austera y tenebrosa del Tintoretto. Sólo hay consenso en que, al lado de Jesús, hijo de carpintero, los doce apóstoles se sentaron en torno a un mismo mueble para compartir el pan y el vino, dando pie al sacramento de la eucaristía.

A diferencia de las largas mesas rectangulares y sus códigos jerárquicos, que reservan las cabeceras a los anfitriones y los nobles, la idea de una mesa redonda sugiere la abolición de los privilegios y propicia el diálogo entre pares. Es fácil imaginar que deriva de los tocones de árboles gigantes, a veces todavía con raíces. Como práctica política se retrotrae a la mesa mítica (y mística) que reunía a los caballeros de la corte del Rey Arturo, construida en Camelot por el propio mago Merlín, a imagen y semejanza de la mesa del grial de José de Arimatea, que a su vez sería una réplica de la mesa de la última cena. Quizás entenderíamos mejor la naturaleza del cristianismo si supiéramos qué tipo de mesa se usó en realidad aquella noche en que se pronunciaría el mandamiento de "amaos los unos a los otros" y Juan se refiere a los apóstoles como "amigos y no siervos". En la iconografía temprana del cristianismo abundan las mesas redondas, mientras que en la medieval y renacentista, las rectangulares, si bien no faltan las representaciones donde se despliega en forma de "u", como en las aulas, ni tampoco las que prescinden por completo de ella.

Aunque hoy abundan las mesas destinadas a tareas específicas (de centro, de juego, de luz, de billar, de disecciones…), lo común es que una misma se utilice para muchas cosas y deba alternarse para el trabajo y el placer, para hacer la tarea y el amor. Sé de escritores que reservan una mesa distinta para cada proyecto en curso, de modo que puedan saltar de una a otra como quien cambia de habitación mental; el poeta argentino Leónidas Lamborghini cuenta, en contraste, que durante los años de su exilio en México no tuvo otro espacio de escritura más allá de la mesa del comedor.

El lugar de enunciación de muchos poemas de Sylvia Plath lleva a pensar que los redactaba directamente en la cocina. A través de una poética de lo doméstico, tan desgarradora que a veces se antoja surreal, advertimos que en la misma mesa en que picaba la cebolla escribía sus textos, no tanto como si la cocina y la poesía se alimentaran de fuegos comunicantes y de los aromas de las mismas especias, sino como una vía para que, a través de la escritura, la mesa del quehacer cotidiano irradiara también su fuerza política.

Un tablero de juego dispuesto sobre una mesa tiene algo de redundante, como una superposición de capas o de tablas. En algunos parques se han sembrado mesas de piedra que incorporan ya los sesenta y cuatro escaques en blanco y negro, listas para el picnic y las partidas de ajedrez. Mi sueño de toda la vida ha sido construir una mesa de ping-pong de concreto, que además de comedor a la intemperie abra la posibilidad de un *match* desorbitado en que platos y copas formen obstáculos permutantes. Hay días en que uno pasa más tiempo alrededor de una mesa de juego que frente al escritorio; suelen ser los mejores, en particular si estamos en la playa, absorbidos por el universo en blanco y negro del dominó o el ajedrez. Fueron precisamente veladas maratónicas de juego las que me hicieron acariciar un proyecto al estilo de Georges Perec: llevar un un registro de las actividades que desarrollamos en una mesa específica, y que, sin ser propiamente de centro, se sitúan en el corazón de nuestra vida diaria: Tomar café: 22 min. Redes sociales: 3 h 47 min. Póquer: 8 h 6 min. Escritura: 34 min. Procrastinación: 1 h 13 min. Limpieza: 2 min. Más que un autorretrato, esa relación arrojaría una radiografía de nuestra existencia sedentaria.

Cierro los ojos y veo el cadáver de Ugo tendido sobre la mesa de los excesos. Ugo (Ugo Tognazzi, en interpretación soberbia), es uno de los cuatro invitados de *La gran comilona* de Marco Ferreri, película de culto, filosófica y escatológica a la vez, en la que, amo y señor de la cocina, vive y muere literalmente en función de la mesa, de abastecerla de platillos de fantasía para que siempre esté rodeada de gente y de la efusividad un tanto melancólica de los brindis. Quizá no sea una muerte ejemplar, pero es una manera de rendir tributo a la mesa, acaso nuestro único reino verdadero.

La hospitalidad de lo cóncavo

Ya sea en forma de taza, cuenco o recipiente, la media esfera es la forma fundacional de los utensilios de cocina. Cavidad domesticada y portátil, artilugio para aprovechar la hospitalidad de lo cóncavo, trampa segura de los líquidos, la vida cotidiana no sería la misma sin esas represas que dan forma a la fuerza de gravedad y permiten tareas tan indispensables como cocinar un caldo, darse un baño de tina o tomar el té de las cinco.

Mientras escrutaba el fondo de la taza de café en busca de alguna pista sobre mi destino, más allá del baile inmóvil de figuras sedimentadas, alternativamente terribles, grotescas y chuscas, atisbé la lisura de la cerámica, su consistencia compacta, pulcra y acariciable, y me percaté de que en vez de enfocar la mirada hacia el futuro, la estaba dirigiendo hacia el pasado remoto, hacia ese lecho arcilloso en los márgenes de los ríos del que surgirían, gracias a los rudimentos de la alfarería, las primeras ánforas y vasijas.

Si Adán fue creado a partir del barro, no tardó en descubrir que, a su imagen y semejanza, podía transformar el polvo sometiéndolo al fuego. Hoy los tazones y las ollas se fabrican a partir de toda clase de materiales, pero sin demérito de las virtudes respectivas del cobre, el vidrio y aun del plástico, el recipiente por antonomasia está hecho de la misma sustancia que las montañas y las rocas. Ya sea de cerámica esmaltada, de porcelana china o de simple terracota, hay algo en esos recipientes que recuerda al cuenco formado por las manos: cierta calidez, cierta disposición a la acogida que los vuelve un poco más humanos, quizá también porque muchos de esos receptáculos y contenedores se moldean todavía con las palmas y las yemas de los dedos.

Según Mark Miodownik, en *Cosas (y) materiales*, libro erudito y de lectura absorbente sobre "la magia de los objetos que nos rodean", en las vasijas destinadas a recoger y almacenar agua y granos estaría la clave del origen de la civilización. Basta observar con detenimiento una maceta o una olla de barro para advertir que en ellas están ya prefiguradas la agricultura y el sedentarismo. A diferencia de las jícaras y los guajes, que sugieren ligereza y movilidad y congenian mejor con los desplazamientos nómadas, las macetas y las vasijas invitan al detenimiento, al calor del hogar y la fijeza, y no ocultan la voluntad de echar raíces. Pesadas, perdurables, al cabo frágiles, son emblema de la continuidad y el arraigo, y no por nada al fondo de sus oquedades se acumula el sedimento de lo que se puso en remojo. Hecha de los mismos materiales con que luego se levantarían casas, fortificaciones y ciudades, la vasija fue la piedra basal de quienes optaron por asentarse en un territorio.

Algo de aquel vínculo entre los cuencos y el sedentarismo, a través del puente de las gramíneas que se maceraban en ellos, estaba muy presente en los antiguos ritos griegos, especialmente en los llamados misterios iniciáticos. Las cráteras (*krateres*), vasijas de cerámica que se utilizaban para la mezcla ceremonial del vino, asumían distintas formas de acuerdo a su uso, y una muy importante era la destinada a la pócima que se bebía en Eleusis, el templo que Deméter mandó construir en una gruta no muy distante de Atenas. Al igual que los cráteres volcánicos, el sitio se veneraba como una de las entradas al reino de los muertos, y allí toda la danza alucinatoria y la visión extática se desenvolvía alrededor del *kernos*, un recipiente que se identificaba y confundía con la semilla del grano. El culto a la diosa de la agricultura y la fecundidad era la forma de reafirmar el convenio contraído con las frías y oscuras fuerzas del Inframundo para garantizar la cosecha, de la cual dependían y se derivaban todas las instituciones civilizadas. En *El camino a Eleusis* se defiende que la experiencia inefable que sucedía en su interior tenía que ver con el renacimiento después de la muerte, tal y como las plantas regresan cada año del seno de la tierra, y que la revelación final era *alphi*, una espiga de cebada, precisamente aquella en la que prosperaba el cornezuelo tóxico que propiciaba las visiones. El *kykeon*, la mezcla secreta sobre la que se guardó silencio durante los dos mil años que duró el rito, llevaba agua y menta poleo; hoy se especula que para incrementar su poder psicoactivo se revolvía con ceniza, otro símbolo del resurgimiento de la vida.

De niño, mi abuela materna aprovechaba las tardes que pasaba con ella para leerme la Biblia, en un intento tenaz —pero acaso ya secretamente resignado— por enderezar mi camino, que desde entonces serpenteaba por los jardines bifurcados del epicureísmo y el descreimiento. Para atraerme a aquellas sesiones de catecismo doméstico —que yo confundía con veladas literarias—, el anzuelo era un tazón irresistible de chocolate, que casi abrazaba y bebía a sorbos mientras escuchaba aquellas historias fantásticas de sacrificios, matanzas y milagros. En un extraño pasaje que me impresionó y sobre el que he dirigido varias veces mis devaneos exegéticos, Jehová elige a quienes han de salvar al pueblo de Israel a partir de la forma en que beben agua (Jueces 7:5). Mientras que casi todo el pueblo se dobla de rodillas para beber directamente del arroyo, un puñado de apenas trescientos hombres la lamen acercándola a la boca con la mano. Estos serán los elegidos. No sé si lo discutí entonces con mi abuela o lo elaboré después, pero aunque esta forma de beber se compara en el texto "con la de los perros" (pero también doblarse de rodillas en posición de gateo aceptaría esta comparación), tiene un no sé qué de elegancia y dignidad y aplomo, y sugiere la astucia de valerse de un recipiente formado con las propias extremidades. A pesar de que el alcance de su simbolismo se me escapa por completo, la importancia de lo cóncavo será subrayada unos versículos más adelante, cuando esos hombres ganen la batalla armados únicamente de trompetas, teas ardientes y cántaros vacíos. A una señal (divina), tocan al unísono las trompetas y quiebran los cántaros contra el suelo, en lo que quizá quepa entenderse como un ataque basado en la alharaca y la intimidación, una celada de puro estruendo.★

★ A propósito de los cuencos y de aquella victoria bíblica conseguida a través solamente de la estimulación del oído, el filósofo y creador sonoro Emiliano López Rascón, que ha resumido su vocación dual con el apelativo de "filósono", me recuerda un eco de lo cóncavo en el plano de la propagación del sonido: el cuenco también hospeda las ondas acústicas, en donde rebotan, se multiplican e intensifican sin importar la gravedad. Por ello es la forma idónea de las cajas de resonancia. Y otro tanto podría decirse de las ondas hertzianas y, en general, de todas las que componen el espectro electromagnético: las antenas que mejor las concentran y dirigen tienen forma parabólica, pues aprovechan su superficie curva para servir como reflector, al recoger las señales y encauzarlas hacia un punto o foco, como sucede en los radiotelescopios y las comunicaciones satelitales.

A partir de aquellas tardes de chocolate y Biblia, empecé a desarrollar una debilidad incorregible por las tazas y tazones semejante a la de Charles Lamb, aunque en lo personal no me importa demasiado si fueron elaboradas con porcelana antigua ni tengo especial aprecio por las figuras chinescas de su superficie. Me basta que se amolden bien al cuenco de las manos, como un recipiente adentro de otro, mucho mejor si prescinden de orejas o asas, de modo que puedan irradiar plenamente el calor a toda la piel que las acoge, en una suerte de comunión con el brebaje, dentro del cual casi podríamos hundir la cara y perdernos en un trance de placer.

En épocas menos bíblicas, los moldes ideales de los cuencos han sido los pechos femeninos. La tradición se remonta por lo menos a Helena de Troya, de quien se dice se tomó la forma para el primer vaso de vino, un recipiente denominado literalmente *mastos* —"pecho"—, con todo y pezón en la parte inferior. Ignoro si de allí se derivaría que las medidas de los sostenes se denominen "copas", pero, en cualquier caso, el isomorfismo no descansaba únicamente en aquello que los psicoanalistas calificarían "fijación oral", sino en sus funciones votivas asociadas al antiquísimo culto a Artemisa, diosa de la fertilidad y los partos, entre muchas otras cosas, de quien se conserva una estatua en Éfeso con más de veinte protuberancias que parecen tetas pero también podrían ser huevos. Durante el Renacimiento los reyes mandaban fabricar sus copas privadas según las redondeces de sus amantes y favoritas, ya sin el menor rastro de connotaciones religiosas y con la intención de brindar con cualquier bebida antes que con leche. En *Historia del pecho*, Marilyn Yalom refiere que en homenaje a la figura de la madre lactante, la reina consorte de Francia, María Antonieta, habría encargado un par de cuencos de porcelana a la fábrica de Sèvres con la forma de unos senos perfectos: los suyos.

Cuando la dinastía Han (siglo III a.C.), en China, empezó a hacer gala de la porcelana recién inventada a partir de una combinación de cuarzo, feldespato y caolín, sometida a temperaturas altísimas (1 300° C), procuró que ese nuevo material se apreciara con todos los sentidos. Además de su ligereza y tonalidad casi translúcida, la mejor porcelana, la más compacta, resuena y reverbera al contacto, en contraste con otros materiales más bastos, como la arcilla, capaces sólo de lamentos apagados y sordos. Y si su asombrosa lisura podía antojarse todavía poca cosa, para afianzar su anhelo de refinamiento y sofisticación los emperadores instituyeron que también había que llevarla a los labios, tocarla con ese pliegue de sensibilidad exacerbada que ya es casi gustativo, de modo que inventaron la ceremonia del té, que desde entonces se practica de muchas maneras en el Lejano Oriente, pero también en otros países occidentales cautivados por la belleza sin secretos de la porcelana, como en Inglaterra, en donde la fabrican a partir de ceniza de hueso.

No comulgo del todo con el credo de la porcelana y más bien prefiero los tazones oscuros, de una textura terrosa por fuera y esmaltados en tonos pardos y cenagosos por dentro. A la vez que transmiten una calidez mineral, cierta proximidad con las piedras o, si se quiere, con su perfeccionamiento o sublimación, el agua humeante parece ganar más consistencia y cuerpo al momento de ser vertida en su interior, como si ese solo hechizo dotara de profundidad y enigma incluso a los caldos o infusiones más anodinos. Con el tazón propicio, incluso la experiencia de llevarse a los labios un simple caldo de pollo puede convertirse en una celebración y una ceremonia.

En mi fuero interno me he convencido de que el bienestar que deriva del ritual de beber en cuenco se transmite, a través de vasos comunicantes invisibles, directamente a las aurículas del corazón, cavidades que, para recibir la sangre de las venas, tienen forma de vasijas.

La doble vida del paraguas

Colgado de cabeza en el desván durante la temporada de secas, agazapado entre las gabardinas y los impermeables a la espera de desplegar sus alas negras, el paraguas es el murciélago de los utensilios.

El departamento de objetos perdidos luce como un pabellón de quirópteros asustadizos y lisiados. En el metro de Nueva York es la pertenencia que más olvidan los usuarios. Cada tarde se recogen decenas y decenas abandonados en los andenes y vagones, que van a parar a ese asilo sin esperanza, a esa jaula tétrica de orfandad y polvo. Allí, en medio de una colonia de murciélagos confundidos y lánguidos, se alcanza a distinguir el plumaje estridente de un pajarraco, los lunares de una mariposa desflorada, la momia de un pterodáctilo de otro siglo, prueba de que el paraguas es fruto de la evolución convergente.

Si las tardes lluviosas deparan, de vez en cuando, el espectáculo de un paraguas que vuela por los aires, majestuoso e inexplicable como una semilla gigantesca, quizá se deba a que, tras meses de encierro y oscuridad, no ha resistido la tentación de emprender el vuelo. Animal doméstico al fin y al cabo, pariente del bastón y del sombrero, el paraguas no sabe aterrizar, y no tardará en desvencijarse y hacerse añicos contra el suelo. Con el esqueleto de fuera, semejante a un miriñaque obsceno, será arrastrado calle abajo por el viento, y en su ferocidad huraña de animal herido recordará al albatros de Baudelaire, rey de los cielos obligado a arrastrarse torpe y lastimero por la cubierta de los barcos.

Tal vez porque se estropea con facilidad, las oficinas de patentes de todo el mundo están saturadas de proyectos con mejoras o nuevas versiones del paraguas, muchas de las cuales caen de lleno en el terreno de lo fantástico o de la necedad. Paraguas con cortina de baño para las largas jornadas a la intemperie; con extensiones a escala para padres paternalistas; fusionado con el palo de golf; con mirilla telescópica para los amantes de las estrellas; acondicionado con un timbre de bicicleta para abrirse paso entre la muchedumbre; integrado a la regadera para una experiencia de ducha urbana... A estas alturas ya podría inaugurarse un Museo del Adminículo Absurdo consagrado exclusivamente a las variaciones sobre el tema del paraguas.

El diseñador danés Per Mollerup acuñó el término "colapsable" para referirse a la cualidad de un objeto de plegarse y desplegarse con el fin de ahorrar espacio. Bajo esa categoría relacionó instrumentos tan distintos entre sí como el telescopio y los anteojos, el libro y las persianas. La capacidad de compactarse o contraerse, de reducirse o encogerse, más que una disminución del volumen del objeto, es una forma de redistribuir su forma para fines prácticos, que no sólo prepara una transformación increíble, sino que facilita la portabilidad, razón de ser de la navaja suiza y la tienda de campaña, de la carriola y el abanico. Aunque este último sea tal vez el invento más antiguo con esta característica, es significativo que Mollerup haya elegido un paraguas para la portada de su libro.

Si muchas flores se abren de día para favorecer la polinización y se cierran de noche para conservar la humedad, no hay que olvidar que el cortejo y el pavoneo animal se basan en el principio análogo del esponjamiento, y que una parte de la actividad sexual depende de la erección, del tránsito cavernoso que lleva del pene al falo y viceversa (o de la *mentula* al *fascinus*, según la terminología en la antigua Roma). El género masculino parece obsesionado con lograr y mantener la erección, pero cualquiera que haya padecido priapismo sabe de la importancia no menos capital de la detumescencia.

Quizá debido a su naturaleza dual, a que cambia de estado y se despliega como si estuviera vivo, el paraguas es un visitante frecuente de los poemas y los aforismos. De una posición retraída y pasiva salta, tras pulsar un botón, a otra activa y se diría más plena, no sin causar algún sobresalto. Desde hace tiempo, no he dejado de darle vueltas a esta pregunta de William Gass sobre la forma artística, a medio camino entre la perplejidad wittgensteiniana y el kōan zen: "Qué es la forma, en todo caso, sino un paraguas sostenido ante la total ausencia de nubes?". Supongo que hay preguntas en las que uno podría acampar durante años, como al amparo paradójico de un paraguas de pura inquietud...

En las antípodas conceptuales del autor de *Sobre lo azul*, pero con una preocupación formal parecida, Ramón Gómez de la Serna, grafómano y prestidigitador de las palabras, trapecista incansable del ingenio, decía que "Abrir un paraguas es como disparar contra la lluvia". Además de sus muchas imágenes acerca de esos objetos retráctiles, escribió también disparates, gollerías y trampantojos inspirados en ellos, como aquel en que observa que "el paraguas es la única bandera del hombre solitario, una bandera de luto, pero bandera al fin". Me temo que ya se lee muy poco al inabarcable

Ramón, de allí que no esté de más recordar que si una greguería es semejante a un paraguas en el momento de abrirse, un trampantojo, en su acepción literaria, es como un hongo para lanzarse al vacío.

Los paraguas sueñan que vuelan y se convierten en paracaídas. Aventuras como las de Mary Poppins alientan sus fantasías desorbitadas, que con suerte alcanzarían las alturas de Altazor; pero aunque imiten la forma de la bóveda celeste, en el fondo ellos saben que es como si un pollo de granja soñara con convertirse en águila... Sus membranas plásticas son frágiles y poco propicias para el vuelo, y quizás a causa de ese trauma se comportan de forma tan arisca cuando más los necesitamos. Los más recalcitrantes se despatarran en el momento menos oportuno, mostrando su esqueleto de varillas y adoptando la forma de una copa, como si además de guarecernos de la lluvia quisiéramos hacer acopio de agua. Tantas veces se rompen y descoyuntan en nuestras manos, que la célebre frase del conde de Lautréamont: "bello como el encuentro fortuito de una máquina de coser y un paraguas sobre la mesa de disecciones", bien podría ser un simple atisbo del taller de reparaciones, antes que una imagen poética o una anticipación surrealista.

Descendiente directo del parasol y nieto del abanico, el paraguas actual se popularizó en la lluviosa Albión apenas a mediados del siglo XVIII por Jonas Hanway. Ya en tiempos de la Roma imperial el *umbraculum* o "pequeña sombra" se consideraba una exquisitez del Oriente y, tal vez en razón de su linaje exótico, suponemos que el paraguas es igualmente milenario. (Entonces era un aparejo exclusivamente femenino y fueron ellas quienes lo comenzaron a impermeabilizar con aceite). Hay una calle en Londres en honor de Hanway, aunque en realidad nadie asocia el paraguas con el filántropo inglés ni siquiera para maldecirlo cuando se nos destartala en pleno chubasco, quizá porque se considera que su único mérito fue desafiar el ridículo con su vieja sombrilla en todas las estaciones.

Antes de su producción en serie, el paraguas fue un índice de posición social. R. L. Stevenson, quien le dedicó una de sus miniaturas más bellas, menciona incluso una "aristocracia de los paraguas", que habría impulsado a Robinson Crusoe a improvisar uno en la soledad de los trópicos, más para satisfacer la idea de respetabilidad de su mente civilizada que para servir a un propósito práctico. En aquel entonces una estructura costosa de láminas de ballena, seda y caña, que los esnobs preferían con mango de marfil, facilitaba el engaño: fachada portátil para escalar peldaños de clase, también permitía a los disolutos hacerse pasar por devotos con solo portar un modelo sobrio y decente. Aunque algún remanente sobreviva de aquel viejo signo de distinción, hoy, que se han vuelto artículos casi desechables, entendemos que un paraguas en las manos equivocadas, antes que hipocresía o arribismo, denota azar, descuido o esa forma peculiar de confusión que colinda con el robo; nada como una tormenta inesperada para que nos sintamos con derecho a tomarlo prestado sin permiso.

En contraste con la sofisticación y elegancia de los paraguas, el paragüero, ese cilindro en el que escurren tras el vendaval al lado del bastón y otros objetos verticales, es el invento más chapucero de la humanidad. Bote de basura con ínfulas, florero desmesurado para arreglos decapitados, todos sabemos que es una trampa para que el anfitrión se abastezca de nuevos ejemplares, así que preferimos llevar el paraguas con nosotros y olvidarlo libremente en algún rincón de nuestro agrado.

Criaturas duales, infelices por su cautiverio, la otra cara de la ansiedad de los paraguas está en la insistencia con que exigen que los saquemos a la calle. Inestables como los meteorólogos y chantajistas como las mascotas, se valen del pretexto de un día nublado para que los llevemos de paseo. Se diría que saben de antemano que no caerá ni una gota, pero se las arreglan para convencernos a punta de refranes y falacias sobre la importancia del hombre precavido. En medio del aguacero, sin embargo, después de que el horizonte de una mañana soleada nos jugara una mala pasada, los paraguas casi nunca están a la mano, y si más tarde se nos ocurre recriminarles algo, ellos, impenetrables y enrollados en sus alas secas, se harán los desentendidos. ¡Y luego se extrañan de que los abandonamos a su suerte!

Nostalgia del aire

El aire puro es una superstición de la memoria que en el futuro sólo conoceremos en frascos. Si hace más de un siglo Marcel Duchamp embotelló aire de París para regalárselo a su principal coleccionista, quien "ya tenía todo lo que la fortuna permite adquirir", en China hoy se venden latas de aire fresco como forma retorcida de protesta. Mientras la ampolleta en forma de interrogación de aquel *ready-made* con algo de esfera navideña anticipaba la comercialización del arte como souvenir y lo reconducía hacia una dimensión inmaterial, las latas de aire chino se confunden con un gesto político —y poético—, un sarcasmo respiratorio que sirvió como sondeo de un mercado del aire que ahora se cotiza al alza. Aunque las latas pioneras se distribuyeron gratis en tres aromas distintos, "Tíbet prístino", "Taiwán post-industrial" y "Ya'an revolucionario", la sonrisa de inundar los pulmones con bocanadas nostálgicas que remitían al pasado y al comunismo no tardó en desdibujarse por los vientos de la oferta y la demanda: cada lata se estabilizó en 5 yuanes, el equivalente al precio de un refresco ($14 pesos).

En Ciudad de México, al menos durante dos terceras partes del año, el intento de respirar hace que parezca una broma o una retorcida bufonada aquella imagen mítica que la engrandecía como "la región más transparente del aire". Cuando Von Humboldt la acuñó para referirse al alto valle de México, o cuando Alfonso Reyes la retomó en su *Visión de Anáhuac*, nadie podía sospechar la carga de ironía gaseosa que el futuro habría de depararle. Más que derrumbarse, aquella imagen se ha ennegrecido y, como todo bajo este cielo, ha adoptado un cariz turbio, en parte por la revoltura de cosas que está en juego, en parte por la coloración apocalíptica a la que propenden los crepúsculos. El cielo aquí ya no se juzga en términos de la cualidad de la luz, sino en términos de la saturación de partículas suspendidas. No es un asunto de transparencia, como quería la literatura de mediados de siglo (Carlos Fuentes y Octavio Paz), sino de toxicidad y mal olor. El cielo ha ganado en densidad y se ha vuelto palpable; su textura recuerda menos al humo de una chimenea que al vaho que despide el enfermo: gérmenes, desaliento, pus.

Encima de los habitantes de la megalópolis se han formado tres cielos superpuestos: el primero, una borrasca de mal humor permanente, tensión eléctrica que anuncia la precipitación de la ira. El segundo cielo tiene nombre: *la nata*. Es una capa densa y ominosa de aerosoles, polvo y excremento, una costra que hiede y nunca cicatriza de lo que alguna vez llamamos aire. Aquí la cloaca no solamente transcurre por debajo del suelo, viscosa y negra y siempre presta a desbordarse; también se estanca en lo alto y persevera como una nube de mal agüero sobre nuestras cabezas, hecha de productos tóxicos y toneladas de materia fecal. El tercer cielo es de ozono y es asimismo irrespirable. Lo surcan aviones que parecen decididos a aterrizar en las azoteas y algún helicóptero de la policía ya sin combustible.

El cielo medio es un palimpsesto de exhalaciones y detritos volátiles. La expresión "partículas suspendidas" es una forma neutra de nombrar la inmundicia flotante. Hollín y azufre, hongos y plomo, ácidos y cochambre se entregan a las altas temperaturas para ascender y rescribir cada tarde la página de nuestra asfixia. El servicio meteorológico, consternado porque los pájaros se desplomaban desde ramas mutantes que parecían de tizne, decidió emitir hace décadas boletines sobre la calidad del aire. Como no existía una unidad de medida confiable, o como los parámetros internacionales arrojaban que todos los habitantes del Valle de México deberíamos estar muertos, se inventó una de nombre engañosamente autóctono: "Imeca" (Índice Metropolitano de la Calidad del Aire). Bajo el cielo que alguna vez se disputaron aztecas, tlaxcaltecas y chichimecas, más de doscientos puntos indican "contingencia ambiental", un eufemismo para "alarma respiratoria" o, si se quiere, para "crisis climática en la punta de la nariz". La almohada que aprieta el asesino contra su víctima es poca cosa comparada con este manto impenetrable de suciedad deletérea que se cierne sobre nosotros, y al que cada tanto contribuye el volcán Popocatépetl con su fumarola y sus cenizas. Durante esos días pasear por la calle equivale a encender una fogata en una cabina telefónica o a fumar dos cajetillas de cigarros en una hora.

En "La importancia del polvo", el explorador y naturalista Alfred Russel Wallace insiste en lo mucho que le debemos a la materia orgánica que flota en la atmósfera: no sólo el azul del cielo y la belleza de los atardeceres, sino "quizá hasta la capacidad de habitar el planeta". La emisión de contaminantes ya era un problema en la Inglaterra de finales de la primera Revolución Industrial, con volúmenes aterradores de carbón despedidos sin ningún control, pero era justo reconocer que gracias a una mezcla análoga de gases y partículas se habían formado las nubes, la neblina y la lluvia, y que sin ellas la Tierra habría permanecido como un desierto permanente, asolado por la radiación ultravioleta. El polvo y los vapores reflejan la luz solar y la devuelven al espacio, al mismo tiempo que impiden que el calor proveniente del suelo se disipe fácilmente. En noches góticas, cuando una confusión de reflectores ilumina el cielo encapotado de la urbe, más que en Batman y el llamado de auxilio proyectado en las alturas, pienso en Wallace y su empeño por glorificar los desechos volátiles.

La atmósfera del planeta nunca ha permanecido estable y los científicos cuentan con registros de los vaivenes de dióxido de carbono y oxígeno a lo largo de la historia. En *La gran historia de todo*, David Christian resume las marejadas gaseosas que hicieron posible la biósfera y que también, en distintas ocasiones, la han puesto en peligro. Hace dos mil quinientos millones de años, la "Gran oxidación" transformó las condiciones de vida en el planeta y aniquiló a muchos organismos para los que el oxígeno resultaba venenoso. Hace cincuenta y seis millones de años, en contraste, se vivió una grave crisis biológica debida al incremento de las temperaturas globales provocado por los gases de efecto invernadero. En parte por una actividad volcánica especialmente intensa, el brusco cambio climático (conocido técnicamente como el Máximo Térmico entre el Paleoceno y Eoceno) produjo que se liberara una magnitud de dióxido de carbono semejante a la que hoy se genera con los combustibles fósiles; el aumento en la temperatura de hasta 9 °C llevó a la extinción a miles de especies de plantas y animales, entre ellas de muchos mamíferos que comenzaban a conquistar la faz de la Tierra.

La crisis climática de la actualidad ha hecho que se aceleren, en el lapso de pocos siglos, procesos que antes solían tomar millones de años. Se ha discutido mucho si el fenómeno alcanza proporciones geológicas, dado el breve intervalo que comprende y lo reducido de los registros; pero aunque la polémica siga viva con respecto incluso a su nombre, el más aceptado hasta ahora —Antropoceno—, subraya el efecto significativo que ha tenido la acción humana sobre el equilibrio del planeta, no sólo en los siglos trepidantes de la industrialización, sino tal vez desde que se inventara la agricultura y se inauguraran las primeras ciudades.

Si dentro de cien años quedan todavía en pie museos, es muy probable que únicamente allí se encuentre, embotellado, lo que todavía denominamos, un tanto anacrónicamente, "aire puro", que entonces ya será aire estancado, una bocanada de encierro, mera turbiedad del recuerdo.

Hacia una historia de la puerta

Excepción y al mismo tiempo continuidad de los muros, elemento móvil de la arquitectura, párpado entre el adentro y el afuera, la puerta es un emblema paradójico de libertad, que permite encerrarse a cal y canto a la vez que dejar atrás la vida doméstica y salir al mundo. Cuando Plinio el Joven planeó su pequeño *studiolo* al centro de un jardín, en un rincón apartado de su villa, en una zona distante de la ciudad, interpuso una serie de capas concéntricas de puertas para alcanzar la anhelada concentración, esa piedra preciosa al fondo de muchas cajas chinas. Y la exigencia revolucionaria de Virginia Woolf en *Un cuarto propio* no era otra que la de contar con una puerta para sí misma que, entre otras cosas, le permitiera encerrarse durante horas, pues una puerta no sólo separa el espacio, sino también el tiempo.

Muchas escritoras se las han tenido que arreglar escribiendo a hurtadillas en la cocina o disfrazando su libreta bajo el bordado, ante la mirada escrutadora de los demás. Emily Dickinson, quien le cerró la puerta en las narices a las expectativas de su tiempo para replegarse en sí misma y dedicarse a escribir en secreto en su habitación, elaboró una suerte de poética de la puerta, por la que sus poemas se leen como mensajes deslizados a través de rendijas y ojos de cerradura, muchos de ellos redactados en sobres o pedacitos desechados de papel.

Aunque en lo personal puedo concentrarme en el comedor de mi casa o en medio del bullicio de una cafetería, en mis fantasías edilicias entro a una biblioteca circular como la de Montaigne, a la que se accede después de traspasar una infinidad de puertas, a la manera de la cortinilla inicial —una puerta televisiva en todo derecho— de *El superagente 86*, aquella serie sesentera de inventos desatinados y espías en minifalda. Quizá porque en mis ensoñaciones se superponen el creador del ensayo y el despistado Maxwell Smart, imagino que, para compensar el laberinto de compuertas y pasadizos, la salida de ese estudio debería ser a través de un tubo de bomberos, pues el cuarto de los libros también se angosta y puede convertirse en una cárcel.

Se sabe de la existencia de puertas desde las primeras ciudades de Mesopotamia, donde hacían las veces de tragaluz en el techo. Se accedía a ellas con escaleras y se disimulaban con un manto. Además de los portones milenarios exhibidos en el Museo Egipcio de El Cairo, procedentes de tumbas que se suponían inviolables, se han conservado jeroglíficos de llaves y cerrojos, de especial importancia ya que regulaban la comunicación con el más allá. Los sarcófagos en sí mismos son una suerte de puerta hermética hecha a la medida y sellada con maldiciones, por lo que a menudo me he preguntado si una caja es la versión en miniatura de una casa o si, por el contrario, fue la caja la que creció hasta precisar de pilotes y cimentación. Hasta donde entiendo, antes de volverse un espacio habitable, la biblioteca era originalmente un mueble para guardar libros y documentos bajo llave.

La puerta de un ataúd, que cierra la casa postrera para abrir una caja de despojos, se cargaría de connotaciones menos fatales si contara con un cerrojo interior, como el que presumiblemente acondicionó el conde Drácula para entrar y salir de su féretro. Tal vez el miedo decimonónico a ser enterrado vivo, que tanto contribuyó a la literatura de inspiración gótica, habría cambiado de signo si, además del cerrojo, se contara en el interior con un cordel para hacer sonar una campana.

El origen conjetural de las puertas nos lleva a la época de las cavernas, cuando hubo que desplazar monolitos o levantar empalizadas para protegernos de las fieras. Aunque nuestros ancestros no habitaran en ellas, las visitaban con frecuencia, quizá para fines rituales o artísticos. Más allá de las cortinas de fuego y los tendederos de pieles que sirvieron de biombos o puertas inaugurales, el invento decisivo es el gozne, *axis mundi* ubicuo y reproducible que nos hace bascular entre el interior y el exterior. El primero del que se tiene noticia se elaboró en bronce hace seis mil años, entre los sumerios.

Aunque haya puertas engañosas de marfil y otras más certeras pero escasas de cuerno, la puerta por excelencia es de madera, material más ligero que la piedra que la enmarca y que, por añadidura, hace juego con la idea de porosidad a la cual sirve. Las puertas de madera de una sola pieza se cuentan entre las más preciadas, además de que son las que mejor sonido producen cuando las golpeamos con los nudillos para que nos abran. Francis Ponge se compadecía de los reyes porque no conocen la dicha de llamar a una puerta; puesto que otros invariablemente les abren el paso, tampoco han tenido la satisfacción de empujarla con suavidad o rudeza, según sea el caso.

Entre los etruscos —y después los romanos— los límites sagrados de una ciudad se trazaban a través de un surco. La ubicación de las puertas se fijaba allí donde se alzaba el arado. Todo el perímetro restante permanecía inamovible y no se traspasaba nunca, por lo que una puerta es una interrupción —un salto— en una muralla o barrera, en el mismo sentido en que un puerto es una entrada o pasaje entre los arrecifes y los acantilados. (A la par de las puertas y los puertos surgió el cancerbero, figura temible que ahora va armado de sellos y oficios y nos muestra los dientes con esa ferocidad morosa que acostumbra la burocracia, en particular la de las aduanas).

En las culturas prehispánicas de Mesoamérica se prescindía por completo de puertas. Tal era la confianza en los vecinos que la abertura de los muros quedaba libre y la misma actividad y cercanía social bastaban como disuasión del crimen. Según López Austin, "la proximidad de las casas, la unión social de todos los habitantes de los *calpulli*, y la organización de la vigilancia permitieron que en el mundo náhuatl no se inventaran puertas, llaves ni candados". Sin embargo, no se libraron por completo de los ladrones, que debieron de aceptar esa circunstancia como una oportunidad y un desafío. Para no levantar sospechas, entraban tan campantes y, tras suministrar drogas potentísimas que adormecían a los moradores (elaboradas a partir de plantas bien conocidas por magos y curanderos, como el floripondio), saqueaban y desvalijaban la casa, sin temor de que nadie se despertara a dar el grito de alarma. En el *Códice Florentino* hay láminas que representan escenas de sopor inducido y robo.

Como las del castillo de Kafka o como aquella de color de negro de la canción de Los Tigres del Norte, hay puertas infranqueables que forman parte del largo y continuo *no* de la pared. Y así como su apertura depende de decisiones arcanas o de circunstancias insospechables, hay también margen para la ambigüedad, para la gama de vacilaciones y dudas que se desprenden de la incitación de una puerta entornada. En la indecisa semántica de la pasión, una rendija de pocos milímetros puede significar un guiño de invitación o un simple descuido.

Según Gutierre Tibón, aquel viejo sabio italiano, inquieto y "buceador", como lo llamó Alfonso Reyes, "esa gloria mexicana extranjera" que se sumergió en el mundo subterráneo de los nombres, la letra "D" es una representación del batiente de una puerta. El carácter jeroglífico, sin la panza o línea redondeada, se dibujaba con cuatro trazos sencillos que a veces se reducían a tres y que dio paso a la cuarta letra del alfabeto hebreofenicio: *daleth* (entre los griegos, *delta*). A diferencia de la combinación más rotunda entre la "p" y la "t" de la *porta* latina, el sonido dental "daleth" remite a un espíritu más dócil, que de solo pronunciarlo ya parece darnos la bienvenida. (A propósito de nombres: ¡qué sonoridad arcaica y misteriosa acompaña al léxico de la puerta, se diría que en consonancia con sus ecos de hierro y madera! "Quicio", "gozne", "umbral", "aldaba", "mirilla", "pomo", "dintel", "jamba", "alféizar", "pestillo", "cancela"… Vocablos que construyen por sí solos un poema en un idioma remoto y casi olvidado, que perduran entre nosotros como los fósiles multiculturales de un esqueleto antiguo).

La cuarta letra del alfabeto griego, un triángulo al fin y al cabo, se asocia a otra clase de puerta: la sexual. El triángulo invertido del pubis femenino, acentuado por el vello púbico que reproduce la estructura interna del útero, se ha representado desde la prehistoria en pinturas rupestres y esculturas como emblema de fertilidad, pero también en relación con la idea de puerta —la puerta de la vida. Catherine Blackledge, en *El origen del mundo*, libro pionero en las investigaciones sobre la vagina y el poder de la vulva a lo largo de la historia, recoge un elenco prodigioso de triángulos púbicos de distintas tradiciones y culturas, entendidos como símbolo de fuerza generadora y fecundidad universal: desde los deltas fluviales donde alguna vez se situó el Jardín del Edén, hasta el carácter sagrado de la forma más simple para delimitar una superficie o un territorio, venerada por los pitagóricos dada su perfección geométrica.

En la escritura cuneiforme primitiva, la mujer se representaba con un triángulo invertido con una línea central, mientras que en Egipto, la entrada a la cámara de la reina en la pirámide de Keops está indicada con un triángulo. Para el budismo tántrico, el *trikona* es el principio del cosmos, el umbral entre un mundo y otro, "la puerta de todos los seres nacidos". Fuente sagrada de la vida, la vagina también ha sido representada como el camino de acceso al pasado y al futuro, y esa doble función, a la vez vía de entrada y salida, está presente en los textos fundacionales en sánscrito: ya en el *Rig Veda*, el *ioni* —o *yoni*—, que nombra los genitales femeninos, es lugar de origen y morada, fontana y receptáculo, mina y nido.

Esa antigua trenza entre la mujer, la fertilidad y el origen, ya presente en los monumentos megalíticos y en algunas cuevas del Paleolítico superior, donde se pintaron vulvas en sus portales, quedaría plasmada en la letra griega delta, que está en la raíz de *delphys* —matriz— y se empleaba asimismo para referirse al vello púbico. Ya para el año mil de nuestra era, la *Suda*, la gran enciclopedia bizantina, consigna que la delta mayúscula representa directamente la vulva. Y aunque el origen es incierto, parece que tanto Alberto Magno como Isidoro de Sevilla tomaron la palabra "valva" —que significa puerta plegadiza y remite también a las conchas y moluscos— para referirse a los labios vaginales. Como subraya Blackledge, ese vínculo entre la vulva y la puerta queda de manifiesto también en el Talmud babilónico, que se vale de un término que literalmente significa "bisagra".

Levadizas o de doble hoja, blindadas o de papel translúcido, el portento de las puertas es que, como si disimularan un portal, te transportan de una zancada a otro mundo. Tal vez no a la manera de la Puerta de Años del cuento de Ted Chiang, "El comerciante y la puerta del alquimista", que permite viajar en el tiempo, sino apenas a una atmósfera distinta, al otro lado de una frontera inadvertida.

En lo personal, me atraen y me repelen alternadamente las puertas abatibles o "de vaivén", del tipo que se estilaba en el Viejo Oeste; mis favoritas son las giratorias, que tienen algo de trampa y pasadizo y, si te descuidas, te devuelven al punto de partida. Aunque no instalaría una entre la cocina y el comedor, me gustaría plantarla en medio de la nada, como la ruina de un parque surrealista o el esbozo de un jardín fantástico. Uno viajaría allí con la intención de transformarse, de entrar a otro mundo (pero dentro de este), de la misma forma en que, a través de llaves alucinógenas, se abren las puertas de la percepción.

El hueco de la almohada

Semejante a una nube para apoyar la cabeza, la almohada remite a lo suave, al confort. Rellena tradicionalmente con plumas de ganso, con copos de algodón o esa estofa blanca y esponjosa del fruto del pochote, la almohada promete un no sé qué de etéreo, cierta filiación con lo alado, la ligereza necesaria para acompañar los altos vuelos del sueño.

Es posible que las almohadas primigenias fueran los cuerpos con los que se solía cohabitar; a condición de que no se muevan demasiado, el pecho y el regazo cumplen muy bien esa función, sobre todo para la siesta. Y aunque tal vez no quede una huella indiscutible, intuimos que antes de que el *Homo sapiens* hiciera su aparición sobre la faz del planeta ya nuestros antepasados remotos hacían acopio de hojarasca o musgo para formar un pequeño montón sobre el cual apoyar la cabeza, tal y como se ha visto que hacen los perros en el campo a fin de procurarse un colchón. En su fascinante libro de antropología poética, *Mecha de enebros*, Clayton Eshleman comenta que el análisis del polen de la gruta de Fontanet indica que un grupo reducido de personas pernoctó por varias noches en su interior para realizar algunas pinturas rupestres y que durmieron sobre almohadones de hierba.

No obstante ese antecedente paleolítico que, por su simplicidad, quizás estaba muy extendido, las primeras almohadas de las que se tiene registro se elaboraron con materiales muy distintos: procedentes de Mesopotamia y Egipto, estaban esculpidas en piedra o madera. En los albores de la cama, al parecer la almohada y la cabecera eran una misma cosa: una estructura para aliviar la tensión del cuello, una suerte de yugo paradójico que guiaba a través de la noche y servía de asiento al espíritu.

Su arquitectura y apariencia no escapaban a la superstición. Las míticas puertas de cuerno o de marfil, a través de las cuales los dioses deslizaban sueños verdaderos o falsos, seguramente guardaban una relación con el material de las almohadas primigenias. Y las distintas imágenes de divinidades y animales dibujadas en ellas sugieren que velaban la actividad onírica, o que servían para ahuyentar los malos espíritus nocturnos, entre ellos, el más temible de todos: el insomnio. Según los antiguos chinos, una almohada blanda robaría la energía del cuerpo, de modo que preferirían el bambú, la porcelana o el bronce para su fabricación. Estaban convencidos de que una almohada de jade garantizaba un sueño reparador y saludable, que estimulaba el intelecto.

Ha corrido mucha tinta a propósito del título de *El libro de la almohada* de Sei Shônagon, una de las obras fundacionales de la literatura japonesa, traducida también como el *Libro de cabecera*. En el epílogo, sobre el que ronda la sombra de lo apócrifo, la autora le insinúa a la emperatriz que aquellos cuadernos que ha recibido de regalo ella los usaría de buena gana como almohada. Justo en esa última página estaría la clave del título y del origen de todo el proyecto. Pero la estampa de una pila de papel que ofrece alivio a las cervicales —ya cercana al cojín—, puede ser engañosa: quizá la dama de compañía aludía a un cuaderno de notas casuales, tal vez nocturnas, tal vez matutinas, que escondía en un cajón de su almohada de madera, según se estilaba entonces con los diarios íntimos. Amalia Sato, traductora de *El libro de la almohada* al español, refiere que hay estudiosos que arriesgan una relación con los *utamakura* ("poemas almohada") de aquel periodo: manuales que dictaban las reglas de composición literaria. De ser así, el célebre *Makura no Sōshi* tendría una relación doble con lo duro: remitiría a la rigidez de descansar la cabeza sobre un tabique canónico. Pero cualquiera que lea sus textos fugaces y digresivos, sus listas de una sutileza sin precedentes, sus observaciones melancólicas que se suceden sin una orientación determinada, entendería que no es así: su prosa se debe más al libre correr del pincel que a la ambición de compendiar un *thesaurus*.

En la película de Peter Greenaway inspirada en el libro, la almohada es ya el objeto acolchonado que conocemos, aunque también homenajea a las de tipo más íntimo y milenario que albergaban un cajón. Retorcimiento de las obsesiones de Sei Shônagon, el film tiene la audacia de explorar la condición efímera de la escritura, al hacer del cuerpo humano una superficie de inscripción. Las delicias de la piel se entrelazan con las de la literatura —y también con su evanescencia y sus desdichas. En una escena impresionante, reinventado como sello viviente, el cuerpo imprime un poema sobre una funda blanca. Sin tanto despliegue, todos sabemos que el hueco que deja la cabeza en la almohada puede ser también una forma secreta de escritura, un mensaje encriptado de la pareja o para ella, que puede ser leído o pasado por alto.

En el tránsito de la piedra a la paja y de la madera al hule espuma, la almohada ha permanecido como vaso comunicante con los arcanos nocturnos. Consejera enigmática pero fiel, oráculo de dos caras sin orejas ni boca, consultamos a la almohada cuando somos presas de la vacilación; lo que no logramos resolver en la vigilia se lo confiamos a ella, como si nadie pudiera descifrar mejor nuestros deseos ocultos. Los viajeros que llevan su almohada a cuestas y la suben incluso al avión, acaso no se preocupan en realidad por sus vértebras; tal vez recelan de los susurros de almohadas prestadas o promiscuas, como las demasiado babélicas de los hoteles, que inducen sueños ajenos y perturbadores.

Sin contar las antigüedades de museo o la estatuaria del Renacimiento, que desplegó su virtuosismo escultórico en encajes y texturas, incluidas las de cama, una almohada de mármol se consideraría hoy una excentricidad, una broma sofisticada o una pieza de arte, comparable a la taza de té forrada de pieles de Meret Oppenheim, un juego de descondicionamiento surrealista y disonancia de las expectativas que plantea preguntas imprevistas como la de si beber podría ser una forma de caricia.

A pesar de las arcaicas supercherías chinas, rechazamos que lo suave absorba la energía corporal, y más bien trasladamos esa posibilidad a la conjetura de un monstruo, el parásito de "El almohadón de plumas" de Horacio Quiroga, que succiona a su víctima a un ritmo demasiado vertiginoso para su tamaño. Sin salir de la esfera del vampirismo, no es impensable una almohada-bezoar que fagocite los cabellos que le ofrendamos cada noche para integrarlos a su cuerpo a manera de borra. La almohada engordaría a medida que avanza nuestra calvicie. De este lado del horror, no hay que olvidar que, inocente y cándida como parece, la almohada ha sido un arma asesina muy socorrida.

En *El desfile nocturno de los cien demonios ilustrado*, Sekien Toriyama, reconocido artista del género *ukiyo-e* y el primero en crear un bestiario de monstruos y apariciones sobrenaturales del Japón (alrededor de 1776), representa como una pequeña deidad al Makuragaeshi, fantasma travieso y chocarrero que tiene la debilidad de voltear o cambiar de sitio las almohadas mientras la gente duerme. Aun cuando se le considera inofensivo y de alguna manera también un espíritu protector del hogar, según algunas leyendas puede sentarse sobre el pecho del durmiente y oprimirlo, a la manera de los súcubos y los íncubos. La experiencia aterradora deriva esporádicamente en parálisis del sueño, con el riesgo de que mirarlo de frente ocasione la pérdida de la conciencia y a veces la muerte, ya que el Makuragaeshi aprovecha el momento para robarse no sólo la almohada, sino también el alma.

Algunos rellenos ancestrales se vuelven a poner de moda, como las semillas o las cáscaras de trigo, siempre a favor de la molicie. Las veces que he debido dormir en el suelo, sin más almohada que la palma de mi mano, desperté renovado; pero no se me ocurriría prescindir de las comodidades de una almohada, entre otras cosas porque significa compañía, un cuerpo adyacente que, a falta de ternura, al menos puede brindar tersura. Ignoro si la psicofísica, que estudia la relación sensual con los materiales, dedica un capítulo de sus investigaciones a los enseres de cama. Si los niños se aferran a una cobija como objeto transicional, durante las separaciones y divorcios nos queda el consuelo, patético y quizá definitivo, de una almohada mustia, como en la canción de José José.

Por lo que sé, las almohadas tradicionales de madera o cerámica se preservan en dos espacios: las habitaciones de las geishas, a fin de no arruinar sus peinados fantásticos, y los fumaderos de opio, donde hacen las veces de cofre para la parafernalia de la adicción. Hay contextos en que la tiesura no importa: tras la primera calada, la almohada se difumina en medio de una nube de humo, de suerte que la cabeza empieza a flotar en hilos más vaporosos que la seda.

Aun cuando remitan al potro de tortura, no excluyo el beneficio de las almohadas de piedra, que se antojan refractarias a la palabra concupiscente y sonora heredada del andalusí, derivación del vocablo arábigo para "cachete". La almohada esponjosa, que nos ofrece cada noche el evangelio de la otra mejilla —ese otro lado fresco que augura sueños livianos y renovados—, podrá no ser muy ortopédica, pero nos ha regalado los almohadazos, ese viraje que transforma la cama en un campo de batalla y permite, entre risas que proceden de la infancia, hacer también la guerra y no el amor.

El vuelo de la escoba

Hay algo hipnótico y obsesionante en el acto de barrer. El cuerpo ejecuta una danza extraña, de algún modo consigo mismo pero también con un palo largo —con "un árbol vuelto de cabeza" según la descripción de Jonathan Swift—, y cada mañana, al menos durante unos minutos, la ciudad se mueve al ritmo de las escobas, en una coreografía espontánea y dispersa, somnolienta pero afanosa, empeñada en despejar el polvo y la hojarasca, la basura y las células muertas.

El artista Allan Kaprow observó que "limpiar consiste solamente en desplazar la suciedad de una parte hacia otra". Esta circunstancia, percibida por los niños cuando se niegan a bañarse porque se volverán a ensuciar, hace que las tareas domésticas se nublen por una borrasca de absurdo y circularidad y, a falta de un afuera definitivo en donde arrojar la basura, proyecten la sombra atormentada de Sísifo.

En los años sesenta, el acto de barrer se exploró como una forma de arte. A la espera de que comience el espectáculo, una cuadrilla de barrenderos sube al escenario. Desplazan la suciedad de un lado a otro, con movimientos firmes pero suaves de las muñecas, con pasitos laterales y entrecortados que remiten a los esquemas de baile, como si siguieran unas pisadas señaladas en el piso. Barren y barren, formando montoncitos y cuidando de no estorbarse entre sí. (Al igual que barrer, contemplar a los demás mientras barren resulta hipnótico). Finalmente salen del escenario y el público descubre que ese ha sido todo el espectáculo. Telón.

Por su familiaridad y fuerza simbólica, la escoba es una invitada frecuente en los happenings y las exposiciones. Las artistas argentinas María Eugenia Azar y Graciela Siles convocaron en 2019 a intervenir escobas de paja para conmemorar el Día Internacional de la Mujer; un simple palo reseco, al que se le anudan varitas en un extremo (*scōpae* significa "briznas" en latín), puede representar la servidumbre como código cultural, la sospecha de vuelos licenciosos o la oportunidad de crear lazos comunitarios barriendo la banqueta. La escoba como arma, como nave embozada, como contraseña… Ya Jonathan Swift, en su sarcástica "Meditación sobre un palo de escoba", había encontrado en ese viejo utensilio un espejo moral invertido.

En los cuentos infantiles la escoba representa humildad, pero sobre todo ata a las mujeres a las tareas del hogar; tanto Cenicienta como Blancanieves aguardan el vuelco de su destino mientras barren; una vez convertidas en princesas, no hay noticia de que vuelvan a empuñarla. Por su parte, un Micky Mouse ansioso, en su faceta de aprendiz de brujo, debe ocuparse de la limpieza antes de acceder a las artes mágicas de su maestro; el primer objeto en el que pondrá a prueba sus poderes prestados es precisamente una escoba. Con música de Paul Dukas e inspirado en un poema de Goethe, el segmento más célebre de *Fantasía* reproduce un motivo arquetípico: el camino de la iniciación empieza desde abajo, con el dominio de la escoba.

Quizá por ser emblema de lo doméstico —grillete de una esclavitud inaparente y odiosa—, la escoba dará pie a una promesa de liberación que la convertirá en algo más que compañera de bailes suspirantes. Aunque en la antigüedad se decía que las brujas acudían al *sabbat* montadas en bestias salvajes, recorriendo vastos espacios en el silencio de la noche, en el imaginario popular se impuso la imagen de la escoba como medio de transporte. De los *Caprichos* de Goya al Quidditch de *Harry Potter*, pasando por los dibujos animados, la escoba es parte del ajuar de la hechicería, quizá tan característica como el caldero o la pócima. El *Canon Episcopi*, redactado hacia el año 900 d.C. y durante mucho tiempo la mayor autoridad en materia de brujería, rechaza los vuelos nocturnos a lomo de demonios o animales, y ni siquiera menciona la ilusión de la escoba.

Las primeras referencias como instrumento de vuelo datan de mediados del siglo xv y tienen como protagonista a un varón, el teólogo y prior agustino Guillaume Edelin, condenado por traicionar a la Iglesia a fin de satisfacer sus apetitos carnales. Los años de la Inquisición coinciden con una suspicacia tremenda hacia la escoba y poco faltó para que ella, un simple objeto, fuera llevada también a juicio. En 1484, la bula *Summis desiderantes affectibus*, emitida por el Papa Inocencio VIII, decreta oficialmente la existencia de la brujería. A partir de entonces, las confesiones que involucran pactos con el diablo, ungüentos mágicos y vuelos nocturnos se multiplicarán, en el contexto de interrogatorios, persecuciones y torturas. J.B. Russell, en *Historia de la brujería*, refiere el caso paradigmático de Walpurga Hausmannin, comadrona de oficio, que en 1587 fue arrestada y sometida a toda clase de vejaciones. Antes de ser quemada viva en Dillingen, Alemania, aceptó haber mantenido relaciones con el diablo y haberse alzado por los aires sobre un bieldo.

Hoy se suele aceptar que aquellos vuelos relámpago, sedientos y enloquecedores, descritos con tanta viveza en libros como *El martillo de las brujas* (el abominable *Malleus Maleficarum* de Kramer y Sprenger, "el manual del perfecto cazador de brujas"), estaban en todo caso asociados a preparaciones alucinógenas que se untaban a la silla o a palos de madera para ser absorbidas por la mucosa del cuerpo. Quizá reminiscentes de viejos ritos de fertilidad, los vuelos demoniacos (cuyo nombre técnico era "transvección"), capaces de dar la vuelta al globo en segundos, seguramente no eran sino trances masturbatorios, potenciados por los efectos de la belladona, la mandrágora y la datura. No hay necesidad de minimizar esta clase de vuelos estáticos (y extáticos): se trataba de auténticos viajes, en el sentido de que hacían ingresar a las presuntas brujas a otro mundo, un mundo sagrado en el que se desprendían del cuerpo que las mantenía sujetas a una cotidianidad de servidumbre y labores domésticas. No sería, desde luego, la primera vez que el orgasmo femenino se confunda con un acto de posesión diabólica...

También se cree que, disimuladas entre las varas de abedul de las escobas, las curanderas escondían las plantas medicinales de sus potingues: plantas a veces tóxicas, narcóticas o abortivas, prohibidas por las autoridades eclesiásticas. Si desde la antigüedad la escoba tenía una función ritual asociada a la purificación —las parteras barrían los umbrales para proteger a la madre y al recién nacido de los malos espíritus; las curanderas pasaban la escoba por el cuarto, incluso por las paredes, antes de comenzar una limpia—, ahora se identificará como herramienta del mal, una variante casera del tridente del diablo.

¿Quién no ha soñado que la escoba hace sola el trabajo de limpieza y de paso lava los platos y acuesta a los niños? No importa si se ha fabricado con sorgo o con cerdas de plástico, si es redonda o en forma de cepillo, si retoma el palo tradicional de fresno o ha sido producida en serie, la escoba conserva un halo de sortilegio que la conecta con otros planos de la realidad, de allí tantos dichos y refranes asociados a ella: "No se barre una casa nueva con escoba vieja"; "Pasar la escoba por la mesa trae mala suerte"; "Si te barren los pies, no te casas"; "Una escoba detrás de la puerta evita visitas inesperadas"; "Sólo las brujas barren de noche".

No se trata únicamente de supersticiones del pasado; en fechas recientes, se ha retomado la humilde escoba como arma de adoctrinamiento político para señalar que la corrupción, al igual que las escaleras, se barre de arriba para bajo, hasta que desaparece por arte de magia…

Una casa de papel

Quizá porque el libro es una tienda de campaña que nos aloja durante una temporada, recubrimos las paredes de la casa con un segundo muro de papel, en el que cada ladrillo es un volumen vertical que nos aísla del ruido y nos arropa. Por si fuera poco, aunque la moda del papel tapiz apenas si sobreviva en algunas mansiones vetustas, forramos la aspereza del cemento pintado con otra piel más cálida y llamativa: cuadros, fotografías y pósters que crean una segunda capa interior, una epidermis de significado con la cual dialogamos todos los días, acaso como reminiscencia de las pinturas rupestres de las cuevas del Paleolítico superior, cuando se crearon las primeras imágenes conocidas.

Tomé conciencia del capullo de papel en el que vivo mientras buscaba un libro y me detuve en el lomo de *La casa de papel*, del argentino Carlos María Domínguez (nada que ver con la serie de televisión homónima, acerca del atractivo irresistible de otro tipo de papel: el papel moneda), una novela que versa sobre la sobredosis de materia impresa. Entre reflexiones sobre la corporalidad del libro y homenajes a las bibliotecas que crecen sin control y se desbordan, la obra redunda en pliegues y celulosa, fibras vegetales y el crujir de ese material inapreciable que a veces recuerda a la piel de la cebolla, pero también advierte sobre su cualidad comestible y las amenazas que se ciernen sobre él, a manos —o más bien en boca de— los pececillos de plata. Con el temor de que la realidad se hubiera superpuesto a la ficción y las hojas de mi ejemplar se encontraran plagadas de lepismas voraces, lo examiné un rato; no fue sino hasta que lo dejé abierto bocabajo que noté el parecido con una tienda de campaña y recordé aquella idea de que la lectura es una suerte de casa adentro de la casa.

Mientras picoteaba frases aquí y allá, me entretuve acariciando la lisura de sus páginas, con la aprensión apocalíptica de que muy pronto, si el precio del papel sigue al alza, los impresos terminen por volverse artículos de lujo, caprichos decadentes por los que uno pasa los dedos con el mismo gesto infatuado del coleccionista que se deleita con las cubiertas de pergamino o piel de cerdo.

Amenazado por la avalancha digital, pero sobre todo por sus altos costes de producción y su impacto ecológico (según cálculos de lo más aguafiestas pero verídicos, fabricar una bolsa de papel consume más energía que una de plástico), no sería extraño que el papel se convierta en una exquisitez —una rebuscada superstición del pasado—, y que ni los sobres ni los diplomas ni los empaques ni las libretas nos ofrezcan nunca más su incomparable textura, esa superficie íntima e incitante, tersa y receptiva sobre la que podemos hacer una confesión inconfesable o simplemente jugar al gato. Así como los periódicos impresos remiten a rituales de una era enterrada (café y lectura, pero también cucuruchos para encender el bóiler o envolver el pescado), tal vez no falte mucho para que estrujar un documento y hacerlo bola sea equiparable al desplante de prenderle fuego a un billete de banco...

Las "bodas de papel" conmemoran el primer aniversario de un matrimonio, quizá porque el lazo es aún demasiado frágil y depende, en buena medida, de un documento. Dada su carestía, no puede descartarse que pronto todo cambie de signo y esas bodas acaben por significar lo que ya es casi impensable en una pareja: cumplir una década sin rasgaduras fatales.

Soporte de una revolución cultural sin precedentes, el papel tiene más prestigio que el silicio o el plasma de las pantallas; no por nada es el material fetiche por excelencia. Sin contar la fascinación que despierta un fajo de billetes, lo que más se colecciona está atravesado por sus fibras: manuscritos, primeras ediciones, fotografías, dibujos, autógrafos, grabados, timbres postales, tarjetas deportivas... Un códice bajo tierra, una carta robada, un legajo en un desván, un pergamino escondido en un ánfora son pasto de la humedad y las polillas hasta que alguien descubre su importancia para reordenar el rompecabezas de la historia.

Uno de los hallazgos recientes más asombrosos sucedió en el monasterio de la escuela budista de Sakya, en el Tíbet, donde por accidente se encontraron ocultos detrás de la pared principal más de ochenta mil rollos en una estantería colosal de sesenta metros de largo por diez de alto. Envueltos en pañuelos de seda, los sutras y pergaminos sobrevivieron en buen estado el paso de los siglos, y en particular a la iconoclasta y despiadada Revolución Cultural emprendida por Mao Tse-Tung. Entre los volúmenes de más de mil años de antigüedad, escritos a mano en distintos idiomas (chino, tibetano, sánscrito y mongol), destaca uno colosal de dos metros de largo y quinientos kilos en el que se compendian, en caracteres dorados, las enseñanzas de Buda.

Confieso mi debilidad por rodearme de papeles y reconozco que con tal de pertrecharme bajo más y más capas me encantaría contar con puertas corredizas japonesas —de las llamadas *shōji*—, según el ejemplo de Juan José Tablada en su casa de Coyoacán antes de ser destruida durante la Revolución mexicana: biombos de pura sugerencia que sirven de pantalla para el teatro de sombras de la vida diaria. Pero supongo que sería muy fatigoso conseguir a un fabricante adecuado, sin mencionar que ya las paredes de los edificios se antojan tan delgadas e indiscretas como para andarse con exotismos.

En una continuación inesperada de la *Casa de papel* de Domínguez, Jutta Wilfert, una lectora más que fervorosa, decidió materializar la locura del protagonista del libro, Carlos Brauer, y edificó una casa de libros octogonal en Künzelsau, Alemania, con la ayuda de un arquitecto. El resultado, acaso por exceso de literalidad, tiene algo sombrío y fúnebre: los volúmenes, adheridos con cemento y recubiertos de resina, son para todos los efectos sólo eso: volúmenes, libros muertos, del mismo modo que la casa inevitablemente se confunde con un mausoleo literario. Ya una atmósfera de despedida y entierro no sólo simbólico había también en el primer objeto artístico elaborado por Marcel Broodthaers, cuando abandonó para siempre la literatura y sepultó en yeso los ejemplares que no se habían vendido de su libro de poesía *Pense-Bête*.

Antes de su producción industrial, el papel fue un bien aún más escaso y caro. Maravilla plegable, maraña vegetal domesticada, paréntesis blanco para la escritura, ya fuera que se elaborara de papiro o de maguey, de algodón o del árbol de amate, de piel de cordero o de capullos de gusano, el proceso era tan laborioso que los pliegos se reservaban a muy pocos elegidos, a menudo para ceremonias religiosas y no tanto para escribir.

Hans Lenz, el gran conocedor del papel tradicional mexicano, apunta que los aztecas, al igual que otras civilizaciones antiguas como la china, no lo empleaban únicamente para relatar la historia de sus héroes y dioses, sino para "el adorno de las piras funerales, para atavíos de los dioses y para sus sacrificios". La significación espiritual del papel en el México antiguo, que solía llevarse como pasaporte al Inframundo, superaba su uso práctico, y alcanzó tal demanda que los pueblos conquistados debían rendir tributo al imperio un par de veces al año. Francisco Hernández, en su *Historia de las plantas de Nueva España*, describe la producción del papel amate en Tepoztlán, y sorprende el parecido con la técnica y los instrumentos utilizados tradicionalmente en Oceanía, indicio de un intercambio cultural anterior a Colón.

Eduardo Galeano cuenta la historia del arribo del papel a la comarca de Chuquisaca, en Bolivia. Los frailes franciscanos llevaban Biblias y libros sagrados en sus alforjas. Los chiriguanos, pueblos originarios guaraníes que no conocían el papel ni la palabra escrita —mucho menos la imprenta— y carecían de palabras para designarlos, quedaron maravillados y decidieron nombrar al papel como *piel de dios*, porque "sirve para enviar mensajes a los amigos que están lejos".

El papel debe blanquearse y alisarse. Salvo en los de arroz o algodón (en Oaxaca se aprovecha el algodón coyuche del pochote o ceiba pentandra), la pulpa resulta en una estofa de color café, a la cual hay que preparar con capas finas de tiza para que, una vez seco, no absorba demasiado la tinta. El papel que conocieron los chiriguanos probablemente era muy delgado y casi translúcido, del tipo que se conoce como "papel vegetal o "papel biblia"; más que una creencia sobre el tono de piel divino, lo que tenían en mente era quizás el pellejo o la capa escamosa más superficial de la epidermis, que guarda semejanza precisamente con ese papel y también con el que llamamos "de seda" o "Manila".

Las propiedades mecánicas de las fibras aglutinadas del papel facilitan uno de sus atributos principales: el pliegue. Ningún material es tan propicio para esa función, crucial en la concepción del libro como códice, pero también en la invención del sobre, el abanico y, claro, el origami. Si bien algunas fibras se quiebran, otras permanecen intactas y permiten el doblez. Basta juntar los extremos de una hoja y presionar para que se forme una zona oculta que da lugar al secreto. Gran parte del placer de recibir un regalo deriva del acto de desenvolverlo, y quizá nuestra noción de la literatura sería muy distinta si no tuviéramos que dar vuelta sucesivamente a las hojas de un libro.

Hacía mucho que no escribía a mano. Para redactar este texto he vuelto a los fundamentos, aunque no he exagerado al punto de empuñar una pluma de ganso. Acaso porque todo el tiempo he sido consciente de la tarea, fui notando que la escritura se volvía más sensorial y palpable y que la huella de tinta, además de crear un significado, también era el registro de una acción. Las incisiones sobre la superficie, así como los límites físicos de la hoja —mi letra se hace más pequeña a medida que me aproximo al borde inferior, acaso contagiada por el espíritu de Robert Walser en sus microgramas—, dotan de una dimensión espacial a todo el ejercicio, como si el dibujo de cada letra me revelara que el papel no es sólo un material extraordinario, sino también un lugar, un lugar habitable.

Voracidad del fuego

El fuego nos llama. Como las falenas atraídas por la luz, nos rendimos al hechizo poderoso de un incendio o al más sutil y vertical de una vela encendida. Su baile desmelenado, su crepitar incierto, rico en colores y figuras cambiantes, nos provoca una admiración antigua, elemental e íntima; más que contemplar sus parpadeos, se diría que en su presencia miramos al pasado y al interior de nosotros mismos, al entrar en comunión con los primeros hombres y los primeros fuegos del mundo.

La fogata es el centro social originario; en torno a ella se suman amigos y desconocidos, perros y gatos, parejas y solitarios. También congrega a los viejos espíritus que, a partir de las chispas de pedernal y pirita sobre yesca, se impusieron a las tinieblas en busca de calor y confort.

No se sabe con exactitud cuándo comenzó la domesticación de fuego. Hay pruebas de que el *Homo erectus* ya lo empleaba para cocinar hace por los menos trescientos mil años, pero antropólogos como Marvin Harris las encuentran poco convincentes. Los depósitos de carbón vegetal en las cuevas de Choukoutien, en China, no siguen el patrón que se esperaría de auténticas hogueras que se encienden y apagan a voluntad, y lo único que puede decirse con seguridad es que nuestros antepasados estaban familiarizados con el fuego y que, según la evidencia fósil, el tamaño de sus intestinos disminuyó, quizás en razón de que cocinar los alimentos reduce el esfuerzo de digerirlos. El fuego no sólo facilitó la masticación y eliminó toxinas de la comida; también liberó una parte de la energía que hasta entonces debía ocuparse en el metabolismo, para destinarla a la expansión del cerebro. Las carnes asadas del Pleistoceno, quizá no muy diferentes de las parrilladas actuales, aunadas a la sociabilidad en las que se desarrollan, podrían ser la explicación de la gran masa encefálica del *Homo erectus*, cuyo ritmo de crecimiento en relación con su peso corporal supera al de cualquier otra especie en la historia evolutiva.

La idea aventurada pero muy extendida de que las primeras narraciones surgieron alrededor del fuego está avalada por la paleoantropología. Siguiendo a Louis Leakey, tan pronto caía la noche, los homínidos buscaban refugio, al igual que la mayoría de las aves y los babuinos. Pero con la institución de la fogata la noche se transformó por completo. En un ambiente de descanso y solaz, se abrió un nuevo nicho ecológico frente al crepitar de las llamas, en el que podía darse la espalda a la vida diurna y las demandas por la supervivencia. Entonces el lenguaje tomó un nuevo impulso, desligado de la necesidad y los imperativos prácticos, y mientras se contaban las proezas y calamidades de la jornada o se recordaba a los muertos, los mitos empezaron a cobrar forma, incluido el del origen del fuego.

En las distintas mitologías el fuego se representa como un don divino. Dominarlo significa participar de un orden superior, vedado a los mortales, dados los beneficios y riesgos que comporta. En la antigua Grecia, el titán Prometeo es el encargado de robarlo y entregarlo a la humanidad; en las sagas nórdicas, el embustero y cambiante Loki (o bien el gigante Logi, personificación del fuego con quien a menudo se le confunde); en vastas regiones de América, el taimado y campante tlacuache. En casi todos los casos el ladrón nos lega otros saberes y artes, que se derivan del fuego o son trasuntos de su luz: astronomía, metalurgia, matemáticas, etc. Con la cola en llamas, el tlacuache también nos regala el pulque y la embriaguez. Es significativo que el ladrón y benefactor no sea una criatura humana y que, por su atrevimiento, sea castigado con tormentos terribles por los guardianes del fuego, tal vez en previsión de que, tan pronto lo dome, el ser humano se convertirá en su propio dios.

Al igual que en el caso del tlacuache, a pesar de que el puritanismo de los estudios clásicos ha tendido ha disimularlo, el puente entre los dones del fuego y el conocimiento estaba relacionado, en la Grecia antigua, a la ebriedad. Como subrayan Wasson, Hofmann y Ruck en su apasionante libro *El camino a Eleusis*, el fuego que Prometeo robó a Zeus se describe en clave metafórica como una flor, pero también como una droga. Ya el contexto herbario está presente desde que el hurto se realiza mediante una estratagema en un lugar llamado Mekone, que significa adormidera. La trenza remite a las fuerzas ctónicas de las profundidades, presididas por Hades y su esposa raptada, Perséfone, que se convertiría en la reina del Inframundo y, durante las estaciones fértiles, en diosa de la agricultura y la vegetación, al lado de su madre Deméter, dadora de los dones de la tierra y la fecundidad. No hay que olvidar que Hades era la personificación más oscura de Dioniso, por lo que el dios de los muertos y del Inframundo —y también del fuego—, regía asimismo las sustancias embriagantes y no sólo el vino.*

A partir de un sustrato mitológico complejo, Empédocles postula que el fuego es uno de los cuatro elementos o "raíces". Aunque la asociación de cada elemento con un dios haría pensar en el vínculo del fuego con Zeus o con Hefesto, estudiosos como Peter Kingsley han concluido que se relaciona más bien con Hades, y que el fuego primigenio procede de las profundidades de la tierra y es de naturaleza infernal (oriundo de Agrigento, Empédocles tendría muy presente la gran actividad volcánica de Sicilia). A pesar de las interpretaciones racionalistas de su pensamiento, lo más probable es que poseyera un trasfondo mágico y que la leyenda de su muerte —de un salto a la boca del Etna— no fuera sino una alegoría de purificación y renacimiento. Como buen mago, no sólo aspiraba a la comprensión teórica de los poderes de la naturaleza, sino a su control.

El influjo de Empédocles en la alquimia es incalculable. Paracelso retoma el postulado de los cuatro elementos y los enlaza con criaturas fantásticas que precederían a la creación del mundo. Dada la necesidad compartida de alimentarse de otros seres para subsistir, estableció la identidad entre fuego y vida, tesis que va más allá de la intuición de que la llama está viva,

---

* Los griegos conocían bien las propiedades estupefacientes de determinadas flores, bulbos, raíces y hongos, y solían aumentar la potencia del vino con ellas. A la calidad de un vino se le denominaba su "flor", en alusión a los componentes enteogénicos que le habían sido añadidos. Tenía fama de ser demasiado tóxico y lo rebajaban con agua; su virulencia no podía deberse, desde luego, a la mera fermentación, que por sí sola puede alcanzar únicamente los catorce grados de alcohol. Hay indicios de que ya sospechaban que la ebriedad del vino es una variante de la ebriedad de los hongos (no otra cosa son las levaduras) y que una y otra provenían, en última instancia, del mohoso Hades.

pues incluye su complemento: que todo lo vivo está ardiendo. En su poética del fuego, Gaston Bachelard rastrea vislumbres parecidos en Novalis, quien descubre "la naturaleza animal de la llama"; en Maeterlinck, que ve en el árbol una "llama floreciente" y en Claudel: "el animal es materia encendida".

Las flores, que siguen el recorrido del sol, son "llamas lentas" en el reino de la analogía, y es común encontrar imágenes de su reverso: llamaradas que florecen como rosas o tulipanes. En la poesía de todas las épocas la pasión amorosa se ubica en el corazón y abrasa como la lumbre. Parafraseando el título de las novelas de la locura de Nerval, todos los seres vivos somos hijos del fuego.

Al margen de las correspondencias, la reacción química de la incandescencia de la materia se describe como una "oxidación acelerada", a la par que en la fotosíntesis y la respiración celular se produce igualmente algún tipo de oxidación.

En la cosmogonía azteca, el universo está sometido a la entropía y el agotamiento. Todas las cosas consumen energía y están signadas por una unidad de fuego; de allí que las principales encarnaciones o *nahualli* del sol fueran los grandes depredadores de México —el águila y el jaguar—, que se alimentan de presas vivas. Tanto en la tierra como en el firmamento hay una sed insaciable de sangre, y el sol ha de devorar los corazones que se le ofrendan para proseguir su movimiento cíclico. En una economía ritual que giraba en torno al gasto, nada debía desperdiciarse, mucho menos la carne de los sacrificados.★

★ La ceremonia del fuego nuevo en las culturas del altiplano central (la mayor fiesta mexica de la que se tenga noticia, que se remonta a Teotihuacán y todavía hoy pervive en Iztapalapa), no se realizaba únicamente cada cincuenta y dos años, cuando el comienzo del calendario de doscientos sesenta días coincidía con el de trecientos sesenta y

En su exploración de la vida nocturna y el lenguaje de la noche, Al Alvarez recuerda que, hasta hace no mucho, la iluminación dependía enteramente del fuego. En la enumeración de los combustibles que han permitido mantenerlo vivo y transportarlo, sorprende su voracidad constitutiva: del leño al petróleo, pasando por la grasa animal y la cera, el

---

cinco, sino que era una fiesta anual de cierre y renovación para celebrar la creación del sol. Pero únicamente en la confluencia del calendario astronómico y el de la cuenta de los destinos —en lo que equivaldría al cambio de siglo para los mesoamericanos, asociado a la revolución de Venus—, el rito alcanzaba la magnitud de un acontecimiento cósmico, en el que estaba comprometida la continuidad del tiempo y, por ende, repercutía en todos los planos, tanto en el sacro como en el profano.

Cada "atado" de cincuenta y dos años se sacrificaban todas las representaciones de los dioses, tanto las esculturas como los adornos y amuletos, y se desechaban los utensilios domésticos, en particular los que servían para encender y mantener viva la lumbre: pedernales, palas, anafres de barro, etcétera. Incluso las tres piedras sagradas del fogón debían renovarse, así como los atuendos, enseres y pertenencias viejas; además, barrían a conciencia y se deshacían de la basura. Después de quemar todo lo usado o de sumergirlo en agua, apagaban los fuegos de los hogares y los templos y se entregaban a las tinieblas, hasta que los sacerdotes esperaban la "caída" de un fuego nuevo en la cima del Cerro de la Estrella, justo en el momento en que las Pléyades (*tianquiztli,* entre los nahuas) se situaban en el cénit de la bóveda nocturna. En su lectura del *Códice Florentino*, López Austin subraya que el fuego no se encendía propiamente, sino que *descendía* del cielo, como un don. En medio de la oscuridad más profunda, todo el rito estaba atravesado por la zozobra y la angustia, ya que si algo fallaba y el fuego no prendía o lo hacía de modo incierto y deficiente, el mundo corría peligro y podía sucumbir, pues como escribe fray Bernardino de Sahagún en su recuento de la ceremonia, con él cesaría el movimiento de los cielos, además de que las estrellas se convertirían en demonios femeninos que devorarían a la humanidad. Si, en contraste, todo resultaba bien, a partir de esa nueva hoguera los mensajeros y corredores del fuego lo transportaban a los templos principales de los *calpulli* para distribuirlo, de donde el pueblo

gas y el esperma de ballena; el fuego es omnívoro y se nutre, ya no en sentido metafórico ni mitológico, de energía ajena. (La misma expresión de "alimentar el fuego" es elocuente; las velas de sebo, hediondas e irritantes, tienen la extraña ventaja de ser comestibles). Alvarez menciona comunidades primitivas que no se molestaban en fabricar antorchas y empalaban pescados aceitosos o pájaros de vientre oleoso: los penobscot lo hacían con el bagre, los maoríes con el pargo, los habitantes de las Islas Shetland con aves marinas, a las que enhebraban con una mecha, les hundían las patas en arcilla y les prendían fuego.

En contraste con las comunidades rurales, que aún dependen de la leña y el carbón, las casas contemporáneas le dan la espalda al fuego. Con estufas de inducción magnética y calentadores solares, se han convertido en hogares sin hogar, y sus moradores deben recurrir a asados y fogones en patios y jardines traseros. Hace poco, en casa de una amiga, nos congregamos en torno a una fogata que se elevaba desde un cuenco de acero; al igual que la imagen de William Blake, por un instante vi que éramos fuego cautivado por el fuego. Como los niños le arrojaban toda clase de cosas para avivarlo (papel, cartones, hojas secas, basura), con una sabiduría ancestral que parecía provenir de las culturas sudamericanas para las cuales los mitos de

---

se abastecía para llevarlo a sus hogares, con lo que quedaba sellada no sólo la renovación, sino también la unidad del fuego.

Según los testimonios, no solamente se sacrificaba gran número de cautivos para propiciar el descenso de las llamas, sino que todas las personas, incluidos los niños, debían realizar un sacrificio personal cuando la gran conflagración se avistaba en las alturas: se sacaban sangre de las orejas para ofrendarla en dirección de aquella lumbre, con lo que contribuían a la preservación del equilibrio del universo.

origen del fuego se confundían o estaban "travestidos" —según la terminología de Levi-Strauss— como mitos del agua, ella les explicó que el fuego era equiparable al agua y que, al igual que esta, debía mantenerse siempre limpio.

Las costumbres psíquicas no corren a la par de la tecnología, y la mente requiere del viejo ritual de reencender el fuego, así sea para mirarse en el espejo obsesionante de las llamas, siempre hambrientas y en vilo y a punto de apagarse.

El *selfie stick* o la prótesis del yo

Si los autorretratos a un brazo de distancia son el espejo que uno elige para exhibirse, el palo extensible que los facilita sería su empuñadura perfecta, el mango ideal para cerrar el círculo del acto de mostrarse. En la búsqueda del ángulo más favorecedor, en el trance de decidir lo que se incluye y lo que se deja de lado en la conformación de la propia imagen, el *selfie stick* sería algo más que una continuación del cuerpo hasta convertirse en una prótesis de la necesidad suprema de control: una respuesta ergonómica al ansia de hacerse cargo del encuadre con el que se construirá una identidad inmediata, la versión estudiadamente espontánea de uno mismo.

Por lo que se sabe, la primera selfi de la historia se tomó en 1839, en Filadelfia, y fue hecha en daguerrotipo. Robert Cornelius, químico diletante y aficionado a la fotografía, habría levantado la cubierta de la lente y corrido a toda prisa para posar durante un largo minuto delante de la cámara. Su autorretrato parece tan próximo y actual que cualquiera lo confundiría con una de las millones de selfis que desfilan en las redes sociales, acaso beneficiado por un filtro sepia que le da esa aura inconfundible de antigüedad, sometida al lento proceso de difuminarse. La imagen muestra a un joven con la cabeza inclinada ligeramente, no tanto en el gesto de rehuir lo frontal, sino de brindar su perfil más fotogénico, lo cual tal vez incida en que todo converja hacia su mirada, al mismo tiempo elusiva y franca, confiada pero penetrante, como la de quien está consciente de que así sea a través de un desplazamiento —del giro que lo transforma de fotógrafo en modelo—, a fin de cuentas se está mirando a sí mismo.

Lo que en los albores de la fotografía se conseguía con encuadres milimétricos y paciencia de estatua, y a lo largo del siglo XX se experimentó con juegos ante al espejo y cabinas de fotomatón, hoy está al alcance de un botón con la ayuda del palo mecánico. Aunque parezca antediluviano, hubo un tiempo en que las selfis tenían que hacerse a ciegas, adivinando el foco y dejando al azar cualquier idea de composición. Todo cambió con el invento de la cámara frontal y el auge del *selfie stick*. El delgado brazo telescópico se habría patentado a mediados de los años noventa en el Japón, donde sin embargo no tardaría en arrumbarse como una estrella pasajera de los catálogos de inventos inservibles o francamente delirantes (en la edición de 1995 de los *101 inventos japoneses inútiles* ya figura, pero todavía en relación con la cámara instantánea). No sería sino hasta la consagración de las redes sociales como escaparates obsesivos y cambiantes —cuando la idea de *aparecer* en el espacio virtual se impuso como prueba de la identidad y la valía personal—, que aquel tripié paradójico, que no se apoya en el suelo y ni siquiera cuenta con patas de ninguna clase, cobró nueva vida, ya no como aditamento de la cámara fotográfica, sino como uno más de los efectos personales, al lado del peine y del lápiz labial, con los que suele confabularse para la creación de ese momento irrepetible de afirmación y autobombo mediante el cual gritamos al mundo "aquí estoy", "así me encuentro ahora mismo".

A lo que más se asemeja el *selfie stick* es a una vieja antena extensible. No parece casual que, micropublicación mediante, su propósito sea captar las miradas, como si la atención viajara en ondas por el aire. Puesto que la selfi tiene algo de grito, ya sea de súplica o de alarde, el palo retráctil contribuye a su modulación, a que no tiemble o desentone por torpe o demasiado revelador y excitado. La autofoto podrá confundirse con un llamado de auxilio, con un desplante estridente o una reivindicación personal, pero lo decisivo es que refleje una versión ampliada de nosotros mismos, una continuación escenográfica del yo, en la cual todos los elementos, desde el emplazamiento hasta el decorado, desde la gente que nos acompaña hasta la iluminación, tejan la estampa discursiva no tanto de cómo somos, sino de cómo queremos ser vistos. La imperante cultura de las apariencias tiene como característica ofrecernos la posibilidad de moldear las imágenes a nuestro antojo (y, hasta cierto punto, también su circulación), gracias a una gama de filtros y herramientas de edición.

Freud describió famosamente al hombre como "un dios con prótesis". Aunque la mente requiera también de sus propias extensiones y postizos —de toda clase de sostenes abstractos y de parches y amplificaciones químicas—, era difícil imaginar que para mantener en alto la autoestima y satisfacer la necesidad de aceptación habría de llegar a nuestro auxilio, como último puntal del ego, un sencillo tubo cromado que, a semejanza del bastón, hace las veces de asidero portátil, de una auténtica muleta del yo.

La prueba de que no puede controlarse todo en la proyección de nosotros mismos está en las incontables selfis que, a la postre, quedan como documento involuntario del instante fatídico. En una frontera difusa en que el afán de espectacularidad se confunde con la pulsión suicida, hay gente que ha estirado la búsqueda de ángulos extremos hasta el punto de desafiar la muerte, para terminar capturando lo que quizá se proponían sombríamente: su momento final. Amarga ironía de la pose planeada y la sonrisa deslumbrante al filo del abismo: en un andamio en el piso cuarenta y nueve, o a pocos metros de una bestia salvaje o del paso del ferrocarril, o frente a la panorámica desde la Torre Eiffel, esas imágenes se vuelven virales como instantáneas tétricas de la banalidad, la imprudencia y el sinsentido.

Ya sea que entendamos la selfi como un orificio hacia la intimidad —como el ojo de cerradura que elegimos para que propios y extraños hurguen en nuestro secreto—, ya sea que la publiquemos como una prueba autorizada de que todavía sabemos sonreír, el palo mecánico aporta la promesa de tener la sartén por el mango. Esa es su principal función: que el control sobre la imagen se extienda al plano de lo tangible. Una vez que somos dueños de las herramientas para modelar nuestra imagen, y que la proyección de nosotros mismos no está en función de espejos ni de carreras enloquecidas al otro lado del obturador, la selfi puede dejar de ser un simple dispositivo onanista, un juguete efímero y superficial, y convertirse en un instrumento para subvertir las prácticas opresivas o bien para recuperar la confianza y la dignidad frente a las incontables formas de discriminación.

El potencial político de la selfi depende de su énfasis y proyección, de lo que sea capaz de incluir como correlato de uno mismo. Al ganar en profundidad de campo y abrirse al contexto, el palo de la autofoto contribuye a rebasar la esfera del narcisismo y apostar por el yo como circunstancia. Aunque no falten los poderosos que echan mano de la selfi como propaganda populista, también ha sido usada para contrarrestar estereotipos de belleza, para la defensa del amamantamiento en el espacio público, o para que las mujeres se rían con total desparpajo en países donde se considera inmoral…

En contraste con el autorretrato pionero de Cornelius, desentendido del entorno y centrado en un plano de medio cuerpo, el bastón retráctil permite abrazar lo colectivo y enriquecerse con los detalles de la situación. Una vez que se cuenta con más aire y recursos para enfocarnos a nosotros mismos, las posibilidades de desafiar las fronteras entre lo personal y lo público se multiplican. Sería ingenuo creer que la actuación política al alcance de las redes sociales no ha sido consentida por los poderes sistémicos o es afín a ellos, pero tampoco puede descartarse que, de vez en cuando, en la línea de tiempo de lo inane se cuele alguna imagen subversiva que trastoque el bucle de retroalimentación.

El apogeo de la selfi quizá no responda únicamente a una rebelión contra la fotografía tradicional, en la cual siempre hay una mirada ajena que encuadra y dispara como si se tratara de una cacería. La autofoto ofrece además la oportunidad de tomar las riendas, de ser uno mismo quien se mira y decide, de no depender de nadie más para retratarse (y, dado el caso, retractarse). Después de todo, al empuñar nosotros mismos el *selfie stick*, no sólo ganamos autonomía, también conjuramos el miedo de que nos roben el alma en una instantánea.

En *La sala de los espejos*, un ensayo gráfico que participa de la estética del cómic y del arrojo contestatario del fanzine, Liv Strömquist subraya la diferencia entre las fotografías que conocemos de Marilyn Monroe, por ejemplo, tomadas invariablemente por alguien más (casi siempre un varón), y las selfis que vemos desfilar por millones cada día en el torrente incesante del ciberespacio. Pero dada la semejanza entre el teléfono devenido en cámara y el espejo de mano, la autora también detecta una suerte de "síndrome de la madrastra de

Blancanieves" por el cual la pantalla se asume como un espejo mágico del que demandamos atención incesante y reconocimiento, y en el que depositamos buena parte de nuestros anhelos e inseguridades. Encandilados por la relación voyerista que establecemos con nosotros mismos, le pedimos día y noche aprobación, y ya que plataformas como Instagram han sido diseñadas para evitar la fricción o el rechazo (de manera que las reacciones converjan en el botón de "me gusta"), tener la seguridad de que obtendremos la respuesta esperada del espejo: una cascada nunca traicionera de corazones.

Celebración de la quesadilla (sin queso)

Delicia plegada en dos, prodigio del comal y del anafre, la quesadilla merecería un elogio así sea por todas las veces que nos salva. ¿Ya hace hambre? ¡Quesadillas! ¿Llegó un regimiento inesperado a casa? ¡Quesadillas! ¿El invitado no come carne? ¡Quesadillas! Pilar de los mercados, as bajo la manga en la cocina de la prisa, sofisticación amigable con forasteros y turistas, la quesadilla no será el platillo más célebre de la cocina mexicana, pero sí su bastión cotidiano, su piedra angular, su válvula de escape.

Mi favorita es la de huitlacoche, ese doblez de oscuridad y brillo, excrecencia dormida y cobijada, bodas inmemoriales del hongo y el maíz, vianda de los dioses al alcance de la boca. Por enésima vez, en el puesto del mercado, asistí salivando a su preparación: el hongo se fríe en una cama de cebolla, chile y epazote picados. Al mismo tiempo se preparan a mano las tortillas: azules, blancas, rojas o "decoradas" con hierbas. Se les vuelca con prodigalidad el guiso, se doblan y se dejan en el comal hasta que se cuezan. ¿Queso? A veces, ¿por qué no? Pero no es un requisito indispensable, como claman ciertos paladares tercos o puristas o sólo demasiado embotados.

La discusión acerca de las quesadillas sin queso entró en un bucle bizantino desde que dio la espalda a la práctica de los comales. Entonces se perdió en disquisiciones filológicas o históricas desbarradas, por lo general muy lejos del suelo firme de pruebas y documentos; disputas no niego que también picantes y sabrosas, pero al cabo laterales. La etimología como una rama insospechada de la literatura fantástica llevó a la invención de "quetzaditzin" como presunto origen nahua del vocablo, disparate desesperado para defender la raíz prehispánica de suculencia tan sencilla. Sergio Zepeda de Alba puso fin, diría que de manera tajante, a tanto entuerto y maroma de alto grado de dificultad cuando descubrió que la palabra se utilizaba en España antes de que Colón zarpara del puerto de Palos: «En 1490, dos años antes de la invención del Nuevo Mundo, Alfonso de Palencia escribe para su *Universal vocabulario en latín y en romance*: 'Artocrea es empanada de carne, como artotira es empanada de queso, que dezimos quesadilla'».

Permítanme un poco más de salsa para desmenuzar las implicaciones de tamaño hallazgo. La palabra "tortilla" es de origen latino y no por ello concluimos que esas membranas delgadas y redondas, "compuestas en un chiquihuite y cubiertas en un paño blanco", a decir de Bernardino de Sahagún, se hayan inventado en Castilla o Roma. Sin embargo, "tlaxcalli", el vocablo en náhuatl para tortillas, se conserva, mientras que se desconoce el equivalente de "quesadillas". ¿El simple recurso de doblar por la mitad ese pan de maíz (voz, por cierto, originaria de Haití) y terminar de cocinar en ella algún relleno, fue entonces regalo de ultramar? Poco probable. Más allá de que los cronistas de Indias mencionan unos panecillos de maíz rellenos de frijoles, "como empanados", en los que se reconocen preparaciones semejantes a las quesadillas como los tlacoyos, en muchos recetarios de cocina "indígena y popular", que recogen platillos ancestrales con quelites y guajolotes, armadillos y escamoles, figuran exquisiteces que incluyen la elegancia del pliegue y alojan preparados abigarrados, ya sea de flores o insectos, de hongos o carne.

Este es otro punto a destacar: se afirma con una mano en la cintura que la quesadilla sin queso es engendro de la Ciudad de México, pero en el *Recetario nahua de Morelos*, por ejemplo (saludos a Dante A. Saucedo que lo rescató de una inundación), hay quesadillas de hongos cazahuate y de ajolotes y ranas, desde luego sin una pizca de derivados lácteos. Los pleitos alrededor de "lo provinciano" y "lo capitalino" tienen la brújula averiada y hacen un embrollo con la línea del tiempo. Al igual que *El diccionario del español de México* y la tan vilipendiada RAE, el *Cocinero mexicano*, quizás el recetario más influyente de la historia del país, que data de hace casi doscientos años (1831), acepta sin tapujos la noción, para muchos aborrecible, de la quesadilla sin queso: "Quesadillas de Chicharrón, de Sesos, etc. Con la masa sin cernir se forman tortillitas y después de echarles el medio de chicharrón molido, sal, hepasote picado y pedacitos de chile ancho o pasilla tostado, se doblan y fríen". Nada, ni una sola partícula proveniente de las ubres de ningún mamífero.

¿Entonces llamar "quesadillas" a esas piezas que prescinden de la intromisión de la leche cuajada es mera licencia poética, como sugiere Zepeda de Alba al citar el *Cocinero mexicano*? Es posible que estemos ante un caso de desplazamiento léxico, pero también frente a un uso paradigmático o un ideal regulativo. Para explicarme, daré un breve rodeo por las diferencias entre quesadilla y taco, a su vez no exentas de dificultad y controversia.

En su texto ya clásico "De la quesadilla al taco: un mito mexicano", Graciela Alcalá y Juan-Pedro Viqueira exploran un fenómeno llamativo alrededor de la división sexual del trabajo en la preparación de antojitos: ¿por qué suelen ser mujeres las que elaboran quesadillas y hombres los que se ocupan de los tacos? A través de un repaso de los tabúes relativos al contacto con la carne y de los mitos fundacionales sobre la transformación del maíz en alimento original en las culturas de América, observan que la mujer, al trabajar en el nixtamal, reproduce y se pone en contacto con el proceso sagrado y primigenio de la creación de vida. A fin de cuentas, fue tras varios intentos fallidos que también los dioses dieron cuerpo al ser humano a partir del maíz, mezclándolo con su propia sangre.

Esta aproximación antropológica arroja luz no sólo sobre el nombre de poblados como Tres Marías —escala quesadillera por excelencia—, sino también sobre la idea misma de una quesadilla sin queso. Cuando se prepara un taco, más allá de su forma cilíndrica que, de tan rebosante, rara vez se cumple a cabalidad, las tortillas ya están listas y lejos del comal. El taquero nunca manipula la masa y se limita a colocar preferentemente carne en la tortilla y su "copia", para servirlo de inmediato, incluso sin enrollarlo. La quesadilla, en contraste, requiere que la tortilla y el relleno (si involucra carne, hablamos invariablemente de un guiso: tinga, picadillo, chicharrón prensado, etc.)* se compenetren y terminen de

---

* Hay rellenos excepcionales que se han ganado su propio nombre, como las "pescadillas" de la costa o, menos extendidas, las "papadillas" que se sirven en las cantinas. La variante se antoja, no obstante, más eufónica que quisquillosa, pues sería difícil que prosperaran los términos "huitlacochedilla" o "chicharronadilla"; la prueba está en que, cuando se trata de un pescado en particular, como el cazón, decimos con naturalidad "quesadilla de cazón", a la que, por cierto, a nadie se le ocurriría añadirle queso.

cocerse o freírse juntos, durante un tiempo que en los recetarios y mercados ronda los cinco minutos. Un simple taco de queso fundido no alcanza la condición de quesadilla ni sabe a tal por esa sencilla razón: le falta la integración decisiva, el cachondeo molecular, las nupcias de fuego entre la masa y el queso. Y lo mismo podría decirse de casi cualquier relleno, así como de las tortillas de harina de trigo.

La quesadilla se llama así no sólo por el antecedente de una empanada española muy parecida, sino porque la manera en que el queso se funde y se entrega al maíz es paradigmática de lo que ha de suceder al interior del doblez —con o sin queso—, hasta conseguir la alquimia secreta e incomparable entre la tortilla y su relleno.

Monumento al jabón

No pensamos casi en él, no le agradecemos al jabón todo lo que se merece. Tal vez por elusivo y menguante, porque siempre que vamos al baño traemos alguna cosa más importante entre manos, o porque creemos saber de sobra lo que representa y ofrece, no veneramos al jabón, no lo acariciamos como correspondería, como a la panza de un pequeño buda doméstico, y dejamos que pase inadvertido ante nuestras narices a la manera de un simple guijarro que poco a poco se desvanece.

El jabón tiene una doble personalidad y todo su espectro bipolar responde al contacto con el agua. En forma de pastilla, es austero y taciturno, previsiblemente reseco, cuando no ajado; sólo revela el secreto de su perfume si lo atraes hacia ti, si lo interrogas un poco con el olfato; de no ser así permanece más bien serio, con aire servicial, un objeto anodino a la espera de cumplir con su deber higiénico. Pero todo cambia con el chorro de la llave; apenas lo roza el agua se diría que se despierta de su sueño de piedra y se pone del lado de la voluptuosidad y la fragancia; hay un ablandamiento, sí, cierta euforia o locuacidad que no tardará en estallar en la algarabía de la espuma; pero primero una levedad aceitosa que llama a la caricia, que propende a lo concupiscente y lo lúbrico; algo del orden de la tentación que lleva a que le hinquemos la uña o lo aprisionemos salvajemente como si se quisiera escapar. La atmósfera se torna entonces deslizante, blanca, jubilosa, y sólo en algunas circunstancias desesperadas —como cuando queremos lavarnos la conciencia— remite a la baba de la rabia. Aunque el jabón no nos purifique el alma, aporta la ilusión de que algo de nuestras faltas y nuestro pasado más reciente se escurrirá con él por la coladera en forma de remolino.

Esa doble personalidad del jabón forma parte también de su estructura química y es, en pocas palabras, la razón de su fuerza limpiadora. De un lado, soluble al agua; del otro, soluble a los lípidos: la dualidad inmejorable para levantar la película superficial de grasa de la piel y arrastrarla bajo la acción del chorro como si se tratara de un susurro. Ese es el poder de su compromiso: llevarse consigo todo lo indeseado, las capas de mugre y gérmenes que hemos acumulado a lo largo del día, las máculas visibles y las invisibles, y de paso algún recuerdo que comenzaba a estorbarnos demasiado.

Quizá por ello cantamos en la ducha: el jabón nos transmite su felicidad, su ética resbaladiza pero tonificadora, su talante voluble al servicio de la purificación. Tan pronto se espabila con la lluvia de la regadera, se reenciende la promesa de cambio, el sueño de dejar atrás no sólo la suciedad, sino un poco de lo que fuimos; un viento fresco sopla entonces hasta en nuestras partes íntimas; un torbellino eficaz aunque imponderable —a su manera casi mental— recorre la piel de arriba abajo, la envuelve con su magia blanca y nacarada, protegiéndola de los males que la acechan, penetrando en cada uno de los poros; y tanto conoce el jabón de corvas y axilas que de algún modo se las arregla para arrancarles un poco de cosquillas y alegría.

Cantamos también al contacto del jabón porque tiene algo de canto rodado, de piedra de río trabajada por el frotamiento de las manos y el flujo de la llave, y lavarse se parece a un juego con el agua en el que debemos sujetar a un pez escurridizo mientras retozamos durante unos minutos, así sólo sea mentalmente. Que el video de Gloria Gaynor lavándose las manos a ritmo de "I Will Survive" se haya vuelto viral a pocos minutos de su lanzamiento —un auténtico himno para resistir y enfrentar con buen ánimo la pandemia del coronavirus—, no se explica sólo por su ayuda para contar los cuarenta segundos que debemos comulgar con el jabón, tampoco por la añoranza de los viejos tiempos en que podíamos bailar como locos música disco en salones atestados hasta el amanecer; su éxito tiene que ver con algo más profundo y ancestral: con la asociación espontánea entre el jabón y el canto, con la identificación milenaria del baño —o su variante de bolsillo, el lavado de manos— como un ritual de renacimiento.

A pesar de que en los años de la nueva peste también se han invocado sonetos y poemas para recitarlos frente al espejo durante el reaprendizaje del enjabonamiento, creo que nadie propuso la "Oda al jabón" de Pablo Neruda, que es sobre todo un elogio de su aroma, de los lugares a los que nos transporta su contacto, como si para el poeta chileno el jabón de cada mañana fuera lo que la magdalena para Proust. Tampoco nadie propuso —lo cual ya se antoja una desconsideración terrible, tanto para el jabón como para el grandísimo poeta que fue— ningún pasaje del libro de Francis Ponge dedicado a esa suerte de huevo que se consume suavemente hasta esfumarse como la espuma entre los dedos.

Escrito y reescrito muchas veces durante la Segunda Guerra Mundial, precisamente cuando el jabón escaseaba y se había vuelto un artículo de lujo que muchos codiciaban pero pocos podían obtener, *El jabón* es un cántico en prosa pero también una reflexión lúcida y evocadora sobre la presencia de esa pasta fragante en nuestras vidas, una remembranza y un homenaje a esa especie de burbuja sólida que va dejando a su paso otras burbujas, como si de hijas abstractas se tratara (hijas perfectas, si se quiere, y por ello un tanto irreales y evanescentes). Compuesto de una manera casi musical, como variaciones sobre un mismo tema del que se diría ya no puede escapar (no es un dato menor que *ponge*, en francés, signifique "esponja"), mi apartado favorito del libro es aquel en que vincula el enjabonamiento con la inclinación incontrolable a farfullar, a ridiculizar un poco las palabras, a embrollarlas en un ambiente festivo y demencial, siempre con la pequeña barra huyendo de las manos, en unas extrañas nupcias del jabón y el sinsentido.

(Mientras me lavo las manos y pienso en el gesto simbólico de Poncio Pilato para desmarcarse de la responsabilidad de la ejecución de Cristo, me dejo llevar por un paréntesis especulativo en torno a la relación entre el jabón y la culpa, en torno a las coloraciones rojizas y a menudo negras y ominosas de las que se tiñe la espuma: ¿Es posible que Francis Ponge estuviera al tanto de los rumores que corrían alrededor de una tétrica industria de jabones elaborados con grasa humana, recolectada de los miles y miles de cadáveres que la maquinaria de exterminio del Tercer Reich arrojaba sin cesar de los campos de concentración? Si bien su libro tiene un trasfondo pesaroso y hasta sombrío, no deja de ser una celebración poética, una oda entrecortada y obsesiva a esa pastilla que había dejado de ser un artículo de primera necesidad para convertirse en una exquisitez y un objeto de deseo, y cuya caricia prometía no sólo lavar la suciedad inmediata, sino también un poco el horror y la muerte circundantes. Hoy sabemos, en parte por el testimonio de los *Sonderkommandos*, judíos obligados a trabajar en las cámaras de gas y los hornos crematorios nazis, y en parte por las investigaciones históricas, que el Holocausto no tardó en convertirse en una gigantesca industria de la matanza, en la cual, además de la confiscación de las pertenencias de los prisioneros, se aprovechaba el oro de sus incrustaciones dentarias y las cabelleras de las mujeres ejecutadas, pero no queda claro si también su grasa corporal. Como si ese nivel de atrocidad rebasara todo límite creíble, la fabricación de jabones a partir de restos humanos hervidos no ha dejado de estar asociada a la leyenda, a pesar de las barras espeluznantes que se dice salieron de un proyecto experimental del Instituto Anatómico de Danzig, dirigido por el científico nacionalsocialista Rudolf Spanner, cuyas dimensiones y nivel de producción están todavía envueltos en la polémica. A propósito de esta práctica aberrante, pero también de la resistencia a darla por cierta, Jeff Cohen escribió en 2002 *El mito del jabón*, una pieza dramática muy aclamada en el circuito marginal de Broadway, basada en la historia de primera mano de un sobreviviente que asegura contar con fotografías de los funerales judíos celebrados al término de la guerra, en que los ataúdes, en lugar de despojos humanos, habrían contenido barras de jabón).

A pesar de que casi todas las civilizaciones de la antigüedad se disputen la invención del jabón, desde los hititas hasta los fenicios, pasando por los sumerios (hay recetas para su elaboración conservadas en tablillas de arcilla que datan de hace más de cuatro mil años, recetas que ya habían descubierto las propiedades de combinar ácidos grasos con bases alcalinas), no sé de ninguna ciudad, de ningún pueblo o modesta aldea que haya erigido un monumento al jabón, aun cuando todos los días esté junto a nosotros para librarnos de impurezas, para protegernos de bacterias y virus y hasta para ayudarnos a sobrellevar los remordimientos.

Lo imagino como un gran monolito de mármol blanco en medio de la plaza. Una avellana gigante esculpida quizá ya con algún signo de desgaste —y no con la dureza un tanto plástica de cuando apenas lo extraemos del empaque—, por cuya superficie se derrama un velo de espuma etéreo, inasible, que desprende un aroma difícil de identificar, que a veces nos conecta con un prado de flores y, otras, con los gabinetes y espacios cerrados de la infancia. Cada ciudad podría elegir la versión de jabón que mejor se amolde a su temperamento: Rosa Venus, Camay, Heno de Pravia, quizás incluso el tabique ambarino del Zote, que se confundiría con una pieza de lego gigante.

Si ya el paisaje de casi todas las ciudades de México se ha ensuciado con los armatostes del escultor Sebastián, repetitivos y arbitrarios, mi propuesta es que, en compensación a tanto fierro amarillo que nos remite a los tiempos jurásicos del priismo, se levante un monumento al jabón, un monumento fresco, burbujeante, que además tenga la virtud de recordarnos que ya es hora de lavarnos las manos.

El baile de la bolsa de plástico

Si entre los restos del naufragio hubiera llegado a los pies de Robinson Crusoe una bolsa de plástico, probablemente no habría sabido qué hacer con ella. Muy lejos de todo como para salir de compras, apartado de la idea misma de basura como para anudarla por las noches en su pulcro envoltorio, acaso la habría confundido con una variedad inaudita de medusa. Tras convencerse de que no está sujeta a la descomposición, quizá cortaría su base y se la pondría de camisa durante los días de lluvia; tal vez la utilizaría para poner a buen resguardo los libros que se salvaron del desastre y que no tuvo ocasión de elegir para la isla desierta. Aunque podría emplearla durante una temporada para hacer acopio de agua de lluvia, me temo que tarde o temprano habría leído en ella un mensaje de muerte y asfixia.

Si aquella célebre historia de supervivencia solitaria y silencio sobrehumano tuviera lugar hoy, más que una bolsa de plástico lo que se asomaría en el horizonte sería el archipiélago gigante de basura que flota en el océano Pacífico: ese remolino tóxico, esa mancha deletérea y paradójicamente insondable, hecha de partículas de polietileno y jirones de polímeros, tan extendida que alcanza las proporciones de un país entero. Avistada desde las alturas desiertas, esa gran masa de detritos, ese auténtico continente artificial, se tomaría tal vez por una manada de ballenas mutantes o por una flota de barcos fantasma, antes que por lo que en realidad es: los restos del naufragio de la civilización.

La bolsa de plástico hizo su aparición masiva apenas en los años setenta, de modo que ha necesitado poco más de cincuenta años para transformar el paisaje del planeta y alterar, quizá para siempre, nuestros hábitos cotidianos. Variedad etérea del costal, bisnieta desechable del odre, sofisticación invertebrada de la canasta, la bolsa de plástico se antoja el invento perfecto para la manía demasiado humana de trasladar objetos de un lado para otro. Es ligera, dócil e impermeable, y puede sostener un promedio de doce kilos. Sucedáneo adelgazado de la maleta, en ella podemos transportar casi cualquier cosa, desde artículos perecederos hasta restos humanos, y no falta quien le dé nueva vida incluso como cajón, guardando en ella la ropa fuera de temporada, las cartas de los amores marchitos, los cachivaches que no califican —o al menos *no todavía*— como basura auténtica. Una de sus funciones primordiales es recursiva: sirve para almacenar otras bolsas de plástico.

A diferencia de las cajas chinas, la bolsa de las bolsas no alberga promesa alguna ni depara el vértigo de las muñecas rusas, pero se ha vuelto un sostén de los hogares contemporáneos. Concebida para una existencia cada vez más portátil, la bolsa cae fácilmente en la tentación de alojarse a sí misma, en una suerte de iteración marsupial o monumento a la promesa de disponibilidad. Hay quien ha aprendido a doblarlas pacientemente en forma de moño o quien las arruga y revuelve como si no merecieran la menor consideración. La bolsa de plástico encarna, como quizá ningún otro producto, la poética de lo efímero, la economía política de la insaciabilidad, de allí que deba compensar su destino desechable con un arsenal de repuesto que brota directamente de sus entrañas. Quizá porque en apariencia no desembolsamos ni un céntimo para adquirirla, la bolsa de plástico produce la ilusión de ser un recurso renovable. Como si completara cada vez el acto de magia de lo sintético, la confundimos con el pañuelo que hace aparecer de la nada otro pañuelo y otro y otro. Incluso en el esquema del reciclaje, su costo de producción es alto; aunque juega a lo imponderable, se vende por kilo. Hay más de un equívoco alrededor de la bolsa y siempre que pedimos una durante la compra caemos en el garlito.

Así como las asas de una bolsa invitan a sujetarlas y darles la mano, en una especie de pacto con el consumismo, su liviandad transmite liviandad y uno se descubre en el desplante de ir tirando bolsas a diestra y siniestra, como si se evaporaran en el aire. Por la forma que tiene de hincharse y de restregarnos su irresponsabilidad de un único uso, se ha ganado el odio y, a últimas fechas, también la persecución y la condena. Que haya nuevos modelos biodegradables o que se asimilen a la composta ¿es una razón suficiente para dejarla en cualquier lado, repleta de desperdicios?

De su capciosa insustancialidad deriva su relación compleja con la basura: después de batallar un rato en desprender sus hojas, después de recurrir a medidas desesperadas para abrirla (la escena que más se repite en las cajas de los supermercados, a pesar de la dudosa higiene que involucra, consiste en ensalivar los dedos ante su desafío), la bolsa por fin respira, se infla con una sacudida y, de golpe, se diría que ha cambiado de estatus ontológico. Receptiva y dispuesta a adoptar la forma de aquello que acogerá, es ya también la piel de lo que se convertirá en residuo, la epidermis de lo que se consume y se consuma.

A pesar de que, desde el Pleistoceno hasta hace medio siglo, el *Homo sapiens* se las ha arreglado muy bien sin ella, la bolsa de plástico se ha vuelto un artículo de primera necesidad, sin la cual no sabríamos cómo lidiar con los víveres ni con sus desechos. Incluso en las ciudades donde se ha prohibido prolifera como si nada: en la caja de cartón o en la bolsa de tela de la compra asoman el queso o los limones arropados en sus fundas sintéticas y perjudiciales. Por un malentendido que tiene algo de superstición aséptica y otro tanto de rito del capital, la adquisición de un producto no parece completarse si no va envuelto en una película translúcida, protegida tras esa suerte de himen sin secretos. El plástico es el símbolo de lo nuevo y si no podemos arrancar el retractilado es como si debiéramos conformarnos con una mercancía de segunda mano.

En *Las cosas*, desván literario que se lee como una visita a una tienda de antigüedades y que comparte con el libro homónimo de Georges Perec una oscilación contrastante entre la carencia y el deseo de poseerlas todas, María Luisa Mendoza reivindica las bolsas —las personales o de mano, hechas de tela o de cuero y que algunos denominamos *bolso*—, porque con ellas empezó la liberación femenina. De estar confinada en el hogar, la mujer ingresó a la vida cuando pudo llevar consigo dinero y toda suerte de cosméticos y cepillos para arreglarse frente al espejo repentino de una vitrina. Aunque en muchos casos el bolso bastaría para alojar la compra, la norma es el consumo conspicuo, hacer ostentación del acto ritual de salir de *shopping* y volver con un titipuchal de bolsas con el logotipo y colores de las tiendas de prestigio. El empoderamiento del bolso suele vincularse, en la lógica del capitalismo morado, directamente al poder adquisitivo, y uno de sus efectos indeseables consistió en engendrar decenas de sucedáneas vistosas pero altamente contaminantes.

Tal vez porque llegamos al mundo suspendidos en una placenta, la muerte nos espera en forma de bolsa de plástico. El ciclo se cerrará cuando nuestros despojos sean llevados en un receptáculo en el que otra vez pendamos —y dependamos— de los demás. El ataúd o la urna podrán ser nuestra última morada; para el traslado de nuestro cadáver se dispondrá, como no podía ser de otra manera en el imperio de lo desechable, de una bolsa negra.

Mientras reflexiono sobre la vida y la muerte en asociación con la bolsa de plástico, veo una y otra vez la escena del vuelo de una bolsa en *Belleza americana* de Sam Mendes (1999). El viento la eleva y la estruja, la arrastra por el suelo y la hace bailar, la retuerce y arremolina junto a las hojas secas del otoño. Alan Ball, guionista de la película, se empeñó en incluir esa escena hipnótica grabada en video como un ejemplo de la irrupción "de lo milagroso en lo mundano". A pesar de que una bolsa tardará en degradarse aproximadamente cuatrocientos años, su vuelo también representa la melancolía del vacío y la danza de lo efímero. Según las estimaciones más recientes, el uso promedio de una bolsa de plástico apenas rebasa los diez minutos.

Nuevo elogio de la sombra

A veces nos inspira más miedo la sombra que el cuerpo que la proyecta, pese a que sabemos que se trata de un fenómeno puramente visual. Aunque en condiciones normales la conciencia no la registre, sabemos que sin ella los objetos perderían consistencia y parecerían flotar en el aire, como ilusiones ópticas; a menudo tachada como "una comparsa en el teatro de la percepción", la sombra juega un papel secundario y casi siempre subliminal, de allí que al margen del sentido de inminencia y horror que pueda contagiarnos, se requiere de un esfuerzo de la atención para que pase a primer plano.

Compañera inseparable, rebaba diurna de las tinieblas, charco de oscuridad que fascina a los niños, la sombra nos persigue y atemoriza desde el comienzo de los tiempos. Es nuestro doble y también la versión negativa de las cosas; crece y se encoje como una mancha movediza, como un roce anticipado del ala de la noche, pero también como un espejo elemental; y aunque nunca deja huella ni marca física, impresiona a la imaginación.

En todas las culturas abundan los ritos, leyendas y tabúes de la sombra, buena parte asociados al alma, o a una continuación "viva" de los cuerpos, equiparable a un órgano o a una excrecencia espectral. Si en la infancia necesitamos comprobar que es imposible sepultarla, no importa cuánta tierra le arrojemos encima, hay comunidades para las que un golpe asestado a esa silueta negra puede traer enfermedad. En China, sede milenaria del teatro de sombras, se considera de mal agüero que una sombra se deslice al interior de un ataúd abierto o de una fosa, de modo que los sepultureros se la atan ritualmente a la cintura. Roberto Casati, en su asombroso libro *El descubrimiento de la sombra*, compendia historias etnográficas acerca de su poder mágico. Mi preferida es la leyenda de la Polinesia sobre el fornido guerrero Tukaitawa, recogida en *La rama dorada* de Frazer: cuando su adversario descubre que la longitud de su sombra guarda relación directa con el incremento o disminución de su fuerza, le basta esperar al mediodía para derrotarlo.

La literatura fantástica está poblada de sombras. Su perfil dual, con un pie en el mundo físico y otro en la oscuridad de la psique —al mismo tiempo un fenómeno óptico y un atisbo de las pesadillas— hace de las sombras una materia ideal para historias relacionadas con su robo o extravío, en las que no sólo pueden enrollarse a manera de tapete, como en *Peter Pan*, sino que también pueden venderse al Diablo, como en *La maravillosa historia de Peter Schlemihl* de Adelbert von Chamisso. El cuento anónimo y mil veces vuelto a contar del hombre que perdió su sombra también involucra al Maligno, aunque en esta ocasión él es la víctima de la astucia de los hombres. Después de ofrecerles instrucción, en principio desinteresada, el Diablo los traiciona y les reclama un alma como pago; los pupilos, que por lo visto aprovecharon bien las lecciones, se escabullen formando una hilera y le dicen por turno que agarre al que viene detrás, con lo que al final sólo se queda con la sombra del último de la fila.

Entre los seres sobrenaturales del Japón, conocidos comúnmente como *yōkai*, se encuentra una sombra sin cuerpo, Kageonna, que literalmente significa "mujer sombra". Se trata de una aparición frecuente en las noches brillantes de luna llena, aunque puede también manifestarse cuando una habitación es iluminada desde el exterior, desde un pasillo o sala contigua. A la manera del teatro chinesco, en las paredes y ventanas de papel se dibuja una sombra huérfana, es decir, no proyectada por nadie, en un reverso estricto de las historias fantásticas occidentales de individuos que la han perdido. Ya que el papel tradicional de las habitaciones japonesas es particularmente sensible a los rayos lunares, la silueta de una dama silenciosa —que en ocasiones adopta la forma de una anciana con una campana al cuello— acaso podría deberse a la aprehensión, ser parte de los deslizamientos furtivos que se figura una mente impresionable o alterada; pero si bien se considera inofensiva, su presencia no deja de ser inquietante, capaz de perturbar la atmósfera hasta las primeras luces del alba, además de que puede anunciar el comienzo de otras visitas no deseadas de monstruos y fantasmas mitológicos.

El mito de la caverna de Platón es uno de los más influyentes relativos a la sombra. En la teoría del conocimiento fundacional de Occidente, nos contentamos con una especie de espectáculo de sombras mientras damos la espalda al conocimiento verdadero, tomando por real lo que no es más que una proyección de un mundo pleno y radiante. Hay que notar, sin embargo, que la degradación metafórica de las cosas de este mundo a "meras sombras" relega a las propias sombras —entidades negativas y bidimensionales— a un lugar doblemente devaluado, lo cual quizás esté en la base de la escasa importancia que les prestamos a nivel perceptivo, pese a la tenacidad de su presencia y a su alto contraste cromático.

A las sombras les debemos la noche, los eclipses y las fases lunares; también, según Plinio el Viejo, el arte pictórico. En su *Historia natural*, postula que su origen se retrotrae al acto de circunscribir "con líneas el contorno de la sombra de un hombre" (tesis aventurada y de trasfondo platónico que dio pie al libro de Victor I. Stoichita, *Breve historia de la sombra*, un tratado apasionante y muy completo sobre la representación en Occidente). Según el naturalista y escritor romano, considerado el hombre más sabio de su tiempo, las primeras imágenes no habrían sido fruto de la observación directa, sino una forma de capturar la proyección del cuerpo humano; aunque su elucubración apunta a descubrir el sustrato fundamental del arte, hay que considerar que desconocía por completo las pinturas rupestres, cuya imaginería bien podría deberse a otra clase de oscuridad: la de las cavernas y los arquetipos del inframundo asociados al chamanismo. Leonardo da Vinci, por su parte, demostró que las sombras son indispensables para el manejo de la perspectiva.

Pero quizás en ningún otro campo como en la astronomía las sombras han sido tan decisivas. En la única obra de ese tipo que llegó hasta nosotros procedente de la antigüedad, Aristarco de Samos, a quien se le atribuyen las primeras teorías heliocéntricas, calculó con un método geométrico basado en las fases de la Luna que la distancia entre la Tierra y el Sol debía ser mucho mayor que entre la Tierra y nuestro satélite. Poco después, todavía en el siglo III a.C., Eratóstenes, tercer director de la Biblioteca de Alejandría, determinó la forma y la dimensión de la Tierra con un pasmoso grado de exactitud a partir de la medición de las sombras de un obelisco y de un pozo situados a muchos kilómetros entre sí, valiéndose de un método de suma elegancia que, más de dos mil años después, Carl Sagan reprodujo y explicó a detalle en su popular programa de televisión *Cosmos*, para desesperación de los terraplanistas recalcitrantes. Ya en el Renacimiento italiano, Galileo concluyó, gracias a las manchas oscuras observadas a través de su telescopio, que Venus no brilla con luz propia y que la superficie de la Luna, lejos de ser lisa como una esfera perfecta, está salpicada de montañas y cráteres.

Los ejemplos podrían multiplicarse; a pesar de la actitud de sospecha o desdén frente a las sombras, su papel no parece el de simples "comparsas"; y si bien requerimos de un esfuerzo consciente para advertirlas (como si el mito de la caverna estuviera tatuado en nuestra mente y condicionara la visión), no es difícil apreciar su valor también para la vida diaria, pues dan cabida a los matices y a los claroscuros y brindan refugio ante la inclemencia del sol.

En *El elogio de la sombra*, Tanizaki sostiene que la arquitectura gira alrededor del problema de la luz y la sombra. Levantamos aleros y extendemos toldos, corremos persianas y sembramos alamedas para protegernos del sol (*komorebi*, uno de mis conceptos favoritos relativos a la luz, designa, en japonés, los rayos que se filtran a través de las hojas de los árboles). La existencia se desenvuelve en gran medida en la suavidad terrosa de la penumbra, al amparo de su tibieza difusa y bienhechora. Al igual que ciertas plantas, somos animales de interior, y la iluminación que nos nutre y despierta llega atenuada por obstáculos, como el de los biombos volátiles de las nubes.

Si la sombra es un remanso y una promesa de hogar, la paradoja es que nadie puede guarecerse en su propia sombra. Los artilugios revolucionarios de la sombrilla y el sombrero nos aportan eclipses portátiles, pero son a menudo insuficientes, y en la franja comprendida entre los trópicos de cáncer y de capricornio es preciso buscar islas de sombra, idealmente bajo un árbol frondoso —aunque la deforestación cada día nos priva de esos apacibles refugios... También hemos aprendido a suscitarlas con los medios a nuestra disposición, y no deja de sorprender la inventiva de los habitantes de la llanura y el desierto para montar oasis umbrosos con elementos rudimentarios como palos y lonas.

Recuerdo un relato de Massimo Bontempelli sobre un paseante empeñado en trazar un mapa de sombras que permitiera recorrer la ciudad de Roma bajo el sol insufrible de agosto. Más que un mapa, lo que debe crear es un itinerario minucioso de sombras, vinculado a la hora del día y a la inclinación del sol, y su plan es legarlo a la humanidad o, para ser más precisos, a los turistas, pues ningún romano en su sano juicio permanece en la Ciudad Eterna durante ese mes imposible.

Ponerse del lado de la sombra no está exento de problemas. La planta baja de los edificios suele ser lúgubre y helada, de allí que haya reglamentos antisombra que condicionen el desarrollo inmobiliario. Aunque no lo parezca, la sombra ha decidido el perfil de muchas ciudades. En Nueva York, a comienzos del siglo XX, los primeros rascacielos despertaron más espanto que maravilla, pues a pie de calle se creaban corredores tenebrosos semejantes a los del Gran Cañón. A fin de contrarrestar la desigualdad lumínica, que no era sino una continuación de la desigualdad social, el reglamento exigió construcciones que se estrecharan en las alturas y terminaran en una pirámide escalonada. Como anota Casati, en los años cuarenta el *skyline* de Manhattan tenía un extraño aire de ciudad prehispánica. Más tarde el dinero impuso su ley y la ciudad volvió a sumirse en una espesa sombra, que contrasta con su estridente iluminación nocturna.

Los excesos edilicios pueden hacer de la sombra un inconveniente grave, pero en latitudes más tropicales no deja de ser una aliada inestimable, una bendición protectora, a la cual celebramos cada vez que nos despedimos cariñosamente diciendo: "Te vas por la sombrita".

Los saltos de la pelota

En contraste con la regularidad de los astros, nos divierte el bote desorbitado de una pelota. Admiramos la geometría imposible de una carambola o la comba inalcanzable de un balón, pero es su comportamiento saltarín lo que nos hace creer que la pelota está viva y nos invita a jugar.

Basta un rebote impredecible para ingresar al reino de la jiribilla. Ya sea una pelota de playa, inabarcable y aérea, ya sea una inquieta de ping-pong, en que la idea de huevo parece fundirse con la de vuelo, jugamos con la pelota porque también ella juega con nosotros: salta y se escabulle, repiquetea y cambia de dirección, vuelve con efecto endemoniado y nos elude. Cuando al fin logramos sujetarla, se diría que algo palpita en su interior —algo rebelde y risueño— que hace que ni siquiera el mejor deportista logre un dominio absoluto de ella.

De Albert Camus, el filósofo-guardameta que vio truncada su carrera deportiva a consecuencia de la tuberculosis, se suele citar una frase sobre la importancia del futbol para la vida y el compromiso social: "Lo que más sé, a la larga, acerca de moral y de las obligaciones de los hombres, se lo debo al futbol". En lo personal, me cautiva más esta otra, que tiene un aire oblicuo y sibilino, como de fragmento presocrático, y proviene de las tardes de sol o lodo en que Camus se daba tiempo de reflexionar bajo los tres postes: "Aprendí que la pelota nunca viene por donde uno la espera".

A propósito de los presocráticos, pese a la preponderancia que tenían entonces los juegos y las competiciones, no abundan las apariciones helénicas de la pelota. Parménides concibe el Ser como una esfera perfecta, "semejante a la masa de una bola bien redonda". Mientras que Heráclito compara el tiempo con "un niño que juega a los dados" (frag. 52), el así llamado "padre de la lógica" no parece dar cabida a una asociación lúdica en el Ser inmóvil e inmutable y, a juzgar por las paradojas de su alumno Zenón, tampoco para el movimiento. Como sea, la escuela eleática ha estado envuelta en toda clase de sesgos y equívocos interpretativos; ahora se cree que sus enseñanzas tenían una finalidad iniciática, de origen chamánico, más que argumentativa, y que quizás el papel de las paradojas era inducirnos un cortocircuito lógico que nos haría despertar. Incluso en la lectura del poema fundacional del racionalismo de Occidente hay todavía margen para los rebotes y la maravilla de lo impredecible.

Una de las irrupciones clásicas de la pelota se encuentra en el canto VI de la Odisea, cuando la encantadora Nausícaa juega con sus esclavas después de bañarse en el río. Según una hipótesis de Samuel Butler continuada por Robert Graves, la Odisea bien pudo haber sido escrita por la princesa siciliana Nausícaa a partir de los poemas homéricos que circulaban dos siglos atrás. Destinada a salvar al viajero tantas veces náufrago, la joven Nausícaa (descrita presumiblemente por ella misma en su papel de narradora) falla un lance, la pelota termina en un remolino y es el griterío lo que despierta a Ulises y determina su encuentro, con el héroe completamente desnudo. Pese a la diferencia de edades, la escena es de atracción mutua. Al igual que la pelota, la flecha de Eros nunca viene por donde uno la espera.

En Mesoamérica la pelota era una suerte de deidad, compacta y flexible, que se elaboraba con la savia lechosa del árbol del hule, al que se le practicaban incisiones para que sangrara. En los códices y relatos de los cronistas abundan las referencias al juego de pelota que, más que un deporte, era un ritual sagrado y la puesta en escena de una cosmogonía. En los partidos luchaban las fuerzas diurnas contra las nocturnas, la fertilidad contra la sequía y, no tan simbólicamente, la vida contra la muerte. También los dioses se enfrentaban para dirimir su supremacía —así fuera sólo durante esa jornada—; entre Quetzalcóatl y Tezcatlipoca prevalecía una rivalidad añeja que hoy llamaríamos "derby" o "clásico".

El juego de pelota era el preludio de los sacrificios humanos. La pelota representaba la marcha del sol y era emblema del movimiento (*ollin*). Entre la sustancia sagrada que se derrama de los árboles (*olli*) y la energía cósmica mediaba la pelota, condensación de savia y vida que, como todo juego, está amenazado también por el desgaste, el agotamiento de las fuerzas y, al cabo, la muerte. En *La flor letal*, un libro audaz y penetrante sobre la economía del sacrificio azteca, Christian Duverger apunta que *ollin* también remite al temblor y al cataclismo, por lo que en su riqueza de significados comprende asmismismo la anulación del movimiento, la pérdida de impulso, el temor a la oscuridad total tras la interrupción del viaje cíclico del sol. La pelota en movimiento mantenía viva la energía cósmica, de allí que el juego terminara con la muerte sacrificial de uno de los contendientes. Tras abrirle el pecho con un pedernal o punta de obsidiana y extraerle el corazón —que según los testimonios palpitaba como una pelota—, la sangre del sacrificado escurría desde lo alto de la pirámide al igual que la savia del árbol del hule.

En torno al juego ceremonial solían cruzarse apuestas de bienes o cacao, a veces exorbitantes, que podían arrojar al perdedor a la ruina y a la esclavitud. El arqueólogo y antropólogo Eduardo Matos Moctezuma consigna que se han descubierto más de mil quinientas canchas de distintos tamaños, con y sin anillos, en un periodo que va de los olmecas a la Conquista. Si hoy consideramos los estadios de futbol como templos dominicales de un culto masivo, en la antigua Mesoamérica no cabría siquiera la distinción entre templo y cancha. Tanto su arquitectura como su emplazamiento responden al objetivo de celebrar el movimiento cósmico a través de la escenificación de un enfrentamiento, y toda su área se consideraba reflejo del cielo. La traducción del juego de pelota (*tlachtli*) como "espectáculo" (*tlachia* quiere decir "ver", "contemplar") hay que entenderla menos en asociación con la idea de circo (en su sentido romano) que con la de asistir a la actualización de un combate cósmico fundamental.

Más de tres mil quinientos años antes de Goodyear, en los bosques tropicales del sureste de México se descubrió una vía natural para vulcanizar el látex y moldearlo en forma de pelota. El proceso requería meses y daba como resultado un bola compacta y elástica, móvil y viva, negra por la oxidación. Se incorporaban nuevas capas hasta alcanzar el tamaño ideal y se exprimía y drenaba una y otra vez, lo que explica que el glifo maya para "pelota" sea un círculo con una espiral. A diferencia de los cuerpos celestes que, por gravedad, aglutinan su masa en una esfera —"la forma perfecta", según Pitágoras—, el hule tiende a deformarse, de allí que hubiera que cambiarla de posición continuamente en un cuenco de piedra. Llegó a ser tan apreciada que se usaba como moneda, y el tributo que el Imperio mexica exigía a los pueblos sometidos rondaba las dieciséis mil piezas.

Los conquistadores españoles se sorprendieron por la vivacidad de la pelota de hule que, sin importar su peso (las había de quince kilos), desafiaba la gravedad y brincaba como un elusivo animal negro. Fray Diego Durán dejó escrito que la pelota "tiene una propiedad que salta y repercute hacia arriba y anda saltando de aquí para allí"; Gonzalo Fernández de Oviedo observa que "estas pelotas saltan mucho más que las de viento, sin comparación, porque de solo soltalla de la mano en tierra, suben mucho más para arriba, e dan un salto, e otro e otro, y muchos". Y Pedro Mártir de Anglería, que las conoció de manos de Colón y Cortés, anota que "saltan hasta las estrellas, dando un bote increíble".

La pelota inflada ya volaba en el Mediterráneo en el siglo VII a.C.; era más ligera y grande y daba pie a deportes que nos resultan familiares: un relieve griego con la figura de un hombre que domina el balón (*follis*) constituye una de las pocas evidencias del *episkyros,* juego de equipo que en Roma derivó en el *harpastum,* antecedente del rugby más que del balompié, a pesar de que quedó grabado en el trofeo de la Eurocopa de futbol. Muy jugado en Macedonia, Plutarco da a entender que Alejandro Magno lo practicaba, pero que su estilo era individualista y nunca pasaba el balón.

En nuestros tiempos, la fabricación de balones es un negocio redondo gracias, en parte, a la mercadotecnia y la explotación infantil: los mejores se cosen a mano, a costa de violar derechos laborales. Cambian los imperios pero no las desigualdades, aunque, como declaró Diego Armando Maradona en su discurso de despedida del futbol, "la pelota no se mancha".

En mi niñez, hacíamos pelotas de cualquier material: de calcetines redondeados en capas, de papel envuelto en medias, de botellas de plástico rellenas, de ovillos de mecate, etcétera. En homenaje a la pelota purépecha tradicional, cierta vez le prendimos fuego a una de madera para poder seguirla en plena noche, y todavía tengo viva en la memoria su forma de rodar como un cometa terrestre. Muy lejos de la condición esférica, lo decisivo era que aquellos remedos de pelota se pudieran patear y nos contagiaran su espíritu juguetón e impredecible.

La fiebre del papel de baño

Es difícil pensar en un retrato más elocuente de la civilización occidental que las compras de pánico de papel higiénico. Tal vez sea una estampa poco favorecedora, encuadrada mañosamente desde la retaguardia, pero tiene el mérito de hundir el dedo en la llaga de nuestros miedos más profundos. Codazos, estampidas y amenazas con cuchillo han sido la constante en los pasillos de los supermercados en busca del último rollo, y si bien escenas muy parecidas se habían presentado ya frente a otras catástrofes, nadie podía pronosticar la fiebre del papel de baño que se desataría con la pandemia del coronavirus en 2020, una fiebre de proporciones globales y acompañada de un sentido de urgencia pasmoso.

Las torres de papel de baño no forman una barrera contra los huracanes ni su fibra vegetal detiene el vuelo deletéreo de los gérmenes. Como sea, buena parte de la población se considera más segura pertrechándose tras esas murallas pachoncitas con efluvios a manzanilla y aloe vera. A simple vista se antoja una excentricidad, una respuesta en cadena, enloquecida y sin precedentes, atizada quizá por su difusión viral en internet. Pero más allá de que la amenaza de infecciones nos acecha desde todos los flancos, y sin desestimar las interpretaciones psicoanalíticas sobre el vínculo entre los esfínteres y el acaparamiento y la sensación de control, hay que tener en cuenta que, con recursos relativamente bajos, se pueden evitar tragedias domésticas en medio de un clima generalizado de riesgo y vulnerabilidad, además de que las pilas tembleques de rollos pueden hacerse pasar, casi en cualquier sitio, por *ready-mades* de artistas emergentes. Desde un punto de vista práctico, se trata de una inversión segura: tarde o temprano esos millones de paquetes se abrirán para cumplir la promesa de caricia y aseo a la que fueron destinados.

El papel, invento chino al fin y al cabo, se utilizó por primera vez para limpiar la zona que no conoce el sol durante la dinastía Han, en el siglo II d.C., y se perfeccionó con una serie de ablandamientos y sofisticaciones, entre ellas el perfumado. Pero quizá porque el rollo que todos conocemos se patentó en los Estados Unidos (donde comenzó también su producción industrial), o porque su demanda es muy alta en Europa (con Suecia a la cabeza), asociamos el papel higiénico con una costumbre occidental, que se impuso a milenios de improvisación con trapos de lana, cuerdas de cáñamo, piedras lisas y hojarasca, y alcanzó una de sus cumbres en la esponja adaptada a un mango y sumergida en agua salada —el *xylospongium*—, instrumento de uso comunitario en el Imperio romano.

A pesar de que suponemos que las primeras herramientas de los homínidos tenían como cometido ayudar en la cacería y la recolección, facilitar los cortes de carne o la trituración de huesos, tal vez el origen de la tecnología se relacione a la necesidad de poner fin, en una parte del cuerpo propensa a las rozaduras y al prurito, a tanta experimentación con hojas de lechuga, arena, musgo, virutas o incluso nieve. Todavía hoy, en los rincones del planeta donde no logran extenderse los tentáculos de las grandes corporaciones, hay poblaciones que echan mano de plantas, mecates, conchas, cáscaras, cortezas e incluso olotes. El simple recurso de la mano bañada en agua ha resistido la rueda de las generaciones —y de los inventos—, y perdura impasible en vastas regiones del globo, como en el subcontinente indio.

Confieso que la primera vez que me reconocí plenamente occidental fue a propósito de la falta de papel de baño. Viajamos a Calcuta (que ya entonces se llamaba Kolkata), con un cargamento profiláctico que llenaba una maleta; eran otros tiempos, pero también pandémicos (se había desatado la alarma por la llamada "gripe aviar") y una amiga nos había advertido de la importancia que adquiría un simple rollo de papel a medida que uno se internaba en tierras bengalíes. Pero no contábamos con la magnitud de la venganza de Kali. Un festín de *chingri maach*, camarones al curry que despertaron nuestra voracidad, o más probablemente el delta de té chai que recorre de lado a lado la ciudad y desemboca en los innumerables puestos callejeros, hicieron crisis en nuestros intestinos, y de golpe casi toda la comitiva mexicana, acostumbrada a otra variedad de bacterias, empezó a hacer visitas frecuentes y prolongadas al baño. Habíamos aprendido a comer con la mano derecha y a mantener la izquierda bajo la mesa, según las reglas de urbanidad de la India, pero no nos atrevíamos a utilizar la cubetita de agua dispuesta al lado de los retretes. El caso es que un día inexorablemente nos quedamos sin provisiones de papel. En un trance apremiante, cuando ya habíamos agotado los tubos de cartón que conforman su esqueleto, tuve que salir en busca de lo que se antojaba una quimera. La misión era ridícula y a la vez previsible dada mi condición de turista; diría que un bengalí preguntando por pan *naan* en las tortillerías de Veracruz no habría pasado por tantos aprietos...

Tras muchas indagaciones, descendí a los callejones del mercado negro. Por un rollo, ¡un único y escuálido rollo que ni siquiera era de hoja doble!, pedían $10 dólares. Con escándalo, ruborizado ante la dimensión del robo, me llevé cuatro. Sobra decir que tampoco bastaron, por más que hiciéramos alarde de papiroflexia con nuestra dotación de tres cuadritos cada vez. (Después de todo, Kali es una deidad poderosa, asociada al aspecto destructor de la divinidad, y se ensañaba con nuestras tripas). Así que, mientras reflexionaba sobre los abismos que separan a las civilizaciones y recordaba otros viajes menos extremos en los que incluso nos entregábamos con ligereza a hacer promesas sobre el bidé, hube de recorrer varias veces el laberinto bochornoso del mercado negro.

Añado, entre paréntesis, que uno de los miembros de la comitiva, un célebre autor de novela negra que ahora se desempeña como funcionario público —y quien, por cierto, había resistido los embates de la diosa negra, patrona de la ciudad y de la noche, gracias a un régimen estricto de Coca-Cola—, me obsequió, en esas circunstancias desesperadas, uno de sus libros. Quizá porque su sistema digestivo no había sido expuesto a una presión tan demandante, nunca sospechó que, a través de ese regalo inocente, sometía el ejemplar a una de las pruebas de calidad literaria más arduas que quepa imaginar…

El destino escatológico del papel impreso no era visto, en la antigüedad, como una desvergüenza ni una afrenta, y se sabe que ha sido una constante incluso *después* del triunfo industrial del rollo acolchado. Los gruesos volúmenes del directorio telefónico solían reciclarse, todavía a mediados del siglo pasado, en los sanitarios públicos, al lado de toda clase de periódicos, revistas y, ¿por qué no?, folletos, panfletos y volantes. Pero incluso la alta literatura y aun los tesoros irrecuperables han sufrido ese oscuro destino excrementicio. En los retretes de Inglaterra, por ejemplo, llegaron a encontrarse a fines del siglo xix joyas librescas y documentos invaluables que se creían perdidos, y de los que no tendríamos mayor noticia de no ser porque aun los eruditos más acartonados y los bibliómanos más resecos pasan largas temporadas sentados en el escusado.

Quizá la costumbre muy extendida de leer en el baño la debamos a ese suministro literario tan variopinto como renovable, que satisface de manera apropiada —pero no necesariamente elegante— dos necesidades simultáneas, y ha llevado a emprendedores visionarios y a artistas conceptuales por igual a producir rollos tersos y delicados que, antes de limpiar nuestra suciedad, pueden también leerse. La idea detrás de estos proyectos es casi siempre la venganza o el desprecio, ya que consiste en denostar nombres o enunciados que uno se pasará, literalmente, por el arco del triunfo: promesas de campaña presidenciales, nombres de personajes odiados, decálogos de buenas maneras o, en otro registro, chistes impresos en los últimos cuadritos: "¡Que no cunda el pánico!" o "Mándame un mensaje cuando más lo necesites".

Me pregunto si la avidez de papel de baño, la urgencia de hacerse de un cargamento de rollos para los tiempos difíciles, no calmará algún miedo atávico inconsciente, un terror cósmico ante la idea de mancha, enterrado bajo capas y capas de justificaciones alrededor de la higiene. La producción actual de rollos de papel deriva, en mayor medida, de fibra virgen, es decir, directamente de los bosques, muchos de los cuales se sacrifican íntegros en beneficio de nuestros culos. En los supermercados, nos hemos habituado al espectáculo de pasillos interminables repletos de rollos blancos y esponjosos, por los que avanzamos aspirando el bálsamo que aliviará nuestros traseros, sin reparar en que se trata del reverso de miles de árboles: la imagen espectral, aséptica y mortífera, de una floresta.

A este ritmo, la demanda demencial de celulosa llevará a que se precipite el apocalipsis en la forma de sequías y crisis climáticas cada vez más agudas; es un flaco consuelo pensar que nos encontrará a buen resguardo tras barricadas de papel de baño…

Fluidos pegajosos

Tal vez porque nuestro cuerpo produce de forma natural excrecencias pegajosas, nos hemos rendido a la fascinación de los adhesivos, a la fiebre un tanto lujuriosa del pegamento. La piel herida se restaura a sí misma a través de un tejido fibroso, pero en general las sustancias viscosas —como la miel y los aceites— contribuyen a su cicatrización, no sólo desde el punto de vista de la antisepsia, sino como emplasto. En el box se recurre a la vaselina al menor corte de ceja, y hay evidencia de que nuestros antepasados utilizaban resinas naturales como bálsamo desde hace miles de años, incluso para sanar las llagas del alma. Lamerse las heridas puede ser una forma primitiva de autoconsuelo, pero, al igual que los perros, confiamos en el poder de la saliva para curarnos a nosotros mismos.

Uno de los descubrimientos más significativos de la infancia radica en notar que secretamos pegamentos potenciales, colas básicas en que las nociones de "porquería" y "viscosidad" se cargan de nuevos significados. Pese a su fijación variable y a veces escasa, hay una edad en que ponemos a prueba las propiedades adhesivas de los desechos del cuerpo, al tiempo que nos embadurnamos toda clase de ungüentos, derrames gelatinosos y siropes. ¿Quién no derrochó litros y litros de Resistol sólo para repetir la experiencia de pegar y despegar las palmas de las manos y crear una membrana semejante al pellejo? Acaso porque los años de formación se caracterizan por una receptividad omnímoda en la que "todo se nos pega", la exploración del mundo y el descubrimiento del propio cuerpo confluyen en la maravilla de la adherencia. Buena parte del aprendizaje de esos primeros años consiste en desenvolvernos en un ambiente pegadizo y promiscuo, pringoso y contingente, en que la mengambrea se transforma en nuestro elemento.

La cualidad adherente de los fluidos corporales deriva de los coloides orgánicos de las proteínas. Todavía se preparan pegamentos a partir de fibras de origen animal, hirviendo tendones, pieles y pezuñas. La palabra "colágeno" deriva del griego κόλλα, que significa "pegamento"; si hoy casi hemos abandonado el uso de "cola" en esta acepción, tal vez responda a que el vocablo perdió elasticidad y se secó, como un auténtico fósil del lenguaje; hace décadas que preferimos los adhesivos sintéticos, más versátiles y eficaces.

Aun cuando me gustaría llevar más lejos la conjetura del origen del pegamento como algo derivado del cuerpo, no hay evidencias prehistóricas del uso pegajoso de los mocos, el esperma o la baba. El primer pegamento conocido es de origen vegetal y procede del Pleistoceno, cuando los neandertales emplearon brea de corteza de abedul para fabricar hachas. El procedimiento requería del dominio del fuego y de conocer las propiedades de las materias primas, y no sólo asombra la habilidad tecnológica para su preparación en época tan remota (hace doscientos mil años), sino que ese gluten primigenio se utilizara para unir materiales disímbolos, como la piedra y la madera, antes que para reparar lo roto. El mundo era entonces quizá demasiado joven para que hubiera cosas partidas o quebradas; tal vez el concepto naciente de pegamento apuntaba sólo a la unión y la amalgama, en vista de que todo estaba aún por inventarse.

Según Pascal Picq y otros paleoantropólogos, las herramientas de los humanos antiguos, muchas de ellas copiadas, compartidas o tomadas en préstamo por los demás linajes humanos, no son meras prolongaciones de nuestras capacidades naturales, sino parte de un sistema coevolutivo en el que interactúan la biología, la cognición, la técnica y la sociedad. Los pegamentos primitivos, al posibilitar la elaboración de utensilios cada vez más sofisticados que garantizaron nuestra supervivencia, estarían trenzados no sólo a nuestra cosmovisión, sino también, de una forma que va más allá de lo metafórico, a nuestro ADN.

Se conocen toda suerte de gomas, resinas, látex, betunes, almidones y chapopotes con los que se ha experimentado a lo largo de la historia. En épocas precolombinas uno de los pegamentos más socorridos fue el *tzácuhtli*, un polvo blanco que se obtiene de los bulbos de ciertas orquídeas y que, entre otras cosas, posibilitó la elaboración del papel amate y la expansión del arte plumario. Francisco Hernández, en su *Historia de las plantas de Nueva España*, lo describe como "un gluten excelente y muy tenaz", que poseía además propiedades medicinales contra la disentería y la "demasiada laxitud". El designado "protomédico general de las Indias" señala que los bulbos húmedos y glutinosos de la variedad acuática de la planta, conocida como "zautle" (*amazauhtli*, en náhuatl), crecían en abundancia en la zona de Tepoztlán, lo mismo que el amate (*amaquahuitl*, literalmente "árbol del papel"), por lo que no es casual que allí también se concentrara la fabricación de papel indígena. Fernando Martínez Cortés le dedicó un estudio amplio y pormenorizado al tema: *Pegamentos, gomas y resinas en el México prehispánico*; allí refiere que la empresa Resistol S.A. practicó exámenes a los tubérculos y concluyó que la adhesividad de sus sustancias mucilaginosas era "elemental".

No es mera casualidad que las plantas epífitas y parásitas, las cuales han desarrollado mecanismos de adhesión para fijarse a sus huéspedes, sean fuentes pródigas de pegamento. Además de las orquídeas, el muérdago blanco (*Viscum album*), que se propaga a través de la sustancia pegajosa de sus bayas (la viscina, un adhesivo natural de celulosa que se ha empleado desde tiempos inmemoriales), ahora se perfila como un "superpegamento" biomédico que podría aplicarse como sellador de heridas, pero que asimismo se adhiere asombrosamente a metales, vidrios y plásticos.

(Las sustancias viscosas que fluyen de manera natural —o mediante incisiones— de una diversidad de vegetales pone en perspectiva la práctica todavía en boga, al menos en la franja subtropical que llamamos México, de pretender arreglar las fracturas y desperfectos con la sola ayuda de un chicle masticado... El *tzictli*, polímero que se extrae de la savia del árbol del chicozapote, era utilizado por mayas y aztecas, además de como goma de mascar y remedio contra las reumas, como un betún pegadizo).

El pegamento que se utilizó en las incrustaciones dentarias entre los mayas debía ser mucho más potente que la babilla del *tzácuhtli* y, además, insoluble; según las investigaciones de laboratorio, se producía a base de fosfato de calcio. Análisis del compuesto revelan que para adornar los dientes con piedras y metales preciosos (jade, turquesa y oro) se requería de la combinación de cerca de diez elementos distintos.

En contraste con la búsqueda de transparencia e invisibilidad de la mayoría de los pegamentos actuales, el conocido arte japonés del *kintsugi* postula que las grietas y roturas de una pieza de cerámica forman parte de su historia y que, más que disimularlas, conviene ponerlas de manifiesto a la hora de repararlas, por ejemplo con un barniz de resina espolvoreado de oro o plata. En parte inspirado por la técnica del *kintsugi*, Severo Sarduy, en su libro *El cristo de la rue Jacob*, hace un recorrido autobiográfico y reflexivo a lo largo de sus cicatrices —de la cabeza a las plantas de los pies— y las delinea y resalta mientras las rememora con la pluma.

La "arqueología de la piel" del escritor cubano abre las puertas hacia una arqueología de lo roto que vaya más allá de la herida epidérmica; una historia general de la quebradura, de lo despedazado y aun de lo hecho trizas, a través de la cual las cosas que hemos salvado con alguna cola o resina contarían sus transformaciones y sus segundos o terceros renacimientos. A diferencia de la mitología, en este mundo regido por la flecha del tiempo y los procesos entrópicos, el ave fénix no se regenera a partir de las cenizas de su predecesor, sino que se recompone al unir sus piezas de nuevo con ayuda de pegamento.

El túnel del tacto

Si el surgimiento de una nueva razón poética sería la culminación, según Rimbaud, del desarreglo de todos los sentidos, cabría esperar que el surgimiento de una nueva sensibilidad dependerá del desmantelamiento de las jerarquías perceptivas. Los privilegios de la vista en la civilización occidental, la forma en que ha desplazado a los demás sentidos por su supuesta mayor afinidad con el intelecto, ha conducido a cierta atrofia y desproporción en el desarrollo sensorial, en donde el tacto ocuparía la posición más baja y rudimentaria, la más despreciable en el orden cognoscitivo pero también moral, por involucrar necesariamente la carne.

La dismorfia a la que nos orilla el imperio de la vista se aprecia en la manera de representarnos la vida inteligente fuera de la Tierra: dos ojos gigantescos y desorbitados en un cuerpo diminuto y endeble. Lo que proyectamos al espacio exterior es un deseo y un síntoma: en lugar de los dos metros cuadrados de piel elástica, radiante y sensitiva, se diría que anhelamos una gran pupila escamosa, que responde a la luz pero rehúye al contacto, a fin de alimentarnos enteramente de imágenes.

El tacto, antes que por su participación en dar y recibir placer, suele ligarse al trabajo y las actividades manuales. A través del equívoco de promover a las manos como sus órganos preponderantes, el tacto sería importante para la pericia y la motricidad fina; en los dominios del arte, donde se ha exaltado hasta el hartazgo la maestría y el virtuosismo de nuestras extremidades, rara vez se pondera su papel del lado del espectador —que por algo no se denomina el "palpador"—, como si no fueran igual de decisivas a la hora de despertar el fenómeno háptico. Aristóteles, que traza un símil entre el alma y la mano a partir de que ambas serían "instrumento de instrumentos" (*organon pro organon*), hace en realidad un elogio de su destreza y habilidad, y aun cuando en *Historia de los animales* postula que el tacto humano es el más preciso del reino animal, en la *Ética a Nicómaco* previene de los peligros del placer táctil, al que sitúa como el más pernicioso de todos.

En "Menos Julia", cuento de culto para los conspiradores del placer, Felisberto Hernández describe un túnel en donde el tacto puede desembarazarse de su adormecimiento y sus inercias. A lo largo de un pasaje de oscuridad y tanteo, un museo cambiante de formas, densidades y texturas, dispuesto como una "sinfonía" para la experimentación del tacto, las manos dan rienda suelta a su apetito sensible y se convierten en una variedad de tentáculos, de criaturas ávidas y autónomas. Como si las tinieblas del túnel no bastaran, o como si hubiera que darle dos veces la espalda a todo lo que remite a la vista, las personas que se colocan como estatuas vivientes para la auscultación y el reconocimiento epidérmico deben tener además la cabeza cubierta por un paño oscuro, pues sólo mediante la doble negación de los ojos es que las manos pueden desaprender sus inhibiciones, sacudirse sus servidumbres y desarrollar inclinaciones propias. Construido como un remedo de las cavernas sacras vinculadas al ingreso del Inframundo, pero con ese aire desvencijado de las barracas de feria en que la falta de luz crea la atmósfera propicia para internarse en busca de prodigios, el túnel de Felisberto es también un gimnasio de hábitos asociativos —y no sólo perceptuales— en que las manos desaprenden sus movimientos diurnos y se encaminan hacia una vida independiente. El inventor del túnel, que lo frecuenta dos o tres veces cada fin de semana, ha desarrollado unas manos inquietas y expresivas que se confunden con pájaros; manos que revolotean, que rozan y picotean aquí y allá, y que cuando se quedan suspendidas en un gesto en el aire se diría que están a punto de cantar.

Pero ese túnel de la inmediatez y las adivinanzas, que podría bautizarse como la Gruta de las Palpaciones Sucesivas, es descrito por su inventor como un "mal" y una "enfermedad", prueba de que el cultivo del tacto puede ser visto con malos ojos, y de que aun en el contexto de ejercicios domésticos o íntimos abjurar de la vista y liberarse del yugo del trabajo comporta cierto grado de subversión y retorcimiento, que obliga a mantenerlo en las sombras. Atravesar el túnel es realizar un viaje a las entrañas de un animal —un regreso a la matriz—; su arco dibuja un renacimiento al revés que comienza en la epidermis y se comunica con las fuerzas ctónicas. El visitante, una vez que ha experimentado las delicias de sus manos finalmente libres, quiere entregarlas al tanteo, dejar que se regodeen en la exploración de superficies y sinuosidades como en los tiempos de las cavernas —el túnel es una escenificación de la noche o el sueño—, pero en cierto punto se contiene, como si ellas tuvieran voluntad propia y él fuera un padre que no quiere "consentirle a sus hijas todos los caprichos".

Si la historia humana hubiera seguido un camino más táctil, quizá nos figuraríamos a los extraterrestres con forma de manos, como una variedad de octópodos que caminan sobre cinco extremidades. Y más que del ojo de dios, seguramente hablaríamos de su piel o de su *toque*. Y así en todos los campos: la escultura tendría más importancia cultural que el cine; el trabajo a distancia se consideraría un castigo —y no una conquista de la virtualidad—; la demanda de masajes superaría a la pornografía. Desde el punto de vista conceptual, la filosofía de Occidente no estaría dominada por la idea de separación (entre el sujeto y el objeto, la mente y el cuerpo, la naturaleza y la cultura, el amo y el esclavo, etcétera), sino por las delicias y complejidades del contacto, y entonces habitaríamos un mundo muy distinto del que se ha construido sobre los cimientos del oculocentrismo.

Ya el propio Aristóteles había reflexionado sobre la particularidad del tacto en lo que concierne a la separación y la distancia. Mientras que para los demás sentidos es necesario un medio (en la vista, sería lo diáfano; en el oído, el aire), en el caso del tacto este medio desaparece, no hay un agente externo que sirva de puente o de vínculo, ningún intermediario que haga posible la emergencia de la percepción, pues ese medio (*metaxy*) forma parte de nosotros y corresponde a nuestra carne (*sarx*). Esto implica que, al tocar, como en el caso paradigmático de la caricia, no sólo entramos en contacto con un cuerpo ajeno, sino también con nuestra propia piel al activarse por el estímulo. A no ser que medie una superficie reflejante, la vista no puede verse a sí misma ni el oído puede percibirse en su proceso de escucha; pero con el tacto sucede que, en el mismo acto perceptivo, sin nada que se interponga, tocamos y somos tocados, establecemos contacto con el otro y, a la vez, con nosotros mismos.

A diferencia de las connotaciones negativas, animalescas y demasiado terrenas que Aristóteles extrajo de esta inmediatez y dualidad del tacto, otros pensadores —de Lucrecio a Agamben y de Aristipo a los filósofos libertinos— encuentran en ella un indicio de su preeminencia y centralidad (incluso algunos defienden que los demás sentidos derivan o son extensiones de él), pues gracias al tacto tenemos la experiencia de nosotros mismos. Como anota Giorgio Agamben: "Si, como hoy se trata perversamente de hacer, se aboliera todo contacto, si todo y todos se mantuvieran alejados, entonces perderíamos no sólo la experiencia de los demás cuerpos, sino toda experiencia inmediata de nosotros mismos; es decir, simplemente perderíamos nuestra carne".

A diferencia de la vista, que puede abarcar una escena de un solo golpe, el tacto se concentra en los detalles y lo próximo. Como en el célebre cuadro de José de Ribera, *El tacto,* en que un ciego aprecia un busto a través de la caricia, las manos recorren todos los elementos del objeto de manera paulatina, con lo cual atestiguan su corporalidad tridimensional, vedada en buena medida a los ojos, y alcanzan un reconocimiento de otro orden, más íntimo y al ras. El recorrido del tacto tiene una estructura narrativa —no necesariamente lineal—, y quizás el mayor mérito de un autor como Felisberto Hernández sea la concepción carnal y palpable del tejido de su escritura. Pianista trashumante, Felisberto sabía muy bien que para desatar la evocación y darle fluidez al torrente de recuerdos nada mejor que la suave presión sucesiva de las yemas de los dedos.

En contraste con la riqueza de las sensaciones táctiles, el cuento insiste en lo desleídas que lucen las cosas fuera del túnel. En su interior, los visitantes empiezan a sentir que su cuerpo vive de otra manera y que son rozados por ideas que los transportan hacia otra parte. Pero, al salir, de vuelta en el mundo de imágenes, deben acostumbrarse al escándalo de la luz, que daña el recuerdo y empaña la experiencia háptica. "Todas las cosas quedan tan desilusionadas como algunos decorados de teatro al otro día de mañana", anota el inventor del túnel no sin melancolía, valiéndose de una analogía vívida, proveniente de la imaginería visual, justamente para señalar la pobreza de ese mundo.

Réplicas o variantes del túnel de Felisberto han aparecido aquí y allá en todo el mundo en distintos momentos. Recientemente el escritor argentino Pablo Maurette visitó un par de ellas y volvió del trance con dos estupendos libros bajo el brazo: *El sentido olvidado* y *La carne viva*, que pueden leerse como manifiestos para el rescate y la liberación del tacto.

El paréntesis de la hamaca

Que otros se enorgullezcan de su sillón de orejas, yo me precio de ser un lector de hamaca. Tal vez porque la perspectiva de una tarde distendida nunca es mejor que cuando me recuesto en el aire, leo y me concentro magníficamente atrapado en su lento vaivén, e incluso diría que hay libros —como la obra de Joseph Conrad o las novelas de piratas— que parecen escritos para disfrutarse flotando en su tela de estambre, pues fueron soñados en esa suerte de animación suspendida que propicia la hamaca, en ese nido elemental tensado entre dos mástiles. Según Umberto Eco, semiólogo y bibliófilo a quien no asociaríamos en principio con los deleites de la lectura flotante, "el libro es imbatible en la hamaca".

Más columpio que cama, con las ventajas suplementarias del autoabanico, la hamaca recuerda al tapete volador de los cuentos, pero sin la tentación de la aventura, como si nos invitara a mecernos mansamente en las olas de la inacción y el ensueño. Durante el viaje estático de la hamaca toda forma de gravedad ha sido desterrada del horizonte, y ser absorbidos por ella equivale a adentrarse en un mundo cadencioso y sin prisa que contrasta con el frenesí imperante. Como un desafío a las leyes conocidas de la física, la curvatura de la hamaca, resultado de un juego de campos de fuerza complejísimo entre la tirantez y la distensión, tiene el poder de crear un pequeño hoyo negro en el espacio-tiempo, y una vez en su interior —que puede ser también su exterior— todo propende a la contemplación y la molicie, y aun los refranes quedan sin efecto o se convierten en su reverso: "No dejes para hoy lo que puedes posponer para mañana".

Gracias a la comba que formamos con ella, la hamaca abre un paréntesis hacia lo alto: un paréntesis de relax que, en el otro extremo, se completa con el techo de la palapa o, idealmente, con alguna nube cóncava o la bóveda celeste. Lo importante es que la frase de ese paréntesis hable el idioma del aire fresco. El escultor Jacques Carelman, en su *Catálogo de objetos extraordinarios*, libro ilustrado de inventos fantásticos y acaso imposibles (todos ellos patentados, por si las moscas), ha ideado la hamaca de los sueños, la hamaca autosuficiente, que se suspende sin necesidad de postes ni árboles, atada solamente a un gran globo en cada extremo.

En una pieza con cadencia de vals a la que muchos padres desesperados hemos recurrido como canción de cuna, Kevin Johansen contrasta la hamaca con el tobogán y el subibaja. Gracias a un compás elemental y pegajoso, el cantante argentino nacido en Alaska hace un elogio redundante de su cualidad envolvente y potencialmente infinita, capaz de acoplarse al ir y venir del pensamiento.

Al fin y al cabo una red, la hamaca no esconde su condición de trampa. La siesta de diez minutos corre el riesgo de extenderse y continuar todo el día, y quizá por la cercanía formal con el capullo, no es difícil que nos atrape también psíquicamente y nos transmute en larvas. Babeantes y sin preocupaciones, lejos del suelo y sus pendientes mientras soñamos ser un hombre que sueña ser una mariposa, despertamos renovados tras ese periodo flotante de hibernación, en una metamorfosis sorprendente que no puede explicarse solamente en razón del descanso. Hay una levedad particular después de dormir en hamaca; una sensación aérea y pendular, cierta embriaguez de volver a tierra firme después de que la mente pudo volar más lejos mientras el cuerpo se anegaba en reminiscencias amnióticas.

Hace unos años, en un viaje a Yucatán, el monero Jis me manifestó su propósito de encontrar "la hamaca perfecta". Viajábamos a una feria del libro, pero pronto quedó claro que su motivación era más trascendente y específica y, por qué no reconocerlo, contagiosa. "Vine a Mérida porque me dijeron que acá vivía mi madre, la hamaca perfecta", recuerdo que dijo, relegando a segundo plano el mar de libros y presentaciones que nos convocaba. Yo entonces no sabía que por sus venas corría auténtica sangre yucateca, pero había algo en su determinación, algo imperioso y obsesionante en su forma de peinar las calles blancas de la ciudad, que hacía sospechar que una hamaca había participado en su concepción, y que en alguna medida su temperamento escurridizo de molusco y su talento proverbial para la hueva estaban relacionados con ese artilugio de solaz y esparcimiento, del que se sentía hijo o tal vez bisnieto. (No hay que olvidar que la hamaca, además de remedio contra el sopor tropical, se presta a la experimentación en el arte amatorio, y que su solo bamboleo tiene ya un no sé qué de sensual e incitante).

Entregado al *dolce far niente*, mientras dejo que la brisa de mis cavilaciones me lleve de un lado a otro sin remordimientos, me pregunto qué habría pasado si, en contraste con el linaje taimado y turbio de Pedro Páramo, todos fuéramos, al igual que Jis, hijos de la hamaca. No puedo asegurar que seríamos más ligeros y despreocupados, pues ya algo del carácter seco del personaje de Rulfo propende al valemadrismo; pero tal vez nuestro talante hosco y machista se suavizaría por efecto de la reflexión ondulante, y sabríamos abandonarnos a la placidez del debraye y a las recompensas de la imaginación.

Dicen los que saben que las hamacas urdidas en la cárcel de Mérida se cuentan entre las mejores del mundo. Quizá porque los presos las tejen mientras fantasean con su libertad, los ejemplares que elaboran en el encierro tienen la vocación del aire y su trama de algodón es equiparable a las nubes. Las tejen con diversos materiales y técnicas, con puntadas que recogen tradiciones locales sin renunciar a la innovación, y las más sofisticadas —y caras— son tan tersas que, para disfrutarlas a plenitud, lo recomendable es recostarse desnudo, libre de toda atadura, como quien se desliza diagonalmente a un sueño antes del sueño.

Aunque una miniatura en el margen inferior del Salterio de Luttrell demuestra que la hamaca ya se conocía, al menos en Inglaterra, antes del descubrimiento de América, y más allá de las referencias clásicas —pero dudosas— que la vinculan al comandante y estadista Alcibíades, asociamos la hamaca con las playas del Caribe, con un mar azul turquesa y una calma chicha que se apodera del cuerpo y de la mente. El consenso, según Corominas, es que la palabra deriva del taíno, pero hay muchas hipótesis sobre su origen, y no es improbable que el invento se desarrollara de manera paralela tanto en la Polinesia como en el Caribe, ese vasto país desperdigado en el que desembarcaron las naves españolas por primera vez y que, según García Márquez, "no es de tierra, sino de agua". (Además de "hamaca", derivan del taíno "huracán", "barbacoa", "tabaco" y "canoa". Palabras eufónicas que hacen pensar en unas vacaciones de verano inolvidables, no necesariamente paradisiacas…).

El propio Colón fue quien popularizó la hamaca en el Viejo Mundo, y ya los tripulantes de las carabelas pudieron apreciar las ventajas de su malla colgante, de cierta manera náutica o marina, elaborada con cuerdas y nudos, mientras se mecían, de vuelta a casa, al ritmo de la embarcación.

La hamaca ha dejado atrás su marasmo solipsista y se ha vuelto más y más hospitalaria. Después del sacrosanto tamaño matrimonial ha dado el salto a fantasías comunitarias en que la horizontalidad no está libre de enredos. Como una telaraña que resiste a más y más elefantes, hay hamacas gigantes que invitan al poliamor en medio de los árboles, con el guiño de que, sin importar el grado de dificultad de las acrobacias, ya son, en sí mismas, una red de protección.

La maleta insaciable

Las maletas tienen algo de impredecible y de sombrero de mago, y uno nunca sabe si, a la vuelta del viaje, saltará de su doble fondo un conejo o una paloma. De niño, el momento de desempacar lo entendía como un acto de ilusionismo en que el viajero, transformado por el arco fuera de casa y con la mirada todavía perdida en los parajes que dejó, extrae, entre calcetines sucios y efectos personales, mascadas, naipes, caracolas de mar, libros inconseguibles, chucherías exóticas... Yo esperaba siempre algún regalo, mientras más raro y remoto mejor, pero incluso sin ninguna expectativa el proceso de extraer los artículos de esa chistera onírica se envuelve de ilusión y fuerza ritual, pues las reminiscencias afloran a medida que extraemos, uno a uno, los souvenirs que atiborramos la víspera en un desafío a la física de los volúmenes, aunque sin conseguir burlar a la báscula del exceso de equipaje.

Para los viajes largos suelo llevar una maleta adentro de la maleta en un ardid de cajas chinas a menudo insuficiente. Así como todo existe para concluir en un libro, todo, en un viaje, parece destinado a entrar en la maleta. No sé cuántas valijas extra he debido comprar de último minuto por incontinencia turística, con el resultado desconcertante de que, sin importar que todas sean *made in china,* al final encajan también en la categoría de "recuerdos de viaje". Si antes una maleta era un álbum de gran formato en el que se pegaban calcomanías de las ciudades visitadas, ahora son ellas mismas las que hablan el lenguaje arcano del lugar en donde salimos a buscarlas.

La maleta es una continuación del armario o, si se quiere, una variedad móvil del cajón, y en especial las de esqueleto rígido semejan una versión en miniatura de un espacio habitable, cautivador para los gatos. En su modalidad de cofre o baúl han servido para ocultar polizones, amantes *in fraganti* y también de ataúd improvisado. Si parece una genialidad, un giro típicamente "shandy", que Marcel Duchamp haya sustraído peso y monumentalidad a la idea de museo para hacerlo caber en una caja-maleta y llevarlo a todas partes, no hay que pasar por alto que así como el escritorio es una versión del estudio y, la silla, un compendio de la catedral, una maleta puede representar el puente quimérico entre el inmueble y el artículo portátil, una suerte de *mash up* objetual en el que late la promesa de llevar a cuestas nuestra casa.

A propósito de *La boîte-en-valise,* en *Historia de la literatura portátil* Vila-Matas tiende un hilo entre la pasión por la miniatura y el vagabundeo, entre la fiebre del coleccionismo y la mudanza permanente. Para alguien que está siempre "de paso", como Duchamp, nada más necesario que un museo itinerante e infraleve, capaz de alojar, como si se tratara de una casa de muñecas del arte, toda su trayectoria en reproducciones pequeñas. Estar cargado de cosas —y de proyectos— sólo puede conciliarse con el destino del exiliado en el plano de lo minúsculo; si la reducción a escala no es una opción a la mano, se pueden atesorar juguetes, sellos postales, recortes y apuntes en letra microscópica, tal como hizo Walter Benjamin, ejemplo infortunado del coleccionista trashumante.

Una cosa es optar por la ligereza de una existencia sin ataduras y, otra muy distinta, verse orillado a salvar lo más valioso de la vida en una valija apresurada. Perseguido por el régimen nazi, Benjamin tuvo que abandonar París apenas con el equipaje indispensable. Tras su suicidio doblemente trágico, quedó registro del contenido de la maleta con la que, de haber llegado un día antes o uno después a Portbou, se habría podido embarcar hacia América y hacia la libertad: algo de dinero, un reloj de oro, unos lentes, seis fotografías, el visado para los Estados Unidos, una pipa, una radiografía, así como incontables cartas y papeles, en particular un manuscrito sin identificar que, según explicó a quienes lo acompañaban en la huida, "era más importante incluso que su propia vida".

No es fácil alcanzar el grado cero del despojamiento, ni siquiera cuando la muerte nos respira en la nuca; en vez de dejar el manuscrito a buen resguardo, la maleta se extravió para siempre, sin llegar a esa fosa común de lo inorgánico que es la oficina de las cosas perdidas. Desde entonces, la maleta de Benjamin es motivo de desvelos y pesquisas interminables, y no falta quien haya querido leer ese hueco y ese enigma como parte de sus obras completas.

Hoy la desaparición de las maletas se completa casi siempre en el aire, en un acto de magia rutinario de las aerolíneas que ya no sorprende a nadie. Cada vez que aguardo la mía frente a la cinta de equipajes de un aeropuerto, recuerdo la enumeración que hace Cyril Connolly de las situaciones que más angustia y desesperación le producen, casi todas ellas asociadas a traslados y viajes: que el tren esté partiendo justo cuando llegas al andén; la congoja de abrir la puerta de casa tras una larga ausencia, etcétera. A la lista añadiría el suspenso que se crea alrededor de ese carrusel de bultos, maletines sospechosos, tablas de surf y cajas de cartón, sobre todo en los vuelos con escalas: la zozobra sube de intensidad cuando comienzan a girar maletas rotas o desvencijadas, si no es que abiertas, y entre zapatos huérfanos y calzones desperdigados hay alguna que se asemeja a la nuestra, a pesar de que, al momento de tomarla, advertimos un detalle extraño, una marca o listón irreconocible que nos convence de la confusión. El pánico se dispara con el ruido metálico que anuncia que la cinta se ha detenido. A pesar de que aquí y allá quedan piezas abandonadas que nadie identifica ni recoge, las nuestras, quizá compradas la víspera y sobre las que empezamos a tener dudas de cómo lucen en realidad —e incluso de su color—, brillan por su ausencia.

También hay maletas que, fieles a su filiación ilusionista, reaparecen de la nada, como emisarias del pasado remoto. Las tres cajas de negativos de la Guerra Civil Española que los fotorreporteros David Seymour (*Chim*), Endre Friedmann y Gerda Taro (estos últimos bajo el seudónimo de Robert Capa) habían dejado en custodia a un asistente en París a comienzos de la Segunda Guerra, reaparecieron en México en una valija tras más de medio siglo de haberse dado por perdidas. Aunque el rocambolesco periplo de los negativos (cerca de cuatro mil quinientos) de la famosa "maleta mexicana" no se haya esclarecido del todo, se tiene noticia de algunos eslabones: que el asistente se vio obligado a huir en bicicleta a Bruselas durante la ocupación nazi, llevándolos consigo en una mochila; que llegaron a manos de quien fuera el embajador de México en el gobierno de Vichy, durante la ocupación alemana, y que una amiga de este se los heredó en 1995 a su sobrino, el cineasta Benjamín Tarver. El material, un documento histórico invaluable, se encuentra hoy con todo y maleta en el Centro Internacional de Fotografía de Nueva York, donde se le ha sumado en fechas recientes otro carrete extraviado y no menos importante para la leyenda de Robert Capa: el del Cerro Muriano en Córdoba, que ha permitido establecer que *La muerte de un miliciano,* la imagen más icónica del fotoperiodismo, no es un montaje en absoluto, si bien tampoco, como engañosamente hace creer, sucedió en pleno fragor de la batalla.

Me pregunto si todos algún día nos veremos orillados a empacar, en medio del incendio de la guerra o el horror, nuestra "valija de fuego" —título bellísimo de un poema de Aldo Pellegrini, el autor surrealista más audaz de la lengua española. (Él, por cierto, solía guardar objetos invisibles en los lugares más secretos de su valija de fuego, retazos y miniaturas de todo aquello que, a fuerza de no ponerlo a salvo, acaba por pudrirse en los sueños). Pero al final también las llamaradas fatales se apagan, y aun cuando no siempre vuelva la calma, de aquella valija sólo quedarán cenizas, una colección involuntaria de oscuridad y muerte, abandonada incluso por sus fantasmas.

Una caja adentro de una caja participa del misterio; cuando se trata de maletas puede convocar una forma de poesía que raya en el sinsentido y cuyo significado sólo se advierte al otro lado del espejo. Humpty Dumpty despliega sus conocimientos de semántica y pragmatismo al desentrañar el sentido de aquellas palabras de doble fondo que llevan de polizones a otras, como "disimulatriz" (una institutriz de incógnito), o "ciberdespacio" (el internet de las conexiones exasperantes). Las "palabras-maleta" —*portmanteau*—, como las bautizó Lewis Carroll a partir de un modelo de valija francesa que se desplegaba en dos, se forman por fusión y síntesis y han dado pie a libros legendarios como *Finnegans Wake,* en el que James Joyce toma el lugar, hasta niveles delirantes, de Humpty Dumpty tras su caída de la barda. Surgidas de la chistera del lenguaje como micropoemas inesperados, mis favoritas son aquellas capaces de viajar clandestinamente, cual polizonas al cuadrado, en las conversaciones cotidianas: palabras-maleta inadvertidas como "chismear" (el rápido cotilleo mientras se orina) o "empresario" (el *entrepreneur* del supremacismo racial).

En una época en que las maletas no tenían rueditas se utilizaba más la palabra "veliz" —o "velís"—, galicismo con aroma inconfundible a abuela y naftalina, ideal para las escapadas veloces a Belice. Tal vez entró en desuso por las altas expectativas que palpitan en su rima más fácil; porque la promesa de encontrar la felicidad en otro lado terminó por ser desmentida por el turismo de masas y los viajes rutinarios de negocios. Hay palabras que, como las maletas, se olvidan poco a poco y no emprenden ningún nuevo viaje. Una valija que permanece mucho tiempo en un mismo sitio termina por echar raíces, le crecen patas sedentarias y, traicionando su vocación flotante, se convierte en una cómoda.

El estridente encanto de las baratijas

La irresistible y bajísima pasión que ejercen las baratijas. El guiño fácil que nos lanzan desde su precio de bicoca, esa burda seducción del celofán que las envuelve y hace que nos apresuremos a comprarlas como tesoros efímeros y al mismo tiempo imperiosos, recuerdo de una tarde afortunada así sea porque tuvimos la ocasión de encontrar esa ganga, que antes de que se oculte el sol ya se habrá transformado en un estorbo.

Preguntamos por aquel artículo que probablemente nunca habremos de usar, que no ostenta la pátina de ninguna autenticidad, y he aquí que cuando el comerciante anuncia su precio irrisorio, lo que nuestros oídos escuchan es el sortilegio de la ocasión única. Tal vez ese objeto producido en una cadena de montaje, de colores chillones y a punto de precipitarse en lo horripilante, no produzca la avidez malsana de una antigüedad o la ensoñación de una piedra preciosa; pero hay algo en él, algo indefinible que quizá tenga que ver con las rebabas de sus acabados deficientes, con la estridencia de su tosquedad, que aguijonea nuestro afán de posesión como un alfiler impertinente, derrumbando en un instante todo lo que hubiéramos podido edificar a lo largo de los años en beneficio del buen gusto.

Salvador Novo, en su libro *En defensa de lo usado*, observa que la producción en serie ha generado una auténtica psicosis "de posesión y persecución de lo superfluo". La nota característica de estos productos tan distintos entre sí es su manifiesta equivalencia en el rasero de la banalidad. Con un par de monedas se pueden adquirir linternas, pisapapeles de cerámica, lupas, ceniceros con forma de coliseo romano, cortaúñas con insignia, bisutería, plumas con muchachas que se desnudan al girarlas, lentes de falso carey, espejos de mano, delineadores, llaveros con figuras flotantes, estampas de la virgen que guiñen un ojo, moños de fantasía, cápsulas de resina con tormentas de nieve, encendedores que parecen granadas de mano, bromas, muñequitas insinuantes, manitas rascadoras para la espalda... Cada cosa es cualquier cosa es cualquier cosa amontonada en las inagotables cordilleras de lo kitsch, y de no ser porque la fealdad modelada en tres dimensiones es un atributo que no suele pasar inadvertido, se diría que cada una alardea de su poquedad, de su absoluta insignificancia. Hasta donde se sabe, la única utilidad comprobada de estos artículos pintorescos es completar la metamorfosis del dinero en un entidad menos abstracta, en un esperpento que abulta nuestros bolsillos o decora la mesita de centro con su peso leve tan próximo a lo insustancial, pero, ¡ay!, no a lo invisible.

Las chucherías son el reverso del lujo o su complemento vergonzante. Al ingresar a uno de esos santuarios del plástico en que todos los artículos se venden a un mismo precio, el consumidor ya ha renunciado de antemano a la belleza y al refinamiento; el problema es que, por una lógica macabra que opera a un nivel más primario que las leyes de la oferta y la demanda, se ve imposibilitado a abandonar el lugar con las manos vacías. Ni siquiera en medio de la pobreza más angustiante se puede renunciar a esos objetos de poca monta que resultan tan necesarios para el equilibrio del ánimo. En caso de que el consumo ostensible no esté al alcance de nuestras posibilidades —aquel desplante de conocedor que se traduce en derroche y vicios rebuscados—, queda el salvoconducto de la ostentación del consumo: hacer alarde de que compramos, no importa si baratijas. El dinero, en especial cuando nos hace falta, quema las manos, y hay que deshacerse de él a cambio de fruslerías y objetos fuera de temporada. Como escribe Thorstein Veblen en *Teoría de la clase ociosa*, "se soportan muchas miserias e incomodidades antes de abandonar la última bagatela o la última apariencia de decoro pecuniario".

A diferencia de la mayoría de las obra de arte y de los objetos suntuarios, que brillan con la luz prestada de nuestro deseo en el firmamento de lo inaccesible, la chuchería ofrece un consuelo inmediato a las mandíbulas de la ansiedad capitalista. Con tal de que la transacción nos regale la música monótona y relajante de la caja registradora, se ofrece como un remanso y una interrupción al péndulo fatal que va de la insatisfacción al hartazgo. Al fin y al cabo un equivalente del chicle en el plano de la economía, la baratija no tarda en perder su sabor y volverse dura e insípida, y es entonces cuando plantea la dificultad de cómo deshacernos de ella, pues no siempre califica como basura instantánea. La bagatela es desechable no porque después de comprarla la tiremos al cesto, sino porque después de resplandecer con su brillo de abalorio termina en el cajón de las cosas inservibles y de valor incierto, en ese cajón que más bien se asemeja al purgatorio de los recuerdos. ¿Hay algo más triste que descubrir que el souvenir que trajimos de aquella playa inolvidable del Caribe sea *made-in-China*? ¿Hay algo más inconsecuente que abarrotar la casa —y la propia cabeza— con recuerdos importados?

En la baratija, como en una perversión del deseo, la oportunidad precede a la necesidad y la rebasa. Lo que uno compra no es un artículo, sino la *idea* del precio ínfimo. Qué importa si esta lámpara con pelos danzantes ofende las pupilas como una nueva Gorgona, qué importa si aquel masajeador de espalda viola todas las reglas de la ergonomía, "¡estaban baratísimos!" Se interpusieron en nuestro camino con la fuerza turbadora del hallazgo y el tintineo del remate. Ya veremos después dónde los acomodamos. Cumplieron el cometido de encandilarnos y eso basta. No sabíamos qué hacer con el tiempo muerto, no sabíamos dónde meternos a nosotros mismos, y entonces apaciguamos la zozobra con el tótem del $19.90. Gracias a la transacción, al ritual del cambio de dueño, la actividad salvadora de salir de compras no se confunde con un paseo miserable del que volvemos en blanco.

Ningún artículo de "todo por un dólar" puede estar a la altura de nuestro anhelo, pero nos distrae y maleduca. Si también habremos de hartarnos del jarrón de Ming y de la cristalería de Murano, si también esos objetos algún día nos mirarán a los ojos para restregarnos en la cara el horror de las horas muertas, qué alivio que en su momento no tuviéramos más remedio que optar por la vasta gama del plástico. En el afán inútil de colmar con objetos la sensación de vacío, de suavizar la decepción que el propio sistema de consumo nos inyecta, atamos a nuestro caparazón estorbos y pesos muertos, que sólo muestran su perfil de pesadilla durante el juicio final de las mudanzas, como un recordatorio implacable de que ese amasijo de cháchoras y chucherías es sólo la ocasión de un tropiezo.

Una de las etimologías más verosímiles que se han barajado de la palabra "kitsch" apunta a la expresión yiddish "etwas verkitschen", que significa "vender barato". En cuanto negación de lo auténtico, siempre está relacionada con la chapuza, con el gato por liebre flagrante, con la pacotilla en tonos de temporada. Pero la industria de la baratija no se sostiene únicamente en el precio y ni siquiera en la mala calidad de su factura. Al igual que una pieza de arte que se inscribe en esa categoría y nos conmueve con sus emotividad fácil, el souvenir, ya sea una miniatura de la Torre Eiffel o un reloj de pared con la Piedra del Sol del calendario azteca, se distingue porque es asimilable de inmediato y no esconde ninguna complejidad ni mucho menos amenaza. No importa la forma que adopte ni tampoco que, como el *Ampelmännchen*, el omnipresente hombrecillo del semáforo peatonal de Berlín Oriental, se arrogue un pasado legendario; funciona como una encarnación de las convenciones y respondemos ante él siempre "como es debido", es decir, con la misma emoción que todo el mundo, una sonrisa de reconocimiento y beneplácito. Tal como lo ha desentrañado Tomas Kulka en su ensayo revelador sobre el tema, el universo en apariencia multiforme e intrépido del kitsch prospera en realidad en el terreno de lo trillado y lo universalmente digerido. Su estética es un destilado de la reiteración, el apogeo de la complacencia al gusto del cliente; triunfa y seduce porque no aporta ni modificada nada, porque no le exige al consumidor ningún esfuerzo innecesario ni tampoco nuevas preguntas, porque no incomoda ni plantea el menor desafío ni siquiera en el orden interpretativo.

Un precepto de origen vagamente budista indica que no hay que acumular más objetos de los que podríamos llevar a cuestas y cargar con nuestros músculos. El encanto capcioso de las baratijas consiste en que, consideradas como lastre, son más bien livianas, lo cual también podría dar pie a que nos decidamos de una vez y las arrojemos por la ventana.

La silla en el banquillo

Quizá nunca antes en la historia habíamos pasado tanto tiempo sentados como en el presente. La silla ha dejado de ser un mueble y se ha convertido en una continuación del cuerpo, una excrescencia rígida propensa a los gruñidos y a toda clase de quejumbres y, claro, al entumecimiento. No en vano Pedro Friedeberg, el artista psicodélico que plasmó su nostalgia por el surrealismo en piezas también funcionales, las ha diseñado con pies humanos en lugar de patas, en una fusión ergonómica que le da un nuevo giro a la idea de lo quimérico. En mi caso, la compenetración llega a veces tan lejos —sobre todo cuando me encierro a escribir—, que ya no sé si me dan calambres en las piernas o en uno de mis tobillos de madera…

Aunque la idea misma de silla esté emparentada a la catedral, al sitio o lugar de un obispo, y la cátedra remita al privilegio de contar con un asiento, una sede fija desde la cual ejercer el magisterio, estructuralmente no deja de ser un entramado de muletas para el trasero. Es como si la cadera, para seguir con la trenza etimológica ("catedral", "cátedra" y "cadera" provienen del griego κατά, "contra", "hacia abajo", y ἕδρα, "asiento"), quisiera echar raíces y afincarse sin comprometer a las piernas, siempre tan inquietas y amigas del desplazamiento.

Si la escuela es la institución sedentaria por excelencia, ha dado un paso más allá en dirección de la tiesura con la implementación de clases virtuales, en las que quedan abolidos los juegos y el patio de recreo. Cuando todavía no se ha cumplido una hora de sesión y nos preguntamos si no se habrá congelado la imagen además del pensamiento, hace ya mucho que los pies empezaron a impacientarse, las rodillas se mueven y tamborilean en señal de rebelión, de desacato a la tiranía de la silla, renuentes a esa concepción paralítica de la enseñanza y ahora también de las juntas de trabajo, de los rituales colectivos alrededor del aprendizaje y los acuerdos. Cada vez que alguien relaciona el brincoteo de las piernas con nerviosismo o ansiedad, pienso con nostalgia en los viejos tiempos peripatéticos, cuando la educación no estaba confinada a las (j)aulas y entrar a clase se entendía más bien como una salida al aire libre o una excursión al campo.

En especial si cuenta con brazos y adopta la forma de butaca o poltrona, la silla se parece a un cuerpo sin cabeza, rígido y servicial, sobre el que tenemos derecho a desplomarnos. Mientras que la cama invita a retozar, a la agitación subterránea del sueño, la silla, pilar de las labores intelectuales, símbolo de mando y de las decisiones con mayúsculas, sugiere horario de trabajo, abandono del cuerpo, compromiso con la inmovilidad. Con el pretexto de la concentración o la productividad, la silla hace de nosotros un peso muerto, un bulto que se desparrama, sólo sostenido por un andamio de cuatro patas... ¡La silla nos convierte en una criatura fantástica de la mitología oficinesca! Siempre me han inquietado esos brazos que salen del respaldo para que apoyemos los nuestros, en forma de ofrecimiento, de abrazo equívoco pero tentador, en el que se insinúa la sombra de las tenazas; cualquiera juraría que nuestras extremidades son de gelatina y precisan de puntales, que la actividad mental requiere sostener nuestro peso con toda clase de bastones y zancos.

El pensador de Rodin está, por supuesto, sentado, y apoya la cabeza en los nudillos de forma retorcida, tal vez porque sus lucubraciones son ya una forma de contorsión y de esfuerzo; nosotros, más lánguidos e inconstantes, nos entregamos a la silla, a veces incluso nos desparramamos en ella, con la confianza de contar con un exoesqueleto confiable, así sea de PVC.

La silla comunica su pasividad y hace que la fábrica del cuerpo se pliegue a su dibujo y comulgue con su espíritu de fijeza. Las torres de sillas apilables son sólo una continuación de la premisa de ingeniería según la cual un hombre ha de embonar perfectamente con el trazo en forma de "h" de su asiento. El cuerpo convertido en silla es el de quien ha optado por quedarse en un lugar, atornillado, quizá porque se ha ganado su sitio; no en vano las plazas de los académicos se denominan "sillas" (a las que se aferran hasta que la muerte los separe) y los escaños en las cámaras de representantes, "curules", en recuerdo de un tipo de asiento plegable, en forma de "x", reservado a los magistrados de la Roma imperial.

En el libro *Entre el mueble y el inmueble (entre una roca y un lugar sólido),* el artista visual y escritor de origen cheroqui Jimmie Durham da vueltas alrededor del perfil opresor de la silla. Apunta que antes de su invención no nos sentábamos, o no de esa manera contundente y casi definitiva como lo hacemos hoy. En la era del nomadismo, cuando los seres humanos se aceptaban animales migrantes, sentarse era una acción parecida a estar de pie, a apostarse o distender los músculos, una pausa o transición en contacto con el suelo, las rocas o los troncos de los árboles. Todavía en muchas partes del globo la gente se sienta, por decirlo así, en el aire, sin ninguna base o soporte externo: en cuclillas.

Más que a una necesidad corporal, la silla respondería a la urgencia de tener un sitio, de mantener una posición, de detentar un poder. "Sede", "sedimento" y "presidente" son palabras que se remontan a la raíz indoeuropea "sed", sobre la que se asienta literalmente el verbo latino *sedere*: sentarse.

Sin importar los problemas que genera en la columna vertebral, las afectaciones en el área pélvica y los trastornos de colon y riñones, el imperio de la silla se ha extendido a casi todos los ámbitos. ¿Qué son el retrete, el columpio o el automóvil sino derivaciones a veces monstruosas de la silla? ¿Cuánto tiempo pasamos sobre esos pedestales embozados que tarde o temprano confundimos con tronos?

La gran ironía es que ahora debemos realizar toda suerte de estiramientos y ejercicios para aguantar las sesiones interminables sobre la silla, potro de tortura cotidiano... Y como una suerte de resignación frente a nuestro destino de prisioneros encadenados al grillete de un mueble, no se ha hecho esperar el gimnasio cien por ciento sedentario, en el que a cambio de movimientos aeróbicos —y ya ni se diga de la antigualla de salir a jugar a la intemperie—, todas las repeticiones giran alrededor de una silla. Si ya en el patíbulo se dispuso la comodidad de un asiento electrificado, tal vez muy pronto habrá ataúdes con su forma, indicados especialmente para los cuerpos que regresan por automatismo a rutinas y posturas de ángulos rectos.

Desde el punto de vista de la ergonomía, la altura del escusado es más bien propicia para el estreñimiento; aunque podría rediseñarse en consonancia con la posición más natural e inspiradora de sostenerse en cuclillas, la silla se entroniza a sí misma y no acepta cambios ni sucesores. Definitivamente es el mueble más tiránico.

Tanto en *Los pollos no tienen sillas* como en la serie de *La mujer sentada*, Copi, el irreverente escritor y dibujante de cómics argenfrancés, dispuso sobre el escenario, justo al centro de la página, las múltiples valencias de la silla, las implicaciones de un sedentarismo a ultranza. A la narigona que no se mueve de su asiento ni para dormir se le pueden dar todas las interpretaciones imaginables; pero ya sea que represente a la burguesía, al poder intransigente o a la madre, lo que cada cartón pone en juego es la desigualdad, la jerarquía, el desequilibrio entre quien ha alcanzado una posición y quienes no tienen sitio ni lugar y no dejan de preguntarse por qué la silla se les niega.

No sé si todavía perdure ese juego que antes no podía faltar en las fiestas infantiles: el juego de las sillas. "Una lección de vida", como algún padre de familia se apresuraba en señalar; una carrera loca y cruel para familiarizarse con los mecanismos de exclusión de la sociedad. Quizás hoy, con el trasero aplanado y las piernas en escuadra, ha llegado el momento de desempolvarlo y jugarlo al revés: pierde el que se queda sentado.

El sueño de lo inalámbrico

Ha vuelto la fiebre de lo inalámbrico. Los cables tienen alta propensión al enredo, e incluso uno solo se puede enmarañar consigo mismo a la manera de un funcionario público con el hilo de sus excusas. Queremos transmisiones claras, limpias, invisibles, que no delaten el esfuerzo que las sostiene. Queremos que la información vuele a la nube de manera pulcra y confiable, y que los mensajes se propaguen a todos los rincones, montados con elegancia impalpable en las señales, dispersándose sobre la sinuosidad de las ondas, sin el incordio de esos conductores y enchufes que tanto nos recuerdan nuestra propia corporalidad y nuestras tripas.

No nos complace ver los cables expuestos, como no nos complacería el espectáculo del sistema nervioso al desnudo. Un nido amorfo de cables, pero incluso el tendido eléctrico más ordenado, tienen algo de impúdico, de grotesco, de desventrado. Aunque tal vez, como imagina Lucia Berlin en uno de sus soberbios y crudos relatos, si el cuerpo fuera transparente y pudiéramos asistir a sus procesos, contemplaríamos día y noche, como si se tratara de una película íntima, la digestión, la formación de leche en las glándulas mamarias, el flujo de la sangre hasta las yemas de los dedos. Entonces no apartaríamos la mirada de nosotros mismos y llevaríamos el narcisismo hacia terrenos insospechados, jactándonos, por ejemplo, de nuestra función hepática o del resplandor de una sinapsis.

Si ha de haber cables, si no hay manera de eliminarlos de la faz del planeta, que hagan su trabajo tras bambalinas, silenciosos y discretos bajo tierra o adentro de las paredes, de ser posible en el fondo del mar, como los ductos trasatlánticos que sólo atestiguan las criaturas abisales.

El sueño de lo inalámbrico es un sueño recurrente pero ya un tanto empolvado. Después de que Guglielmo Marconi desarrollara el primer sistema telegráfico a fines del siglo XIX, el imaginario quedó prendado de una promesa electrizante y aérea, en que la magia de la acción a distancia parecía hermanarse con el culto moderno de lo instantáneo. Cuando una parte del espectro electromagnético se conquistó para las transmisiones de radio, la suerte final de los cables parecía echada. Los futuristas, inspirados en el modelo de la radiofonía, impulsaron una "imaginación sin hilos" para liberar el arte de los embrollos de sintaxis consabidas. Las célebres "palabras en libertad" de Marinetti no sólo enarbolaban la velocidad y la desarticulación del lenguaje, sino también las ventajas de una poesía inalámbrica, volátil, desembarazada del viejo cableado retórico.

En México, el movimiento Estridentista, al grito de "¡Viva el mole de guajolote!", hizo también la alabanza de la radio, de las pulsaciones acústicas y de la telegrafía sin hilos. Sintonizar las ondas hertzianas era definitivamente la onda en aquel entonces. Aunque no se me ocurre un platillo más denso que el mole, por alguna razón congeniaba con el vértigo vanguardista de lo sutil y lo vibrátil, con las irradiaciones que viajan más allá de la atmósfera y pueden ser captadas por las orejas eléctricas de los extraterrestres. ...IU IIIUUU IU... es el sonido que surge al abrir el libro vanguardista de Kyn Taniya, *Radio*, que lleva como subtítulo "Poema inalámbrico en trece mensajes".

A un siglo de distancia, la nueva obsesión por lo *wireless* presenta un cariz ascético, despojado, a medias minimalista. Nuestras arterias podrán estar saturadas de cochambre y colesterol, pero las comunicaciones portan el sello de lo intangible. Hace no mucho un escritor de renombre festejaba que los libros se desprendieran por fin del "lastre" de sus soportes físicos; quizá supone que las cadenas digitales de ceros y unos se hospedan en el *Topus Uranus*. Me pregunto si celebraría también que en el otro extremo de la lectura no hubiera cuerpos, ojos, vísceras. Quizá su fantasía apunta a una biblioteca visitada sólo por mentes flotantes, por meros ectoplasmas satisfechos, en que por ciencia infusa reciben —a control remoto o vía Bluethoot—, los libros, o ya ni siquiera eso, un torrente de datos comprimidos y subliminales.

La revolución digital comporta una dosis de esoterismo, acaso porque sus intercambios remiten en cierta forma a la telepatía. Ya que una serie de TV o una sinfonía pueden cifrarse en el lenguaje binario y atravesar el espacio en cuestión de segundos, ahora se cree en la inmaculada transmisión de la información. Se ha desechado el mesmerismo, el espiritismo, las curas magnéticas; el éter luminífero, que se representaba como una sustancia o medio de propagación ideal, es una pieza de museo en el gabinete de las curiosidades científicas. Sin embargo, nos entregamos con fervor al credo de la inmaterialidad de lo virtual. Si necesitamos compartir un archivo en un mismo cuarto, antes de condescender a la vulgaridad de lo palpable, antes de conectar un sucio y ennegrecido cable o una perdidiza memoria USB, acudimos a las antenas repetidoras o a los satélites que circundan el planeta semejantes a moscas, como si los armatostes que pueblan azoteas y terrenos baldíos pudieran desaparecer disimulados detrás de una palmera artificial, o como si los enjambres siderales no fueran a convertirse algún día en chatarra del espacio. Habría que asomarse a las entrañas de esa "nube", en realidad demasiado tangible, a los búnkers donde se alojan los grandes servidores y motores de búsqueda, para constatar la masa gigantesca de cables y circuitos que sostienen la quimera insostenible de lo inalámbrico.

El idealismo platónico es una doctrina más cautivadora y longeva de lo que parece, y congenia muy bien con la comunicación instantánea y descarnada de internet. Después de que Andrew Blum constatara que una ardilla había mordido los cables de su conexión y se quedó de un momento a otro al margen de la red de información más poderosa jamás concebida, se empezó a interesar por la materialidad que la sostiene y por la geografía física que determina su capacidad pero también sus límites, y que suele permanecer en las sombras. En *Tubos*, libro que puede leerse como una crónica de viajes en busca de los lugares en que se aloja internet, se propuso seguir el cable mordisqueado para indagar hacia dónde llevaba. Lo que encontró es una infraestructura colosal y nunca antes cartografiada (almacenes de datos, edificios habitados por fibra óptica, ágoras digitales, cables submarinos que recorren el globo), una buena parte de la cual se destina a mantener la ilusión de una nebulosa etérea, de la cual descargamos datos en forma de pulsos de luz.

Prescindir de cables augura independencia, autonomía de movimiento, cortar el cordón umbilical. La etimología es elocuente: del latín *in-dependēre,* dejar de colgar desde arriba, no estar sujeto a una voluntad ajena. Asociamos lo inalámbrico con una marioneta que corta los hilos de su yugo y toma el control. ¡Aaah, un salto de pura libertad! Pero la batería está al 2% y no aparece por ningún lado el maldito cargador del celular; además de que ya sería hora de enchufar también la laptop, cuyo tiempo de autonomía ha menguado en forma alarmante. ¿No han visto en las cafeterías al nómada digital desfachatado que saca un multicontacto para dar vida a sus cuatro o cinco dispositivos al mismo tiempo? ¡El *Angst* de la pila baja! Nunca antes nuestra cordura había pendido de un hilo como ahora de las reservas de litio de Sudamérica. Por vías oblicuas, se diría que la nueva minería a cielo abierto regula también los niveles de litio de nuestros cerebros...

En la era del wifi, el futuro apuesta por explotar la energía de la radiación electromagnética a fin de transmitir, como vaticinaba Tesla, electricidad a través del aire. Mientras tanto, un cable a tierra nos hace reconocer que estamos atrapados en una jungla de lianas de cobre y antenas gigantescas como secuoyas. La conectividad continua, los lazos vinculantes, las redes sociales que capturan la subjetividad con nudos poderosos, todos de-penden de esos alambres forrados que ahora se sujetan con velcro para contener su tendencia a la maraña y la confusión.

Como no hay entradas ni puertos universales y cada avance tecnológico trae consigo su propio conector, tengo un cajón dedicado exclusivamente a cables, adaptadores y *hubs*. En busca del enchufe indicado, revolviendo ese ataúd exasperante de embrollo y obsolescencia programada, pienso que el salto decisivo hacia lo inalámbrico consistirá en desenchufarse por completo.

Balance de la pastilla

Todo cambia después de que tomamos la pastilla. Ya con un pie en ese interregno incierto que nos promete alivio, tanteamos la firmeza de un suelo que se antoja todavía fangoso y cuesta arriba; pero sabemos que ya no hay vuelta atrás: el comprimido desciende por el esófago y no queda otro remedio que adelantar el pie para internarnos por esa senda que acaso conduzca a la salud.

Quizás el mismo compás de espera, ese paréntesis de distensión y escucha del cuerpo, sea ya parte del proceso terapéutico: la buena disposición que nos contagia el viaje de la pastilla por el tracto digestivo, la confianza creciente en su poder, su peso imponderable que la hace participar del milagro, todo contribuye a que surta efecto incluso antes de que la sustancia activa llegue al torrente sanguíneo. No sé si la sombra de su sabor sea lo que desencadene la respuesta benéfica; tal vez tenga que ver con la señal perceptiva de que la ciencia médica se posó por unos segundos sobre la lengua bajo la forma de un dulce blanco, con la confianza casi ciega en todas sus comprobaciones estrictas y sus estándares de laboratorio condensadas en esa pasta que luce trivial; tal vez esté relacionada con la vigilancia pormenorizada a los signos del cuerpo, con el sistema nervioso convertido en un estetoscopio que se ausculta a sí mismo en busca del menor indicio de mejoría.

En ese lapso aún de malestar pero cargado de expectativa en el que todo puede suceder (incluso las reacciones adversas y el agravamiento súbito), nos abandonamos a los brazos de la droga mientras alzamos nuestras plegarias hacia donde quizá nunca lo habríamos imaginado: al cielo borrascoso de la industria farmacéutica, a las grandes corporaciones de la síntesis química y las patentes; y tan grande puede ser nuestra desesperación, tan agudo el dolor que nos aqueja, que imploramos que a cambio de su precio desorbitado y abusivo nos recompensen al menos con las mieles del efecto placebo.

Hubo un tiempo en que los medicamentos no se habían materializado en forma de pastilla y se suministraban en forma de tónicos, menjurjes, pócimas y tizanas. El vehículo para introducirlos al cuerpo no era tan compacto y aerodinámico, ni presentaba esa forma aséptica y concisa que nos hace creer en la estandarización de las sustancias tóxicas. Como observa Ivan Illich, "cada cultura tiene sus venenos, sus remedios, sus placebos y su escenografía ritual para administrarlos", y el teatro minimalista y blanco de los hospitales actuales parece más un escenario *en negativo* que un enclave acogedor y en verdad hospitalario; ya que se ha comprobado que los hospitales son dañinos para la salud, su función parece ser la de crear una *tabula rasa*, una mesa de operaciones que se ha expurgado con escrupulosidad de los ensalmos, danzas y sahumerios asociados a las concepciones tradicionales de la medicina, a fin de situar al cuerpo en un proscenio despojado y frío en el que será tratado como "una máquina regida por conmutadores mecánicos y manipuladores mensurables".

Por lo que se sabe, el invento de la pastilla tuvo que ver en parte con la gula y el azúcar. Si Giacomo Casanova mandó fabricar dulces aromáticos elaborados con el pelo pulverizado de su amada con el fin estrafalario pero nunca desmentido de curarse del mal de amores, no es de extrañar que para el trago amargo de los medicamentos se haya adoptado un sucedáneo de los caramelos. Los niños toleran mejor los jarabes cuando están saturados de azúcar, y si bien los esfuerzos por hacer pasar una medicina como una genuina cereza del pastel parezcan poco satisfactorios o torpes, no faltan los adultos que se llevan a la boca puñados de analgésicos multicolores como si se tratara de golosinas.

Nadie puede anticipar de qué manera reaccionará el cuerpo tras tomar una píldora. A pesar de la baja probabilidad de choque anafiláctico, la lista de sus efectos secundarios suele ser más abultada que la de nuestros síntomas más fantasiosos. Se acepta que si nos produce cefalea, urticaria, visión borrosa o falta de coordinación motriz será a cambio de bienestar a largo plazo, de modo que apuramos el trago y nos reclinamos a esperar, a veces con la duda de si no habría sido mejor la opción de la cápsula azul de las terapias alternativas. Tal vez la de color rojo intenso que ya debe de haber llegado al estómago no nos transporte al país de las maravillas ni nos ponga tras la pista de ningún conejo blanco, pero en medio de los sudores y retortijones de la enfermedad, recuperar el equilibrio del cuerpo puede significar un viaje tan decisivo y transformador como una excursión a los paraísos artificiales, aunque también puede vivirse como un abrupto despertar a la verdad cruda y descarnada que se encuentra tras las bambalinas de la Matrix.

El secreto de una pastilla está en su capacidad de almacenamiento. En esa gragea del tamaño de una almendra está subsumida toda la historia de la medicina occidental, el conocimiento acumulado sobre las ventajas y riesgos de las sustancias, tanto naturales como sintéticas; todos los protocolos sobre su grado de toxicidad y las dosis recomendables. Lo único que nos corresponde es llevárnosla a la boca tal como indica la receta. En esa sencillez está también la raíz de su posible engaño: en creer que un pequeño comprimido de principios activos y excipiente cbp puede poner fin no sólo a una noche de excesos, sino a toda una vida de malos hábitos. Por más eficaz que sea la pastilla, por más que sus efectos curativos hayan pasado pruebas rigurosas, con qué facilidad caemos en el despropósito de exigirle que tienda la cama y arregle los cuartos, que revuelva el café y traiga a nuestra madre, fresca, a esta tarde de agosto, como en aquel poema memorable de Fabián Casas alrededor de la aspirina.

Encapsulado su prodigio para la liberación prolongada, apisonada su magia bajo una capa entérica, el comprimido nos hace creer que todo es tan sencillo como tragarlo, que bastan unos minutos para darle la vuelta a la hoja de la enfermedad, que una sola dosis nos dejará listos para lo que sigue en cuestión de minutos. No sólo buscamos alivio en su terapia de bolsillo, sino que lo queremos ya, de inmediato, como si se tratara de un interruptor. Y así para cada desequilibrio y cada malestar, para cada deficiencia o problema. No estamos lejos de cumplir la fantasía de convertirnos en los titiriteros de nuestro cuerpo, amos y señores de todos sus hilos bioquímicos: una pastilla verde para conciliar el sueño, otra amarilla para despertar, una rosa para tener apetito, otra azul para digerir, una anaranjada para recuperar las ganas de vivir... Si en muchas de las medicinas tradicionales la ceremonia de tomar el bebedizo curativo se acompañaba de rituales, abluciones y conjuros, las farmacéuticas se han empeñado en borrar esas rebabas supersticiosas de la superficie de la cápsula, con la idea apenas disimulada de reintegrarnos a la brevedad al proceso productivo. Al paso que vamos, la recomendación de guardar reposo corre el riesgo de desecharse como otra superchería chamánica más...

En *Némesis médica*, crítica visionaria a los excesos de la medicalización, Illich observa que, hasta la aparición en 1899 de la aspirina, el médico mismo era el agente terapéutico más importante. A partir de entonces los papeles cambiaron radicalmente y el peso y la responsabilidad del tratamiento y la cura se desplazaron hasta tornarse cada vez más impersonales; en la actualidad recaen de lleno en la pastilla, que se presenta como una materialización prístina y a escala del conocimiento científico, mientras que la función del médico se ha vuelto secundaria y casi fútil: "se le ha convertido en una rutinaria máquina de recetar". Entre los antiguos griegos, Némesis era una deidad primordial, que regía la justicia retributiva, el equilibrio, la fortuna y la venganza divina. Illich retoma su figura para nombrar al monstruo material nacido del sueño industrial desmesurado, la arrogancia y el orgullo farmacéuticos que confluyen y se encarnan en un comprimido de apariencia anodina al que, no obstante, le adjudicamos poderes poco menos que sobrenaturales.

La otra cara de la moneda de la *hibris* de la medicalización lleva, desde luego, nuestra propia efigie. Aparte de que, en cuanto mercancía, la pastilla se comporta de forma diferente a casi todos los demás artículos, pues se trata de un producto que el consumidor directo rara vez selecciona por sí mismo, nosotros, los pacientes, solemos adoptar una posición doblemente pasiva con respecto a ella y la aceptamos como una caja negra que esconde sus mecanismos de acción y sus efectos secundarios, sin involucrarnos en el proceso de restablecer la salud más allá de las prescripciones de la receta.

Así como esperamos con ansia que la pastilla surta efecto, durante la pandemia de covid-19 todo el planeta esperó que llegara la vacuna contra el virus y salieran a la venta medicamentos capaces de reducir sus estragos a un malestar superficial equiparable al de un resfriado. Poco importaba la destrucción del hábitat de animales salvajes y su consumo como manjares exóticos; lo de menos era el hacinamiento en granjas industriales, convertidas en auténticas cajas de Pandora de enfermedades emergentes. Y lo que atañe a la salud pública no era sino una generalización de la actitud en torno a la salud personal: por qué tanta alharaca con la dieta alta en grasa, sodio y azúcar; para qué alarmarse con los festines cotidianos de frituras, refrescos y harinas refinadas, si contamos con la pastilla que vendrá.

Añoranza de la vela

Me gustan los apagones, el regreso repentino de las tinieblas. Me gusta esa interrupción inesperada del curso de la vida, esa pausa intranquila que nos orilla a la espera y a la reflexión y que pone en perspectiva, hasta el límite del extrañamiento, cualquier cosa que trajéramos entre manos. ¡Cuántos proyectos innecesarios, cuántas tareas fastidiosas no habrán sido abandonadas para siempre a consecuencia de un apagón! Hay un llamado oscuro a recomenzar desde cero en los cortes de luz, una oportunidad inmejorable para cambiar de rumbo. (Tal vez por ello, apenas se reanuda el suministro eléctrico, nos apresuramos a retomar nuestras actividades, nos esforzamos por dar vuelta a la página de la duda, dejar atrás la crisis súbita del paréntesis negro).

Confieso que me gustan los apagones, sobre todo, porque es el momento de desempolvar las velas y de improvisar candelabros con ceniceros y botellas vacías, de invocar esa atmósfera desfasada y lenta, vacilante y terrosa, que trae de vuelta el espíritu de lo dieciochesco, en la que uno puede llevar, como observó Stevenson, "su propio sol colgado de una anilla a su dedo".

Asociadas desde siempre a una función ritual, las velas quedaron relegadas al cajón de las ocasiones especiales. Si en muchos cultos religiosos antiguos se acostumbraba la utilización de candelas y cirios, hoy no pueden faltar en las fiestas de cumpleaños ni las cenas románticas. Celebrar una vuelta más alrededor del sol sin un pastel rebosante de velas sería como darle la espalda a la posibilidad de la alegría; una confesión tácita —si se quiere velada— de que nos hemos quedado sin ilusiones. Según distintas supersticiones convergentes, a través de los hilos de humo ascienden nuestros deseos y plegarias al cielo, uno por cada vela encendida.

Aunque la idea contemporánea de "una velada" pueda prescindir completamente de velas, reunirse alrededor de esos fuegos menores concita una mayor intimidad y cercanía, y, acaso por la reminiscencia del hogar y las fogatas, crea un calor simbólico. La atmósfera más propicia para el enamoramiento suele ser la media luz: lejos del resplandor diurno de la responsabilidad, pero no tan cerca de las tinieblas como para que un leve roce en la rodilla nos arranque un susto y nos desvíe del subtexto erótico. Bajo la insidia de ese vigilante todopoderoso que es el foco, prosperan sentimientos más bien asociados al deber y los pendientes, y aunque el amor consiga abrirse paso incluso bajo la luz aséptica de un hospital, las velas crean un interregno ambiguo y parpadeante, una suerte de burbuja de sobrentendidos, tan inciertos como prometedores, en que nada que escape a su tenue irradiación parecería importar. Ya decía Casanova que el corazón es especialmente receptivo a la teatralidad y al decorado, y que tal vez nos enamoramos del ambiente y de la situación, más que de la persona en turno, la cual, hasta cierto punto, podría ser intercambiable.

Se conservan lámparas de grasa muy antiguas, de más de quince mil años, en la cueva de Lascaux, en la Dordoña, con ramas de enebro como mechas, que se cree se emplearon para la elaboración de las pinturas rupestres o bien para contemplarlas. Y hay concentraciones de manchas de hollín en numerosas cuevas prehistóricas más antiguas, que sugieren que el invento revolucionario de sumergir un pabilo en combustible se extendió ampliamente con las migraciones del *Homo sapiens,* en una transmisión cultural paralela a la de los pigmentos y técnicas de la pintura parietal. Según W. T. O'Dea, autor de *La historia social de la iluminación*, las lámparas más rudimentarias se crearon ahuecando piedras calizas. Más tarde los recipientes se moldearon en barro, de suerte que la lámpara se volvió manejable y portátil. En la Ur de los caldeos y en algunas tumbas egipcias se han encontrado ejemplares de diseño muy sofisticado, alimentadas con aceite. Las hay de cerámica y de alabastro, de cobre y oro, colgantes y de nicho, en cuencos o en el tradicional recipiente alargado, con asa y pico, que asociamos con Aladino. Las lámparas etruscas, fundidas en bronce, eran de una exquisitez asombrosa y un tanto abigarrada, y ya fueran de piso o colgantes estaban decoradas con figuras mitológicas que hacían más significativa la emisión de la flama. Pero fueron los romanos quienes inventaron propiamente la vela, a través de la solidificación del material aceitoso; una vez compactada en forma de cartucho, la luz podía prescindir de un depósito y comercializarse con facilidad.

Al fin y al cabo una forma de combustible, las velas alcanzaban precios exorbitantes y llegaron a ser, en distintas épocas, un signo de distinción. La Roma imperial, que hizo que la afición por la luz artificial aumentara y se extendiera a niveles sin precedentes, estaba dividida en clases sociales que podían distinguirse a partir de la calidad de la iluminación doméstica. Los esclavos debían contentarse con caracolas de mar en las que sumergían mechas de estopa, mientras que la luz refinada y sutil de las velas estaba reservada a la élite de patricios, senadores y nuevos ricos. Antes de la parafina de origen chino, con esa blancura pálida que recuerda a la porcelana, las velas se fabricaban con aceites vegetales, cera de abeja o sebo; además de costosas, eran un artículo de primera necesidad, entre otras razones porque eran comestibles. Se dice que un ojo avezado podía determinar el estado de las finanzas de una familia sólo por el tipo de luz que despedían las velas, y que durante muchos siglos se consideró de mal gusto que en el salón o la biblioteca imperara una iluminación barata y tosca.

En *Instrucciones a los sirvientes*, un antimanual de doble filo, hilarante y corrosivo, que aboga por la desobediencia y la insubordinación a costa de burlarse de los propios agentes de esos sencillos actos revolucionarios, Jonathan Swift recomienda una serie de medidas para reducir la desigualdad y minar la riqueza y el poderío de las clases pudientes. Entre ellas destacan infinidad de artimañas a propósito de las velas: desde dejarlas inclinadas en los candelabros para que se desgasten más rápido (y chamusquen, de paso, alguna peluca churrigueresca), hasta darlas como legítima propina a las cocineras y recaderos.

Antes del desarrollo del queroseno, las embarcaciones en Altamar se enfrentaban a un dilema antiquísimo: ¿hambre o tinieblas? Muy lejos de tierra firme para abastecerse de provisiones, los barcos de vela solían quedarse con las bodegas vacías y no era raro que, a falta de ron y galletas, los tripulantes se vieran obligados a mordisquear los muñones de sebo de las velas mientras se comían las uñas. Incluso los barcos balleneros que zarpaban en busca del preciado aceite de los cetáceos debían afrontar largas noches bogando en una oscuridad cerrada, sin otro consuelo y guía que la luz remota de las estrellas. La grasa de ballena —o *espermaceti*, que se extrae de la cavidad craneana del cachalote—, llegó a ser muy apreciada para la combustión de lámparas y velas de una nitidez notable, y tal fue su importancia en el proceso de industrialización de Occidente que Herman Melville, a lo largo de *Moby Dick*, no repara en elogios y adjetivos y anota que era tan escasa y valiosa "como leche de reina".

(Los esquimales también preparaban velas con grasa de oso o de foca, aunque, al parecer, con resultados más pestilentes que propiamente luminosos, lo cual no es un problema menor si pensamos en el espacio confinado de un iglú).

Algo de aquellas noches inciertas regresa con los apagones, cuando de golpe nos encontramos en medio de la nada, a la deriva en plena oscuridad, en busca del cajón olvidado de las velas. Esos tonos crepusculares que la flama transmite a paredes y rostros, esa claridad ondulante que nos hace perder la noción del tiempo, tienen el poder de trasladarnos a otra época y de situarnos al interior de un cuadro de Georges de La Tour. Allí, rodeados por una penumbra densa y rojiza, descubrimos que no sólo el aire, sino el espacio mismo, se antoja palpable y próximo, y que nuestro ánimo se vuelve proclive a la conspiración y las confidencias —cuando menos al murmullo—, tal como sucede todavía en las iglesias que se han resistido a la tentación de la luz eléctrica y consagran buena parte de la limosna a la compra de veladoras y cirios pascuales.

Si el corte de luz llega a prolongarse lo suficiente, llevados por esa ilusión óptica en que los cuerpos se antojan una mera continuación de las sombras, comenzarán a abrirse las rendijas de lo sobrenatural y lo macabro y pronto estaremos rodeados por deslizamientos espectrales, pues todo vacila alrededor cuando vacila la llama de una vela.

Según un célebre aforismo de Lichtenberg, "el hombre ama la compañía, así sólo sea la de una pequeña vela encendida". La otra cara de ese pensamiento consiste en centrarse en la paradoja que encierra y, al margen del guiño humorístico, enfatizar ese periodo trémulo que aúna la soledad de la llama con la de quien se entrega al ensueño en su presencia, en una suerte de consolación de dos naturalezas solitarias. Tristan Tzara lo sintetizó en un axioma poético: "Llama sola, yo estoy solo". ¿La condición del solitario se agrava o se atenúa al verse en el espejo parpadeante de la vela? ¿Es un alivio contemplar su fulgor anaranjado y azul, o más bien nos contagia de zozobra y consternación, una vez que la flama se ha vuelto frágil y temblorosa?

Como una continuación de sus *Fragmentos para una poética del fuego*, Gaston Bachelard dedicó un pequeño libro a la doble soledad vertical del soñador y la vela. Transformada en un reloj de fuego que, en contraste con el de arena, se vierte hacia arriba y se disipa, la vela da lugar a la meditación serena y a la comunión del tiempo liviano, lo mismo que puede conducir a la intranquilidad y la angustia, en especial cuando se ha reducido a casi nada y el pabilo está a punto de apagarse mientras flota en un exiguo lago candente formado por cordilleras derretidas. Copio una de las tantas sugestiones sobre la soledad y las resonancias del verbo "apagarse" contenidas en *La llama de una vela*: "Cada objeto del mundo tiene derecho a su propia nada. Cada ser derrama ser, un poco de ser, la sombra de su ser, en su propio no ser".

Tal vez se antoje excesivo dedicar todo un libro al tema de la vela, y no faltará quien juzgue que incluso un aforismo ya es demasiado... Pero en realidad no hay un asunto menor para el observador curioso, y es difícil dar cualquier tema por agotado cuando quien lo interroga se deja llevar por el vuelo de las asociaciones. Un examen sostenido de un objeto puede consistir en un asedio desde todos los ángulos imaginables, o bien fungir como la puerta de entrada de una digresión sin fin, con saltos y conexiones que se insubordinan ante cualquier noción de jerarquía y que, si son desarrollados con inteligencia y amenidad, a la manera de las reflexiones de Charles Lamb a partir de una taza de porcelana china, a nadie le importa que se mantengan al borde del precipicio de la pertinencia, siempre a un paso de perder el hilo.★

En la actualidad, antes que la llama de una vela, se diría que preferimos la luz del teléfono celular, que hace las veces de linterna de baterías y alimenta la ilusión de "estar conectados", así sea de forma remota y más bien espectral. Pero

---

★ Como parte de las Lecciones de Navidad que él mismo fundó para la Royal Institution, Michael Faraday dedicó seis veladas de 1860 a desentrañar la historia química de la vela. De carácter didáctico y concebidas para un público joven, las conferencias rebosaban de datos curiosos y consideraciones filosóficas, además de que iban siempre acompañadas de experimentos sencillos. Junto a Darwin, uno de los científicos británicos más influyentes del siglo XIX, el gran mérito expositivo de Faraday, además de su minuciosidad y precisión no exenta de un toque de humor, radica en que nunca dejaba de hacerse preguntas. Ante la quizás anodina y en aquel entonces muy cotidiana vela, se plantea desde las cuestiones más sencillas y prácticas, como la referente a su elaboración y materiales, hasta otras de respuesta no tan obvia, como la de por qué la llama y el humo tienden a elevarse. Al trazar un símil entre la respiración aeróbica y la combustión de la vela, Faraday sugiere cierta afinidad con su objeto de estudio, y entre cálculos y comparaciones, erudición e ilustraciones prácticas, transcurren las seis conferencias (casi doscientas páginas de transcripción en total), logrando que se ilumine con más profundidad lo que, en principio, no parecía suponer mayor misterio.

la luz brillante y chapucera de su pantalla apenas si se compara con la fuerza evocativa del fuego, que tiene el poder no sólo de conectarnos con nuestro pasado en las cavernas, con aquellos hombres que desafiaron las tinieblas por primera vez, sino también con nosotros mismos y nuestra recuperada soledad.

La ventana en primer plano

Aparente y próxima, la ventana rara vez se muestra a la mirada. Así como el bosque no deja ver el árbol, el paisaje no deja concentrarnos en la ventana. A veces, como cuando nos sorprende nuestro reflejo o las gotas de lluvia hacen que reparemos en el cristal, la ventana se destaca con la fuerza de lo inesperado. En lugar de mirar *a través* de ella, en lugar de obviarla para atender lo que ofrece, se revela como una aparición, una presencia inmediata que, tras pasar inadvertida durante mucho tiempo, alcanza de golpe la visibilidad.

Abertura y marco, encuadre y mirilla, la ventana es una barrera entre el adentro y afuera, una membrana que suaviza la fuerza de los elementos y filtra las imágenes del exterior. Por lo que se sabe, las viviendas primitivas prescindían por completo de ventanas; tal vez porque fueron en primer lugar construidas como refugio, a imagen y semejanza de las cavernas, la entrada solía servir, al mismo tiempo, de tragaluz y respiradero. Los restos arqueológicos de la protohistoria indican que, en Oriente Próximo, las casas de hace más de diez mil años semejaban cubos cerrados a los que se accedía por una abertura en la azotea con la ayuda de una escalera. Las pieles de la cacería se estiraban para disimular la oquedad y permitir el paso de un poco de luz, a la manera de cortinas originarias.

Si descontamos las persianas naturales que forman las enramadas de las chozas, es probable que las primeras ventanas surgieran por accidente: como un boquete en la pared del iglú o una rasgadura en la tela del tipi. Los romanos, según cuenta Plinio el Viejo, fueron los pioneros en emplear el vidrio en arquitectura; gracias al abaratamiento de los costos de producción y a una red comercial que abarcaba todo el imperio, volvieron su transparencia accesible a los ciudadanos comunes. Sin la tecnología para fabricar hojas de vidrio de gran extensión, sus ventanas eran una suerte de vitrales en miniatura, que ensamblaban con plomo. Esa limitación significaba para ellos una ventaja, pues además de la protección que suponen las aberturas pequeñas, las valoraban por consideraciones estéticas. Cicerón defiende la estrechez de las que mandó construir con la siguiente observación de Vetio Ciro, su arquitecto: "La visión de los jardines no resulta tan agradable si las aberturas son anchas". Como si se mirara a través de un ojo de cerradura, lejos de producir una sensación de encierro o claustrofobia, las ventanas angostas hacen que el exterior, por un juego óptico, luzca más esplendente. Habían descubierto que, al igual que el arte pictórico, la ventana "hace un templo de un pedazo del mundo".

Una observación semejante la encontramos, casi dos mil años más tarde, en Baudelaire, que vivió en estrechas buhardillas y hoteles de París, siempre en busca de aislamiento: "El infinito parece más profundo cuanto más estrecho" (la sentencia, en un curioso efecto de mirilla tipográfica, figura entre paréntesis). Y en una carta abunda sobre el tema: "¿Observó que un fragmento de cielo, vislumbrado desde un tragaluz, o entre dos chimeneas, dos peñascos, o desde una arcada, daba una idea más profunda del infinito que un gran panorama visto desde lo alto de una montaña?"

En su *Manual del arquitecto descalzo*, Johan van Lengen recomienda para el clima del trópico seco de buena parte de México ventanas pequeñas, que resguardan del calor y del polvo. Aunque no menciona el panorama del jardín, sugiere que, si deseamos ventanas amplias, las emplacemos en el patio interior: allí la vegetación hará las veces de una celosía proliferante. Es factible que el arquitecto neerlandés recogiera la sabiduría de las viejas construcciones coloniales, sobre todo de los monasterios y conventos, pródigos en muros anchos y ventanas estrechas, que garantizan frescor en verano y calidez en invierno.

Los grandes ventanales permiten, en contraste, una solución de continuidad entre el interior y el exterior. En su *Casa de vidrio* en las inmediaciones de São Paulo, la arquitecta Lina Bo Bardi levanta una suerte de invernadero al revés, una burbuja de cristal, elevada sobre pilares, que hace de la casa una extensión del jardín —y no a la inversa. Con la idea de rodearse de la exuberancia de la vegetación y de una variedad asombrosa de fauna, todavía se da el lujo de disponer, como quien sumerge un acuario en el fondo del mar, abundantes plantas de interior en el estudio y la biblioteca. Acentuar la indefinición entre el adentro y el afuera transmite una intimidad contagiosa con los árboles y explora los efectos benéficos de alojarse en el corazón de una fronda.

Si los ojos son las ventanas del alma, las ventanas serían los ojos de la casa. Pero en la anatomía del cuerpo las ventanas por excelencia se sitúan en la nariz, ya que la palabra alude abiertamente al viento —*ventus*—, como si etimológicamente quisiera subrayar su función de ventila. Una habitación respira gracias a las fosas nasales de las ventanas; cuando no se abren o están mal situadas y el aire se estanca en su interior como los malos pensamientos, se vuelve necesario respirar por la boca, es decir, con la puerta abierta. La raíz anglosajona enfatiza asimismo la necesidad de ventilación, dejar que el aire corra por el cuarto; pero a la incorporación explícita de "wind" se suma, en este caso, la alusión directa al ojo (del nórdico antiguo *vindauga*; voz compuesta por *vindr,* "viento", y *auga,* "ojo"). En inglés, una ventana sería, literalmente, un ojo de viento.

Quizá porque un cuadro ya es una variedad obsesionante de ventana (según Leonardo da Vinci, "hay perspectiva allí donde el cuadro se transforma, de alguna manera, en una ventana"), en la historia de la pintura se repite la representación de una mujer en la ventana, casi siempre de espaldas y acodada en el alféizar, como sorprendida a mitad de su ensueño. Mucho antes de la *Joven en la ventan*a de Rembrandt el motivo ya se encuentra en la pintura antigua, asociado a la prostitución y la fertilidad, y como técnica para el desplazamiento de planos será retomado por Murillo y Caspar David Friedrich, por Dalí y Edward Hopper. Esa presencia femenina ligada al espacio doméstico sugiere contención y soledad, incluso remite el aburrimiento de permanecer en casa, pero es también una metáfora del anhelo, pues la ventana permite la fantasía de no estar cautiva y entablar cierto contacto con el mundo.

La Iglesia en la Edad Media censuraba las ventanas porque consentían la "lujuria de los ojos", de modo que estipularon alturas decorosas para su emplazamiento. Aunque se valoraba la iluminación que aportan, la mujer no debía ser vista desde fuera ni tampoco tentada por el exterior; el mal, se creía, "vendrá a asomarse por la ventana". Algo de esa repulsa y fascinación prevalece en el imaginario colectivo, como consta en las vitrinas licenciosas de Ámsterdam, donde la ventana se funde con el aparador y la tentación no esconde su carácter de mercancía.

En el Lejano Oriente las pantallas de papel se prestan más a la sugerencia y al teatro de sombras, mientras que las celosías y persianas del mundo árabe juegan con la insinuación de lo prohibido. En una canción famosa, Soda Stereo celebra el fisgoneo a través de la persiana como una "condena agradable", prueba de que en los tiempos de la pornografía más descarnada aún pervive el poder subyugante de lo apenas entrevisto: "Yo te prefiero / fuera de foco / inalcanzable".

(Entre paréntesis, ya que manipula el aire y se presta a la coquetería y el ocultamiento, cabe entender el abanico como una celosía portátil, de la que por siglos sacó provecho el arte de la seducción).

Los solitarios suelen sentirse atraídos por las ventanas y, si volteamos alrededor, no es raro encontrar su silueta vigilante e inmóvil recortada por el marco de una, como si hace mucho tiempo se hubiera engastado al vidrio. Maeve Brennan, la estupenda cronista de lo cotidiano, que se dedicó a capturar la belleza evanescente en las calles de Nueva York en una suerte de continuación de los pequeños poemas en prosa de Baudelaire, cada vez que salía a almorzar o se refugiaba de la lluvia en un bar a tomar una copa, procuraba una pequeña mesa que diera a la ventana, como si ese fuese su sitio natural en el mundo. Con una capacidad asombrosa para el detalle, sus colaboraciones para *The New Yorker* a lo largo de los años cincuenta y sesenta, firmadas con el seudónimo paradójico de "The Long-Winded Lady" (algo así como la Dama densa o la Señora prolija), conforman un inventario entrañable de la fugacidad, una colección de instantáneas de lo ordinario y lo impermanente. Nómada y *flâneuse*, "viajera residente" como se describió a sí misma, al cabo extranjera (nació en Irlanda), insistía en que "el hogar es un lugar en la mente"; pero si uno la lee con cuidado descubrirá que ese "lugar" está asociado a los bares y los hoteles, de preferencia apostada a la ventana, siempre alerta y "con el ojo agudo de un gorrión para ver las migajas del evento humano", según las palabras precisas de Updike. En una de sus crónicas, desde un restaurant en un semisótano, dado que el ventanal se encuentra parcialmente por debajo del nivel de la calle, describe tal cual lo que ve: "Mitades de hombres y mujeres y niños enteros y perros completos de la nariz a la punta de la cola. Resulta tranquilizador e interesante mirar a la gente sin poderles ver la cara. Es como contar ovejas".

Más allá de la poética de la ventana, sobre ella pesa el estigma de ser el elemento arquitectónico más indiscreto en ambas direcciones. *Rear Window*, obra maestra de Alfred Hitchcock, antes que una película sobre el voyerismo en las grandes ciudades, es una alegoría del cine; así la entendió François Truffaut, que la tenía por una de sus favoritas de todos los tiempos. Antiguamente, cuando aún no se inventaban las computadoras ni el sistema operativo Windows, el cine fue, al menos por unas décadas, la ventana definitiva, y Hitchcock supo convertirla también en un espejo, donde el espectador vería reflejado su propio disfrute en el papel del protagonista, un mirón de tiempo completo, fotógrafo de profesión pero anclado a su silla a causa de una convalecencia, cuya perspectiva coincide punto por punto con el encuadre de la cámara. Según los testimonios, durante el rodaje Hitchcock no se apartó nunca del ángulo que aparecería finalmente en pantalla, como si el autor de *La soga* —otro gran clásico de los espacios cerrados— hubiera llevado hasta sus últimas consecuencias la premisa de la estrechez para reflexionar sobre los alcances de su arte. Virtuoso del punto de vista, Hitchcock sabía muy bien que la angostura y la angustia van de la mano, de allí que las situara en la base de su forma de entender el suspenso. Un paso atrás de la ventana, en el visor de la lente y no de cara al edificio, se diría que el director se sitúa en una posición doblemente alejada de las cosas. Pero si la ventana como metáfora del cine resulta tan cautivante es porque, para reinventar el mundo, ha de imponerle límites, dejar mil cosas de lado, en una operación que al mismo tiempo concentra y exalta aquello en lo que se posa.

El jardín como ficción

Se suele pasar por alto que el jardín es una construcción y que los primeros se crearon en medio del desierto. Como un ensueño que desmiente la inclemencia del sol y la fuerza de los elementos, en todo jardín hay algo de oasis pero también de espejismo, un refugio en que el tiempo parece detenerse y, aquí y allá, se abre en forma de flor al goce de los sentidos. En *Historia y mística del jardín*, Juan García Font aventura que "el jardín es al espacio lo que la fiesta es al tiempo". Incluso podría decirse que cada jardín, en cuanto excepción del paisaje y reminiscencia de algo que nunca se tuvo, consiste en invocar una esquirla del paraíso.

En numerosas civilizaciones se encuentra la añoranza de un jardín de las delicias en que reinaba la abundancia y la tranquilidad, donde los seres humanos, al amparo de los árboles y las plantas, convivían entre sí en armonía y se entendían con los animales. De aquel lugar mítico y privilegiado —todo jardín lo es— no quedan sino evocaciones vagas, recuerdos más del orden del anhelo que de la memoria, de allí que la jardinería sea una actividad teñida por la nostalgia. Quizá por la conciencia del paraíso perdido, las distintas encarnaciones de aquel edén remoto parecen siempre bajo amenaza o en equilibrio precario, a punto de desaparecer como cualquier espejismo. El jardín es también lucha continua, esplendor en vilo, tarea interminable, paréntesis que voltea hacia la felicidad originaria; en él se reúnen las bondades de lo interior y lo anterior.

Nadie sabe si los jardines colgantes de Babilonia, una de las siete maravillas del mundo antiguo, existieron en realidad o fueron puramente míticos; tal vez no tenían más consistencia que la de una proyección de la fantasía, a través de la cual Occidente —en los textos de Josefo, Estrabón y Diodoro de Sicilia, entre otros—, se figuraba el esplendor de Oriente. Hasta la fecha no se han encontrado referencias babilónicas de ellos, ni queda la menor huella o evidencia arqueológica de su posible ubicación, ni tampoco de su estructura en forma de terrazas en las vastas llanuras de Mesopotamia.

El cuidado de un jardín es quizás el jardín mismo, en el sentido de que cabe entenderlo como un proceso creativo y de atenciones continuas; antes que un lugar o una extensión de la casa, el jardín se confunde con la raíz de un verbo. Si el cerco y la geometría han sido el modo convencional de contenerlo y controlarlo, no hay que olvidar que incluso el jardín "desmelenado", aquel que acepta las fluctuaciones del tiempo y se transforma sin cesar hasta volverse irreconocible, requiere de la intervención humana. Tal vez las nociones del jardín como "naturaleza domesticada" o "arquitectura construida con naturaleza" se antojen anticuadas y un tanto tiesas, pero recogen ese aspecto decisivo de dedicación, paciencia y aprendizaje con que el jardinero se esmera en dar forma constante a su sueño.

Aunque el paraíso terrenal de la Biblia aparentemente no estaba cercado, la etimología remite a un lugar circunscrito a la manera de los jardines de la realeza, que en la Edad Media dio paso al jardín como *hortus conclusus* —huerto acotado— y, un poco más tarde, al laberinto de setos, en que los límites y los senderos se confunden con una trampa diseñada. Jean Delumeau, en *Historia del paraíso*, sugiere que sólo después de la expulsión de Adán y Eva se vuelve necesaria una separación entre el adentro y afuera del vergel, una valla o frontera que resguarde el jardín del mundo exterior, sobre el que pesa la sombra de la desdicha y el pecado.

Pero aquí la idea de delimitar, que está detrás del origen persa del vocablo, es mucho más compleja que la mera noción de circunferencia, pues implica singularidad y exclusión, esto es, una diferencia al mismo tiempo señalada y construida. Paraíso (*pairidaēza*) significa, en efecto, "cercado circular": del prefijo *pairi*, "alrededor" y *daēza*, "pared modelada", pero deriva de la raíz indoeuropea *dheigh*, que significa "modelar" o "dar forma", la cual a través del latín se ramificó en la familia del verbo *fingere*: "ficción", "fingir", "figura", "efigie", "fetiche", etcétera. Este ramal permite asomarse al jardín ya no como un mero espacio interior domesticado, sino como naturaleza *modelada*, como artificio vivo y proliferante: al jardín como ficción.

Si bien la historia de los jardines suele centrarse en el estilo y el gusto, en los vaivenes de la moda y aun en el temperamento o idiosincrasia nacional, poner el énfasis en el proceso de modelar el terreno y la fronda —o las rocas y la arena de los jardines zen— llevaría a una concepción del jardín más relacionada con la acción creativa y con la manera en que responde y se adapta al cambio y a los accidentes. García Font, atendiendo más a la mística del jardín que a sus lineamientos de diseño o su linaje arquitectónico, ha hecho ver que la jardinería se practica en clave de búsqueda existencial: en los viejos jardines egipcios, por ejemplo, se procuraba la con-centración, la búsqueda del centro como sede del desarrollo de fuerzas transformadoras. De los jardines colgantes de Babilonia a los jardines de azotea improvisados en horizontes de cemento, el jardín ha sido lo mismo campo para la observación botánica que sitio de amores y disfrute; itinerario para la meditación ambulante y zona de diversión y sorpresa; puerta iniciática y enclave de comunidades filosóficas hedonistas; obra de arte y repositorio del saber mágico asociado a las plantas; utopía mínima y refugio para una existencia apartada y óptima.

La ficción entra al jardín de la mano del azadón y las tijeras, del transplante y la poda, pero también del riego programado y la modificación genética. Todo lo que contribuya a manipularlo se vuelve parte de su hechizo verde, en la acepción originaria en que la ficción es equiparable a moldear un material libremente. En esta época en que muchos escritores le dan la espalda a la ficción y se ufanan de mandar a la imprenta engendros imposibles como la "novela *sin* ficción", la audacia del jardinero resulta, en contraste, de lo más plausible. Recortar un seto en forma de ovni o de estegosaurio puede parecernos un disparate o una excentricidad, pero así reivindica su intervención en el paisaje y la voluntad de moldear algún contrapunto y diferencia. Aun bajo una idea de ficción menos general, entendida como esa operación que multiplica las posibilidades más allá de los constreñimientos de la realidad, el jardín convoca vecindades descabelladas y admite superposiciones que no se encontrarían "al natural": las nupcias inesperadas del cacto y de la orquídea, por ejemplo; o bien cortinas de monsteras que dejan pasar la luz entre sus costillas para beneficio de ahuehuetes bonsáis.

La ficción, como anota Juan José Saer, ha sabido emanciparse de muchas cadenas pero no hasta el punto de renunciar a la realidad objetiva; en todo caso la explora y se sumerge en su turbulencia, en una mezcla entre lo empírico y lo imaginario que expande los alcances de lo dado. En lo que concierne al jardín, la acción humana no puede obviar el desenvolvimiento de la naturaleza ni imponer un ideal fijo a aquello que propende a la exuberancia o la sequía. Más que una aberración del gusto, un estanque de biznagas —y no de lotos— está condenado a la pudrición. En el jardín, el límite de lo verosímil lo pauta la supervivencia de las plantas.

Así como la domesticación de la naturaleza sólo puede ser transitoria, la ilusión naturalista (del jardín oriental, por ejemplo) no se logra sino tras mucho esfuerzo. Horace Walpole, en *Historia del gusto moderno en la jardinería*, "tal vez el ensayo más influyente que se ha escrito acerca del callado y feliz arte jardinero" —según Pablo Soler Frost, quien lo tradujo al español—, recrea el momento en que William Kent, pintor y diseñador de jardines, salta la cerca y advierte que "toda la naturaleza es un jardín"; revelación que lo llevaría a inventar lo que a partir de entonces se conoce como "jardín inglés". La otra cara de ese "golpe maestro" se encuentra en el trabajo y la dedicación necesarios para reproducir, con la sensibilidad de un artista que juega con los principios de la perspectiva, la luz y la sombra, el encanto de aquel paisaje exterior. Y tan lejos quiso llevar la consigna de seguir en todo respecto a la naturaleza, que en los jardines de Kensington incluso plantó árboles muertos, "para darle un mayor aire de verdad". (Ya antes, durante el Renacimiento, en Italia y Francia se había desarrollado el estilo "rústico", que aspiraba a una mezcla en la cual el arte y la naturaleza no fueran discernibles: columnas esculpidas como rocas erosionadas, grutas monstruosas calcadas de la realidad, estatuas que nacen como ruinas, etcétera). Pero el jardín, para parafrasear "El concepto de ficción" de Saer, no necesita ser creído en tanto que verdad o naturaleza, sino en tanto que jardín. Es como una novela siempre en construcción que se lee con los pies y se recorre con los sentidos; un espejismo que abraza la contingencia y postula una concepción muy antigua de casa, en que las únicas paredes las erige el follaje.

Una pequeña Alhambra en el balcón o un jardín colgante en el alféizar de la ventana no quieren ser remedos del bosque ni versiones a escala de la selva; al igual que la ficción, procuran simplemente volver más habitable el rincón en que vivimos.

Al otro lado del espejo

Cada vez que nos miramos al espejo fingimos que no estamos ante un abismo. Reacios al vértigo de la profundidad, sobre todo si ya se nos hace tarde, nos acicalamos con más prisa que inquietud, con más inocencia que cautela, a pesar de que la superficie reflejante nos devuelva una imagen inestable y movediza de nosotros mismos.

Preferimos concebir el espejo como un dispositivo de repetición de imágenes, antes que como una fuente de revelaciones. Nos asomamos a él como quien da por descontado su operación reflexiva, pero rara vez lo consultamos o consentimos que nos interrogue. Ciertos días, sin embargo, a veces por accidente, como cuando nos encontrarnos de improviso con una versión ignorada de nosotros mismos, o tras un largo rito de peinado y maquillaje ante la luna del tocador, la ventana de azogue desmiente esa simplificación de sus potencialidades. Así como el espejo de gran formato aportó nueva luz a las habitaciones, sabemos que cualquier espejo es mágico en el sentido de que es capaz de echar alguna luz sobre quiénes somos. Más allá de descubrirnos el paisaje de la espalda o de enfrentarnos a ángulos desconocidos de nosotros mismos, puede poner de manifiesto una faceta oculta y acaso negada de nuestra alma, un gesto o disposición anímica que nos retrata de cuerpo de entero. Es entonces que el espejo se transforma en oráculo, en un objeto abisal, frente al que sólo queda la aceptación o el horror.

En *El salón de los espejos encontrados*, Jaime Moreno Villarreal describe la crisis que llevó al joven Stéphane Mallarmé al borde de la locura: no soporta verse al espejo y tampoco logra escribir una sola línea en la página en blanco. Se diría que padece una fobia a las superficies lisas, pero más bien teme a la profundidad insondable de la nada. Su carta de 1865 es la de un poeta trastornado por algo más perturbador que un simple bloqueo creativo, pero debería alertarnos sobre los peligros de mirarnos en esos pozos desiertos y engañosos: "Siento desazón por mí mismo: me retiro ante los espejos, al ver mi rostro degradado y extinguido, y lloro cuando me siento vacío y no puedo arrojar palabra sobre mi hoja de papel impecablemente blanca".★

Antes de la invención del espejo era necesario contemplarse en un remanso de agua. Los actuales de vidrio y azogue, que se popularizaron en el siglo XVII tras un largo paréntesis en que se fabricaban con metales preciosos u obsidiana, curiosamente significaron una vuelta al recurso del agua. El vidrio se compone de átomos de silicio y oxígeno, dos de los elementos más abundantes sobre la superficie del planeta (se encuentran, por ejemplo, en la arena). Al calentar cristales de

---

★ Sólo poetas de la talla de Mallarmé pueden ver la página en blanco como una versión aterradora de un espejo. Pero no deja de llamar la atención que, como si fuera equiparable al acto de lanzar monedas al pozo de los deseos, en la carta sustituya el verbo "escribir" por el de "arrojar" palabras. También, desde luego, se arrojan los dados, y el gesto ya incorpora en cierta forma el azar, en una anticipación de los métodos poéticos dadaístas.

cuarzo, sus moléculas se funden y adoptan la estructura caótica de los líquidos, a través de la cual la luz penetra con facilidad. Según los químicos, la transparencia del vidrio se debe a que, al enfriarse, no vuelve a comportarse como en estado sólido, sino que permanece como algo viscoso que se desplaza a una velocidad tan lenta que resulta inapreciable. Gracias al hechizo plateado del azogue, al mirarnos al espejo volvemos a inclinarnos a una superficie líquida, en calma sólo aparente.

Los espejos de cristal más antiguos presentan una apariencia extraña, a la vez opaca y chorreante, como si su firmeza se hubiera escurrido con el paso del tiempo, empañada por un velo. Se diría que, por un proceso de reconstitución molecular, los espejos centenarios se estuvieran convirtiendo en el pozo de oscuridad que siempre fueron.

El pozo, como el espejo, ha sido un lugar en el que se refleja la verdad. En la antigüedad clásica, los videntes leían el futuro en cuencos de agua, que los romanos denominaron *miratorium* y ya presagiaban la bola de cristal de las gitanas. Para la estética barroca, surgida a la par que el azogue, toda superficie es líquida y todo espejo consiste de una sombra sin fondo. Así nos lavemos la cara desprevenidamente cada día, sobre la superficie acuática se revelarán las presencias invisibles y los secretos del alma (no en vano un tipo de espejo de vestir oscilante se denomina *psyqué*), del mismo modo que en la placidez de la flotación acecha el riesgo de naufragio.

Gérard Genette, en su estudio sobre "el complejo de Narciso", anota que en el espejo se entrelazan los temas del doble, la huida y el fantasma. La superficie reflejante —espejo o estanque— se ofrece como una trampa cándida e irresistible, en la que el sujeto no tardará en descubrirse tornadizo e incierto, perdido en sus propias imágenes, marcado también por lo líquido. Lo que se presentaba como una mera ojeada al espejo puede lanzarnos a profundidades metafísicas, y ya se sabe que cuando dos espejos se encuentran convocan un laberinto del que no es fácil salir, entre otras razones porque, en su infinidad turbadora, reflejan también el vacío.

En el Japón de antaño, los espejos apresaban un fragmento de realidad; comparables a archivos o a cajitas de música, se creía que conservaban la imagen —e incluso la voz— de quien se reflejaba en ellos. El príncipe Genji, protagonista de la novela fundacional de la señora Murasaki, como quien graba un video para su amada, recita un poema de amor al espejo a fin de que ella pueda recuperar más tarde su mensaje. Alrededor del año mil, por las mismas fechas en que fue escrita *La novela de Genji,* se estilaba dejar caer un espejo pulido de bronce —que se suponía llevaba en su interior la imagen de su dueño— a un estanque sagrado, como un espejo que se deposita adentro de otro espejo. A comienzos del siglo xx, sumergidos en el fango del estanque del santuario de Hagurosan, en el norte montañoso del Japón, se encontraron seiscientos ejemplares de estos viejos espejos metálicos.

Cápsulas de tiempo fieles y persistentes, rendijas hacia una dimensión próxima pero impalpable, los espejos tienen el inconveniente de que, según una creencia muy extendida, atraen a los malos espíritus, que los usan como escondrijo; la vieja tradición de cubrirlos con un paño sería la forma de bloquearles la entrada a este plano de la realidad.

Las pantallas digitales de hoy, impensables sin una superficie de cristal, son continuaciones o sofisticaciones del espejo. Ya sea que emulen el espejo de tocador, o sean portátiles como el espejo de mano, representan un umbral hacia mundos duplicados, que lo mismo pueden convertirse en una cárcel narcisista que prometer una fuga interminable y adictiva.

El deslizamiento hacia esa "otra parte" que augura el espejo, equiparable a un sueño despierto, denota que en todo espejo se esconde una puerta. En el reino delirante que visita Alicia, la lógica no sólo está subvertida, sino que se torna alternativamente risueña y siniestra, tal como se esperaría en un mundo al revés. Así como la mano derecha pierde su nobleza y potestad al otro lado del espejo, la niña perpleja puede coronarse avanzando sin moverse de lugar —en un extraño movimiento de ajedrez— para convertirse en reina del orbe invertido que soñó Lewis Carroll.

En un cuento de Giovanni Papini que prefigura a Borges, el personaje se reencuentra consigo mismo de joven gracias al reflejo de un estanque. No tardará en descubrir lo odioso que era entonces, la fatuidad y estupidez de esa sombra que fue y ahora lo acompaña a todos lados. (La inscripción en el templo de Apolo en Delfos —"Conócete a ti mismo"—, no está exenta de riesgos y puede llevar al fastidio y al asco de sí). Todo estanque es un espejo, pero también una prisión o una tumba en potencia; en un arranque de exasperación, el protagonista mata por ahogamiento a su pasado muerto. En otro cuento, "El espejo que huye", Papini concluye que hay un espejo más abominable que el que multiplica el número de los hombres; un espejo que nubla la realidad, que desdibuja la dicha o la posterga, un espejo inestable y embustero, que tiene el efecto de empequeñecer incluso lo más amado: es el futuro.

Los espejos deformantes, que derivan en risa o decepción —los esperpentos distorsionados de Valle-Inclán—, no pueden ser más atroces que la verdad. En distintas tradiciones y literaturas aparece un espejo que refleja el universo. El del mago Merlín era esférico, "semejante a un mundo de vidrio"; Borges, que padeció el horror de los espejos, compara el Aleph con "una pequeña esfera tornasolada"; el de Tezcatlipoca, terrible dios de origen tolteca, cuyo nombre significa "espejo que humea", era de obsidiana y lo llevaba en el pecho. Demonio de las tinieblas, deidad hechicera de lo dual y la providencia, Tezcatlipoca empleaba el espejo como un mirador por el que veía todo lo que se hacía en el mundo: incluso los actos humanos más insignificantes, los pensamientos y sentimientos más recónditos e inconfesables. Juez severo y voluble que jamás envejece, dador de la fortuna y la desgracia, nada escapaba al ojo implacable de su espejo circular. Por ello era el dios más temido.

El horizonte de la caja de cartón

La caja de cartón convierte el sueño de lo plano en una sólida estructura tridimensional. Ni siquiera el papel más delgado tendría cabida en el mundo de *Planilandia* concebido por Edwin A. Abbott, pero basta plegar los lados de una lámina de fibra vegetal para transformarla en una arquitectura compacta, hasta cierto punto habitable, delicia de los gatos y los niños pequeños. El juguete sofisticado —y caro— yace arrumbado a la espera de atención, mientras ellos pasan las horas jugando con esos cubos ligeros que sirvieron de empaque, en una suerte de curso intensivo y palpable de la metafísica del adentro y afuera.

El papel biblia, el cebolla o, más engañosamente, el albanene, se antojan una membrana mínima comparados con la tosquedad del cartón, y sin embargo todos esos descendientes de la celulosa comparten la cualidad de que, tras ser sometidos a un origami preciso, se convierten en una coraza o segunda piel, efímera y desprendible, que protege y a la vez conserva el misterio de las cosas que alojan. Así sea una simple caja de color café o el envoltorio de un regalo exquisito, cumplen la función teatral de posponer y demorar el encuentro con el objeto, y tal es su importancia para la psique y su necesidad de enigma que, sin caer en el suspenso de la *mise en abyme* que proponen las cajas chinas (un regalo adentro de un regalo adentro de un regalo), en las redes sociales triunfa un género de video conocido como *unboxing*: literalmente, "desembalaje".

A diferencia de los envoltorios que se desprenden y tiran a la basura y dan lugar a montañas sin sentido que se desbordan en las navidades, las cajas de cartón suelen tener una segunda y tercera vidas; reforzadas con cinta canela no es infrecuente que, después de almacenar cartones de huevo, ahora transporten los tesoros de la familia.

La rigidez de la caja de cartón es tan decisiva como su ligereza. Los castillos de naipes parecen una idealización desalmada de las casas que se improvisan en las ciudades perdidas, hechas de cartón y otros materiales azarosos, pero son la prueba de que con apenas nada se pueden levantar fantasías góticas, edificaciones fantásticas que, como sea, no resistirían los soplidos del lobo feroz ni las lengüetadas del fuego.

Cuando Andy Warhol exhibió en 1964 sus famosísimas *Cajas Brillo*, las apiló a modo de fortaleza, en homenaje a esas instalaciones vanguardistas de sitio específico que abundan en los pasillos de ofertas de los supermercados, pero antes se cuidó de crear réplicas exactas en madera, no sólo para que lucieran paradójicamente "más reales" —y las torres alcanzaran mayor estabilidad—, sino para favorecer su comercialización y coleccionismo. Aunque el cartón y el papel periódico, materiales de desecho por excelencia, han entrado hace más de un siglo al cubo blanco hiperprotegido del museo —al fin y al cabo otra caja—, no congenian con los ritmos de la posteridad. Entiendo que la *Caja de zapatos* con que Gabriel Orozco deslizó su provocación al sistema del arte ha debido reemplazarse numerosas veces, ya incluso durante la propia

Bienal de Venecia, y que no hay ninguna que pueda considerarse "la original".

Elaborado con fibras de celulosa virgen (principalmente de pino) a las que se sustrae la lignina (la sustancia que las mantiene unidas cuando forman parte del árbol), el cartón es una variante de papel que adquiere firmeza gracias al corrugado y la acumulación de capas. Tanto su epidermis como su esqueleto lo conforman hojas lisas u onduladas que podríamos encontrar en una factura, un libro de arte o una tarjeta de visita, pero que en el imaginario colectivo, quizá porque rara vez se someten al proceso de blanqueo, están más cerca del estado de la materia o del desperdicio.

La temporalidad de una caja equivale a un parpadeo si la comparamos con la de un libro, a pesar de que el agua los reduciría a una misma pulpa indiscernible. Por más que las míticas Ediciones El Mendrugo o Eloísa Cartonera incorporaran a sus cubiertas la textura áspera y basta del cartón allí donde solía imperar el pergamino o la piel de cerdo —en ejemplares austeros y se diría silvestres, hoy codiciados por los bibliómanos de nueva cepa—, perdura la idea de que su función principal es el empaque de mercancías. Si en su tiempo Marcial, el mordaz epigramista de la Roma imperial, temía que las hojas de sus libros terminaran reducidas a meros envoltorios del mandado —túnicas de atunes o cucuruchos para las especias—, hoy más bien sentiría aprensión ante la perspectiva de que, reblandecidas por la humedad y el olvido, se reciclaran para fabricar el cartón con que se reparten las reediciones de sus rivales.

Mi familiaridad con las cajas data de mucho antes de que se prohibieran las bolsas de plástico. Son una constante en mi vida de la mano del trasiego interminable de libros, e incluso creo que he alcanzado cierta maestría en la confección de empaques a la medida para enviar ejemplares por correo. Aunque limitado al reino de los paralelepípedos, me complace la exactitud con que el cartón abraza y arropa lo que envuelve, y confieso que en el trance difícil de una inundación se me salieron las lágrimas al ver cómo el agua disolvía sus enlaces de hidrógeno hasta devolverlo todo a la condición de papilla. (¿Debo aclarar que la caja estaba llena de libros?).

A pesar de que no hay una relación etimológica entre "papilla" y "papel", ambos conceptos están relacionados a través del acto de la masticación, no por nada *papier mâché* significa "papel masticado". Como señala Steven Connor en su libro *Parafernalia*, fue el naturalista René Réaumur quien sugirió por primera vez que se podría emular a las avispas, que mastican las fibras de los árboles a fin de construir sus panales. La idea de triturar árboles para transformarlos en cajas no deja de provocar escándalo, pero no todo estará perdido mientras sea imposible ordenar un árbol vivo —ni siquiera un bonsái—, a través del gigante Amazon, con la intención de que llegue debidamente embalado a nuestra casa.

Se ha vuelto una tradición en los estadios deportivos que los fanáticos se cubran la cabeza con una bolsa de papel para ocultar la vergüenza por el triste desempeño de su equipo. Kōbō Abe, en su aguda y desconcertante novela *El hombre caja*, enumera los pasos a seguir para alcanzar el anonimato total enfundados en una caja, adaptada como escafandra cúbica, que garantiza la inexpresividad a la vez que lleva hasta sus últimas consecuencias el proceso de uniformidad y desindividuación en las sociedades contemporáneas. El perturbador hombre caja, que encuentra una tortuosa salida en el encierro, no es sino la atomización y síntesis del departamento caja o de la oficina caja o del empleo caja, condición que nos acerca peligrosamente al grado cero de la piñata, ese punto en que el vacío existencial se toca con el acartonamiento. Opuesto a un fantasma, al que creemos ver aunque no exista, el hombre caja juega a pasar inadvertido mientras mira a escondidas desde su caparazón conspicuo.

La caja como máscara última está asociada, en Kōbō Abe, a la anulación de los rasgos individuales a través de una estructura intercambiable y anodina. Una vez que la caja se ha asumido como identidad y horizonte, no plantea más que cautiverio, austeridad, estrechez de miras: una metáfora precisa y descorazonadora de la vida compartimentada, frágil, próxima a la mercancía, sin otra idea de futuro que la mudanza permanente en puerta.

La fiesta del molcajete y el metate

Sopeaba una magdalena en mi café cuando reparé de pronto en que la molienda es la base de la civilización. El acto de machacar y triturar, hasta reducir a polvo, los granos y semillas, significó en su momento —hace unos diez mil años— un cambio radical en nuestra dieta y nuestras posibilidades de supervivencia, y de golpe sentí un hilo que me llevaba hacia el pasado y me conectaba con los primeros seres humanos que utilizaron una piedra para moler alimentos en un cuenco, y ya transportado por los aromas ancestrales del pan y de la cafeína, me sorprendí divagando acerca de morteros y metates en los albores de la historia.

El paso de lo crudo a lo cocido, tan subrayado por los antropólogos, quizá sea menos decisivo que el salto hacia hornear pan o preparar tortillas en lugar de simplemente asar carne. El dominio del fuego es apenas un eslabón en la cadena de perfeccionamientos tecnológicos que produjo una alteración profunda en el paisaje y llevó a la creación de un auténtico nuevo mundo alrededor de la llama del hogar. Según el arqueólogo Martin Jones, de la Universidad de Cambridge, la estrategia de aprovechar alimentos que antes debemos triturar y ablandar y cocinar, pues de otra manera serían indigestos y hasta venenosos, fue determinante para la especie humana, que ya no tenía que contentarse con las presas ocasionales de la cacería ni con el azar de las recolecciones. Semillas pequeñas como el trigo, el sorgo o el arroz, o tubérculos gigantes pero tóxicos como el ñame o el taro, que sólo se podían comer una vez que hubieran sido remojados, hervidos y molidos, se convirtieron en el sostén nutritivo de poblaciones cada vez más numerosas que dejaban atrás el nomadismo. De acuerdo con los mitos fundacionales de muchas culturas —como los de Mesoamérica relativos al maíz—, los seres humanos fuimos moldeados a partir de la masa de esas harinas.

Los auténticos pilares de la civilización tal vez se encuentran en la cocina y fueron pulidos mayormente por mujeres. La molienda era una actividad que se realizaba de rodillas, en un vaivén constante para machacar y pulverizar los granos entre dos piedras. Las evidencias arqueológicas de ese periodo arrojan que los huesos de las caderas, tobillos y rodillas de las mujeres maduras en Oriente Próximo se encuentran muy desgastados y con signos de artritis, y es probable que algo semejante sucediera en Nueva Guinea, donde se han encontrado infinidad de utensilios sofisticados para moler, y desde luego en América, donde históricamente la masa de maíz la han preparado las mujeres.

Por su rotundidad negra y su cualidad escultórica, pero también por su cercanía cultural, mis instrumentos de molienda favoritos son el molcajete y el metate. Ambos se confunden con la oscura piedra de los sacrificios, y es un deleite sentir cómo la mano se acopla a la roca volcánica, a la aspereza redondeada del basalto, en especial a ese pequeño cilindro conocido como tejolote, forma sublimada de pedernal, de bordes suavizados pero contundentes, con el que se extrae el corazón fragante de las especias. Descendiente lejano de una de las primeras herramientas conocidas —el "canto tallado bifacial"—, un utensilio de dos millones de años de antigüedad proveniente de Tanzania que se utilizaba para romper huesos y extraer tuétano, al momento de sujetar el tejolote se diría que uno da la mano a quienes lo manipularon por primera vez para preparar una salsa. ¡Martajar! ¡Qué hermosa palabra oriunda de América, que por sí sola convoca una serie de ritmos y percusiones domésticas con todo su caudal de aromas y salivaciones!

Aunque el mole no venga de "moler", confieso que me entristecen las salsas de licuadora... La integración irregular de las distintas especias se beneficia del ritmo lento de la percusión y el machacado, atributo que se pierde con la velocidad de las aspas, que tienden a reducirlo todo a papilla. Ninguna especia —ni siquiera la sal— sabe igual una vez triturada. Con el simple acto de majarlos se altera la naturaleza de la pimienta y el comino, del clavo y las semillas de mostaza. Otro tanto sucede con el chile y el jitomate, que si además fueron previamente rostizados al carbón o tatemados un poco, le transmiten a la lengua esa sensación dulceamarga, de cierta forma aterciopelada, en que lo picante da paso a una estela prolongada de umami. ("Tatemar", de raíz náhuatl, es otro de esos verbos acaso insustituibles que sugieren que las prácticas culinarias se arraigan también en los vocablos).

El metate y el molcajete guardan algunas similitudes entre sí (como que se sostengan sobre tres patas talladas en la misma piedra o necesiten de un mazo satelital también llamado "mano"), pero cumplen tareas distintas. Mientras que el molcajete (de *molli*, "salsa", y *caxitl*, "vasija") es un mortero y, a la vez, un recipiente cóncavo donde se mezclan los ingredientes y en ocasiones se sirven las salsas, en el metate se muelen los granos del maíz o del cacao a través de la presión del metlapil, su imprescindible "hijo" de piedra (de *metlatl*, "metate", y *pilli*, "hijo"). ¡Qué untuoso e incitante escurre el cacao de esas prensas arcaicas cuando se elabora el incomparable "chocolate de brazo"!

Al igual que otros instrumentos de molienda de la antigüedad, el metate se dispone en el suelo, formando un plano inclinado. En cuclillas o arrodillado, el cuerpo se balancea hacia adelante y hacia atrás en un movimiento cadencioso, al tiempo que se giran las muñecas hacia arriba mientras se presiona el metlapil, beneficiándose del efecto de la gravedad en el impulso, que también favorece la acumulación de la masa en el extremo opuesto. ¿Cuántos años de perfeccionamiento se habrán requerido para dar con ese diseño estilizado y práctico que se antoja definitivo? Es curioso observar que los ejemplares más antiguos, conservados en los museos, presentan ya los mismos rasgos básicos que los actuales, que sólo varían un poco según su origen; pero está claro que esas cumbres de tecnología lítica, esos monolitos funcionales que tienen algo de ídolos prehispánicos, sólo se alcanzaron a través de siglos de ajustes y experiencia.

Birgitta Leander, en el libro *Herencia cultural del mundo náhuatl*, señala que el metate tolteca tenía bordes a ambos lados y que su metlapil se biselaba para encajar en la plancha, mientras que el de origen azteca se cincelaba completamente plano y era más bien su mazo el que contaba con un par de mangos abultados. Sincretismo cultural o principio de parsimonia, los que hoy se venden en los mercados combinan la superficie plana de los aztecas con el metlapil biselado tolteca.

Neil MacGregor, historiador que dirigió el Museo Británico, apunta lo que sucede a nivel neurológico cuando se talla un utensilio de piedra: las áreas que se activan en el cerebro coinciden asombrosamente con las del habla. Al parecer hay un vínculo entre labrar la roca y el lenguaje, al grado de que "si uno es capaz de modelar una piedra, también lo es de modelar una frase". Las labores alrededor del metate y el molcajete suelen ser todavía, pese al triunfo de la familia nuclear, de carácter colectivo. Como si algo del eco de su tallado perviviera en la piedra negra de esos utensilios arcaicos, en torno suyo todavía se cocina en grupo —en particular para las grandes ocasiones—, y las tortillas y el mole, el chocolate y los tamales, las salsas y los guisados quedan listos en medio de una vocinglería que en sí ya es todo un acontecimiento, una fiesta que antecede a la fiesta.

El secreto de los nudos

Un nudo es un enredo con método. Desde luego están los que se forman solos, por las vueltas de la vida, fruto del azar o de cierta propensión a la maraña, pero entonces se tornan un desafío —un acertijo para los dedos—, que a menudo se resuelve de tajo con las tijeras o la espada. La alternativa de cortar por lo sano que, según la leyenda, inauguró Alejandro Magno con el nudo gordiano, tiene un regusto a trampa o a renuncia, aunque no deja de ser una solución creativa, ejemplo de la audacia del pensamiento lateral para "salirse de la caja".

Algo en apariencia melancólico como un cordón se tuerce sobre sí mismo, da una vuelta o dos, pasa por arriba o por abajo y, al apretarse, se convierte en una horca o una cuerda de rescate. Basta un bucle, un giro alrededor de sí, para dar paso a la complejidad. El nudo antecede a la cuerda y la prefigura; su quid está en que, incluso al abrazar otros objetos, basa su fuerza en la autosujeción. Se trata de una vuelta reflexiva, un movimiento de implicación consigo mismo que produce algo nuevo: conexión, ancla, anillo corredizo, señal mnemotécnica, almacenamiento de información (como en el quipu de las culturas andinas), figuras geométricas, juego, incluso magia. El nudo es a lo filiforme lo que el pliegue a la superficie: sofisticación, rizadura, la ocasión de emanciparse de lo plano, aun a riesgo de convocar el laberinto —y extraviarse.

Cuando el nudo mantiene la coherencia y aprende a desandar el camino, es capaz de unir y separar lo que no se había unido ni separado del todo —los nudos se definen por su reversibilidad. También, a gran escala, crean tejidos o redes que, por su tersura o densidad, ocultan la trama que los conforma. Concebida como una arquitectura de nudos, aun la filigrana más delicada podría desanudarse hasta volver a su condición de simple hilo, siguiendo las artimañas nocturnas de Penélope.

Según Ludwig Wittgenstein, el cometido de la filosofía consiste en desatar los nudos de nuestro pensamiento, nudos que hemos creado "estúpidamente", a fuerza de vaguedad y confusión. Su tarea sería desenrollar y disolver lo que ya no tiene ni pies ni cabeza, hasta presentarlo como el hilo negro que alguna vez fue. En *Zettel*, caja de zapatos rebosante de papelitos y deslumbramientos, escribe que el "resultado debe ser simple, pero el filosofar es tan complicado como los nudos que desata".

En sentido contrario a marineros, montañistas y demás expertos en cabuyería, el filósofo se concentra en desatar y desenmarañar, verbos que recuerdan a las viejas actividades de clarificación y discernimiento, sólo que con un énfasis práctico, casi manual, que no cancela el uso desesperado de los dientes. Su misión, de raíz quijotesca, consistiría entonces en "desfacer entuertos". La habilidad para formar un nudo se contrapone a la maestría para deshacerlo y, al final, como en un acto de prestidigitación, sin más recursos que los movimientos abstractos de afloje y desenredo, debe mostrar que la respuesta ya estaba allí, oscurecida por su propio embrollo.

Si atendemos a la estructura narrativa clásica —introducción, nudo y desenlace—, la filosofía resolvería la tensión creada por revoltijos conceptuales, puntos de giro y cabos sueltos, hasta alcanzar una nueva normalidad. El lema "tanto monta" (cortar como desatar), que remite a la resolución drástica del nudo gordiano, sería repudiado por Wittgenstein por su semejanza con el *deus ex machina*.

La i griega de la conjunción, con ese uso extranjero de la lengua que ya tiene algo de nudo bifurcado, da pie a la que quizá sea la relación primigenia —aquella que entraña todas las demás—, pues su vínculo afecta a cada uno de los miembros por separado y crea una tercera entidad que los trasciende —como en la pareja. Por la sola fuerza de la unión, la "y" del nudo altera y desequilibra los elementos que enlaza, y aun cuando luego pueda ser borrada y la tercera entidad parezca desvanecerse en el aire, no está claro que, tras su disolución, las cosas vuelvan a ser como antes.

Reversible en el plano abstracto, en la vida real el secreto del nudo es que deja huella, marca, la sombra corpórea de su conjunción. Eva Lootz, artista austriaca afincada en España, ha seguido el hilo de ese compromiso básico con la otredad que traen consigo los nudos y en muchas de sus piezas ha reflexionado sobre sus resabios, trazas y fantasmas no sólo en el terreno amoroso, sino también en el subjetivo, pues son ellos los que nos conectan con el mundo y al cabo nos constituyen.

En general, los nombres de los nudos rinden homenaje a quienes los inventan: nudo marinero, de cirujano, de pescador, de bombero, de la abuela, fugitivo… Hasta donde sé, no existe un nudo (o desanudado) de filósofo, pero hay que reconocer que a partir de las investigaciones precursoras de Carl Friedrich Gauss, los matemáticos han creado una familia topológica fascinante que, entre muchos otros, incluye al "manso" y al "salvaje"; este último, en teoría de nudos, designa al que no podría formarse con una cuerda y, por si fuera poco, siente debilidad por repetirse al infinito.

Más próximos a los pioneros que a los filósofos, los scouts han elevado el arte de los nudos a disciplina espiritual. Enfocados en tareas útiles, que algún día se traducirán en salvamentos o en humildes tendederos para la ropa, se ejercitan con la piola para forjar el carácter. Incluso a la hora de anudarse la pañoleta —esa corbata para la intemperie— han ideado ritos de iniciación. No sé si sea un fundamento de la tradición ya centenaria del escultismo, pero salir de excursión y volver a salvo tras una serie de complicaciones en la montaña, dibuja en el calendario un nudo perfecto de fin de semana.

Si se excluyen los enredos del cordón umbilical, nuestro nudo primigenio es el de las agujetas. Hay quien nunca supera ese moño elemental y se priva de aprender otros. Quizá porque lazos y nudos se asocian al compromiso, no faltan los que prefieren la libertad y terminan acechados por nudos ciegos. En los diccionarios de dichos en inglés sorprende esta descripción del matrimonio: "Atar un nudo con la lengua que no puede deshacerse con los dientes". No es raro que la corbata, tantas veces descrita como "la única fantasía que puede consentirse un caballero", inspire desconfianza: proyecta la sombra de la horca, de una soga de seda que nos ata cada mañana a las convenciones.

Los nudos se vinculan a la magia. Desde Hedjhotep, dios egipcio del tejido y los amuletos, forman parte de los hechizos y los amarres amorosos. Una cuerda anudada tres veces basta para moldear una figura humana y causarle un efecto a distancia (los resultados deberían mejorar con un mechón o hilacha de su pertenencia). Según el Corán, Mahoma cayó enfermo por nueve nudos maléficos arrojados a un pozo. Durante la

Inquisición, se asumía que las brujas producían impotencia o esterilidad a través de nudos, y no en vano muchos sortilegios se valían de volutas rítmicas con el hilo del lenguaje. También se consideraba crucial deshacer "el trabajo": la desligadura. En *La rama dorada*, Frazer observa que los nudos alteran el libre curso de las cosas, por lo que, según la magia homeopática, incluso una simple trenza o el cruzado de brazos y piernas podrían acarrear consecuencias inesperadas, en particular durante los partos y casamientos. La linealidad del tiempo y la entropía están en juego en el atado de nudos, que imponen obstáculos al flujo natural de la energía; al enroscarse sobre sí mismo cual serpiente, el tiempo tendría la cualidad de encogerse, de dar marcha atrás o de coagularse en el espacio.

Los trucos con sogas de los ilusionistas quizá sean un vestigio de la hechicería antigua: retoman un símbolo milenario de gran poder, recurrente en la heráldica, para mostrar que lo que parecía unido no lo estaba, que lo roto era un continuo y, la flacidez, pura apariencia.

"Gazas", "cotes", "eslingas", "empalmes", "azoques"; "driza", "dogal", "presilla", "lasca": el léxico colorido de los nudos se ha vuelto esotérico, como corresponde a ritos y tradiciones casi olvidadas.

Música de tuberías

Pocos sonidos tan enloquecedores como el del grifo que gotea en forma de reloj nocturno, y pocos tan espeluznantes como el quejido recóndito que recorre las paredes de la casa. Antes del tic tac de la era de las máquinas, el tiempo se escurría en forma líquida, deslizándose gota a gota por el cuello de la clepsidra; algo de esa noche antigua y elemental permanece en la tortura que taladra las sienes cuando hay una fuga en la llave del insomnio. De signo distinto, pero igual de angustiante, es el lamento gutural que surge de la garganta de la tubería cuando se queda sin aliento por fallas en el suministro de agua. Menos un gorgoteo que un aullido desgarrador, la queja doméstica se antoja tan cercana e inubicable que parece provenir de nosotros mismos —no está claro si de los intestinos o de la caja torácica—; su semejanza con un anuncio de muerte tiene que ver con que se produce a manera de estertor: como una exhalación última, un eco cavernoso de vida que se vacía o se acaba.

Al igual que muchas cosas que damos por descontado, la tubería se hace presente a través de sus desperfectos y averías. Estamos tan habituados al milagro de que con un solo giro de los dedos tengamos agua corriente, que casi no reparamos en la red invisible de codos y válvulas, de llaves de paso y aleaciones de metal que permiten el acto cotidiano de lavarse las manos. ¡Cuántos kilómetros de esfuerzo e ingeniería, cuántos ríos sometidos y vueltos a encauzar para que podamos dejar la llave abierta mientras cantamos un tanto irresponsablemente ante el espejo "I Will Survive"!

La rehabilitación del lavabo me llevó hace unos días a lidiar con la presión y el nivel del agua. A familiarizarme de nueva cuenta con ese mundo oscuro y borboteante al interior de las paredes, hecho de codos y niples, de soldadura y empaques. Así como la casa tiene un esqueleto, también tiene un sistema circulatorio y digestivo, y siempre hay algo de operación quirúrgica en practicar un boquete en el muro para restaurar sus flujos vitales.

Fabio Morábito le ha dedicado algunos poemas memorables a esa presencia "a espaldas de la piedra" que avanza dando largos rodeos y violentas torceduras, como "dedos de una gran mano / abierta todo el tiempo". Aun cuando esté expuesto, la naturaleza del tubo consiste en la discreción, en completar sus servicios próvido y obediente. Al igual que al interior del cuerpo, cuando la red funciona adecuadamente se contenta con ser una presencia sorda, inconsciente, acaso sonámbula, tanto que parece irreal.

Mientras lijaba embocaduras de cobre y revisaba los puntos débiles de las junturas, experimenté una extraña continuidad entre mi cuerpo y la vieja tubería. Más que el dedo retorcido de una mano metálica, lo que cortaba con la segueta se me antojaba un hueso, un hueso largo y hueco de alguna criatura fantástica que hubiera quedado apresada en el cemento. Purgar la tubería, aliviarla del sarro, reconectarla, hizo que me sintiera de pronto como un tubo andante, como el eslabón de un ciclo más vasto de escurrimientos y desagües. Entre el grifo de cuello de cisne y el vertedero del inodoro me encontraba yo, un tubo bípedo, mero ramal inquieto que va de la boca al esófago y de los intestinos a los riñones... En el escalofrío de descubrirme parte de la plomería, sentí en la garganta una suerte de reflujo, algo parecido a un gorgoteo insistente, a gárgaras bullendo en sentido inverso; me miré en el espejo y sólo encontré las facciones de una gárgola asustada. Grité.

Uno de los primeros efectos del sedentarismo fue la necesidad de transportar los recursos naturales hacia un centro que rápidamente los agotaba. Mucho antes de la gigantesca arborescencia de acueductos de la antigua Roma, que se extendía por más de setecientos cincuenta kilómetros (tanto en forma elevada como subterránea), ya en la isla de Creta se había desarrollado la ingeniería hidráulica. Dos mil años antes de nuestra era, en Cnosos, donde el artífice legendario Dédalo levantó un gran palacio para el rey Minos, un ramaje oculto de tubos cónicos elaborados en terracota llevaba agua a las bañeras, con todo y aliviaderos, pozos para el sedimento y un eficaz y sofisticado sistema de desagüe. No se sabe si Dédalo, inspirado en la imagen del laberinto, fue el genio pionero de la fontanería, pero según los arqueólogos hay evidencia de que los cretenses ya contaban con tuberías separadas para el agua fría y la caliente. La imagen del laberinto asociada a la plomería puede antojarse descabellada, pero tiene un cariz práctico: a menos que la habite un minotauro monstruoso de suciedad y pelos, la red siempre tiene una entrada y una salida.

El Sistema Cutzamala, una de las obras de conducción y distribución hídrica más grandes del mundo —bombea agua potable para millones de habitantes en el Valle de México—, no alcanza a superar, entre su tubería metálica, sus kilómetros y kilómetros de túneles de concreto y de canales abiertos, la desmesura de los acueductos romanos, que en su apogeo llegaron a proveer, según Lawrence Wright en su incomparable libro *Pulcro y decente,* cerca de mil trescientos cincuenta litros diarios por persona, cuatro veces más que el promedio acostumbrado en las ciudades contemporáneas. Aparte del despilfarro imperial (no hay que pasar por alto que bañarse era un deber social básico en la antigua Roma y que buena parte de la vida de la comunidad sucedía en termas colosales como las de Caracalla), lo que llama la atención es la voluntad de transformar el paisaje en función de un esquema centralista de asentamiento urbano. Ríos entubados, presas que se confunden con lagunas, montañas horadadas, ductos por los que se podría deslizar una ballena, compuertas tan altas como murallas... El privilegio de contar con agua corriente a cambio de alterar, quizá para siempre, la orografía no sólo de los alrededores, sino de más de un continente.

En comunidades como San Pedro y San Pablo Ayutla, en la zona mixe de la Sierra Norte de Oaxaca, después de que hubieron sido despojados de su manantial, pasan y pasan los años sin que se restablezca plenamente el servicio de agua potable; y no hace falta recordar los cientos de barrios y colonias, aun en las principales ciudades del país, que son mandadas literalmente por un tubo cada vez que reclaman su derecho al "líquido vital". ¿Qué son allí los grifos sino meras bocas del vacío, oquedades por las que se comunica la nada? ¿Qué son allí las tuberías, sino flautas transversas torcidas por el sinsentido, que recorren miles de kilómetros para llevar a los hogares una música de herrumbre y esterilidad?

En *Mad Max, furia en el camino* de George Miller (2015), la escasez de agua en un futuro post-apocalíptico crea el contexto inmejorable para ejercer la tiranía. Ese desierto sin límites y sin esperanza, que la película postula tras una hecatombe nuclear, se encuentra a la vuelta de la esquina, expandiéndose alrededor de los pozos secos, formándose en la fila para acarrear agua en cubetas, detrás de las caravanas de pipas y camiones cisterna que recorren día y noche los caminos. Pese a que la captación de lluvia sea una práctica común en comunidades rurales, la autonomía hídrica se antoja todavía una solución demasiado lejana. Pero el modelo de un poder central que distribuye el agua y la reconduce desde sitios cada vez más distantes ha resultado errático, ineficiente, profundamente desigual. Se podría hacer un retrato fidedigno de la jerarquía social a partir del flujo del agua, con sus zonas privilegiadas de fuentes y céspedes en las partes altas, y las más desfavorecidas y olvidadas en las partes bajas, donde deben lidiar con la paradoja de grifos inútiles y una temporada angustiosa de desbordamientos, charcos permanentes e inundaciones. Como en *Mad Max*, una tubería centralizada es señal de despotismo, pues siempre habrá alguien con la autoridad para cerrarnos la llave.

Las balanzas invisibles del umbral

Un cambio de luz, una atmósfera fronteriza indica que nos adentramos en un espacio desconocido que bien puede ser un refugio o un laberinto. Ya sea que nos apartemos de la inclemencia del sol para encontrar cobijo bajo la sombra, ya sea que demos la espalda a la noche atraídos por el reclamo de una lámpara, esa cualidad vacilante e incierta de la luz es la que nos atrae y nos previene al mismo tiempo, la que nos hace detenernos un instante, ya con un pie en el escalón de la entrada, alertas y pensativos bajo el dintel, como si nos preguntáramos si debemos abandonar toda esperanza a las puertas de lo que ahora luce como un sospechoso castillo de Kafka.

Siento debilidad por los umbrales y también por la palabra "umbral", por su promesa y su halo de misterio, porque en ellos se mezcla la idea de límite con la tentación del pasadizo. Aunque desde el fondo de mi imaginación diurna siempre haya creído que remite a esa zona de penumbra que debemos atravesar cuando entramos a una casa —ese interregno sombrío, ese arco umbroso que nos recibe con una variación de temperatura y también de temperamento—, el término deriva más bien, según Corominas, de "lumbre" y de "lumbral", y remite, por tanto, al tránsito de la oscuridad hacia el llamado de la llama.

El atractivo del umbral no proviene únicamente del cambio en la iluminación, tampoco de que separe dos ámbitos contrastantes. Al igual que una puerta entornada, tiene algo de incitante y tentador en sí mismo, que invita a detenerse en su franja, a hacer una pausa expectante o pensativa antes de decidirnos a cruzarla. "No pises con pasos / uniformes / la hierba fronteriza. / En el umbral habitan / dioses aduaneros / que pesan / con balanzas invisibles", escribió Antonio Deltoro, sibarita de los matices atmosféricos, poeta de la quietud y la revelación allí donde nadie se la espera.

Por su condición liminar, más que una mera línea divisoria, el umbral semeja un campo de fuerza, un territorio indeciso que nos imanta o repele y en el que a veces sentimos el escalofrío de estar ante un punto de no retorno. Hay umbrales que se atraviesan una sola vez y para siempre, como el de la perdición o la muerte, y hay otros que se nos imponen en forma de muralla o maleficio, y que somos incapaces de traspasar, como esas experiencias del tipo "ángel exterminador" en las que, a la manera del clásico de Luis Buñuel, nos enfrentamos a un poder ignoto que nos obliga a permanecer de *este lado* de la puerta.

Quizá porque no participa del todo del interior, pero tampoco es una extensión del afuera, el umbral es zona de duda e indecisiones. En *Los años de aprendizaje de Guillermo Meister*, Goethe dejó escrito: "Todos los comienzos son alegres, el umbral es el lugar de la expectativa". Aunque no sepamos muy bien lo que está en juego, atravesar una frontera puede transformarnos por completo, cambiar nuestra situación vital y el sentido de nuestra identidad; se diría que, más que una linde geográfica, el umbral tuviera alcances metafísicos, sitio de la incertidumbre y los presentimientos —Didi-Huberman llama "fulgor" a la revelación, al acontecimiento de verdad que surge ante él. Hay quien jamás pondría un pie en una estación del metro, y eso lo retrata de cuerpo entero; el umbral para salir del clóset suele ser arduo y cuesta arriba, para muchos infranqueable; cruzar el umbral de la abyección toma en ocasiones pocos segundos, pero sus repercusiones pueden ser incalculables… Cuando en el siglo v a.C., en Atenas, los cancerberos de la moral increparon a Aristipo de Cirene por salir tan campante del burdel, respondió con una perla de su filosofía hedonista: "El problema no estriba en meter allí los pies, sino en no saber salir". No todos los umbrales admiten el camino de vuelta, pero quizá la sabiduría guarde relación con una política de los umbrales, en especial con los de dolor y placer.

En el *Libro de los pasajes*, Walter Benjamin asocia los umbrales con los ritos de paso y subraya que su diseño arquitectónico encarna o materializa sus aspectos ceremoniales, que en última instancia remiten a lo onírico; más allá de que una de las pocas experiencias de umbral aún reconocible para todos sea la del despertar y la duermevela, en las sociedades modernas cada vez hay menos ocasiones para las experiencias del umbral, y las puertas de aquellos centros comerciales en ciernes que tanto lo obsesionaron (la galería Vivianne y pasajes célebres como el Panorama o el Veró-Dodat), prometían el ingreso a un mundo fantástico y marcaban el comienzo de un túnel de calles internas y deslumbrantes, dispuestas para el desbordamiento del deseo.

Hoy, en una era cada vez más despojada de rituales, atravesamos los pórticos simbólicos de la pubertad o del duelo quizá demasiado a la ligera, sin apenas nada que señale sus implicaciones sociales o su importancia psíquica, tal y como se cruza el pórtico de cristal y acero de un *mall* indiscernible de todos los demás.

Benjamin observa una peculiaridad de los umbrales públicos: lejos de ser meros pasillos de tránsito, se convierten en espacios acogedores. A la entrada de los pasajes (y no hay que olvidar que los pasajes, para él, en cuanto "casas o corredores que no tienen ningún lado externo", serían equiparables a los sueños) solían apostarse las prostitutas como auténticos pilares de la noche, y es allí también donde los amantes se dan cita y se besan sin pudor. Bajo sus aleros, en esa zona de ambigüedad en que el exterior y el interior se confunden, no faltan los amigos que se detienen a recuperar fuerzas y a planear la siguiente escala de su deriva, y no es infrecuente que el alba sorprenda allí a quienes, por una circunstancia o por otra, se quedaron sin techo toda la noche.

El umbral por antonomasia, el umbral primigenio es, desde luego, el alumbramiento. De la oscuridad a la luz; del líquido amniótico al aire; de la intimidad de dos cuerpos, uno adentro del otro, al camino hacia la individuación tras cortar el cordón umbilical... Aunque nadie sea capaz de recordar el trance de su propio nacimiento, quizás una huella de ese proceso difícil y bañado en llanto esté presente en todas las experiencias de umbral posteriores, y algo de la conmoción de la luz y de la bofetada del aire perdure en la cautela con que afrontamos en general los tránsitos.

No obstante su relevancia, y en contraste con el umbral de la muerte y de la tumba, el parto está excluido casi por completo del canon del arte occidental, tal como han señalado artistas e investigadoras en fechas recientes; salvo excepciones como el cuadro de Frida Kahlo en que se da a luz a sí misma, *Mi nacimiento* (de 1932), o los dibujos de partos de Louise Bourgeois, la iconografía relacionada con ese umbral decisivo es casi inexistente o permanece en las sombras —aunque el panorama está cambiando radicalmente, también en el ámbito de la literatura—, como si convertirlo en tema o motivo artístico estuviera vedado a causa de su crudeza empapada de secreciones y sangre, o por respeto a la intimidad a menudo brutal del acontecimiento, sobre el que también sobrevuela el riesgo de muerte, pero en desmedro de la importancia extraordinaria que reviste tanto para la madre como, por supuesto, para la criatura.*

Así como hay umbrales del sueño o del despertar, del nacimiento y la muerte, hay umbrales característicos de los libros. Las palabras preliminares se sitúan antes del texto principal y se desenrollan como una especie de tapete de bienvenida, en negro sobre blanco, que presentan las claves de lo que vendrá, pero que ya en términos sensoriales nos ayudan a habituarnos a la mancha de escritura y a la extraña luz que dimana de ella y de sus asociaciones.

No se puede pasar por alto, sin embargo, que antes de cualquier preámbulo propiamente dicho hay un umbral más decisivo que conduce hacia el libro y nos hace traspasar su portada. (Aprovecho la ocasión para mandar saludos y reverencias a Libros del Umbral, sello de nombre inigualable y títulos raros y escogidos, creado por los hermanos Soler Frost). En el ensayo "Fronteras abiertas: historia de una vagabunda intelectual", Siri Hustvedt apunta que, a los trece años de

---

* Más allá de la atmósfera surrealista en que se inscribe el cuadro de Frida Kahlo, tanto la posición de la parturienta como el ángulo y los colores de la obra remiten a las representaciones de parto en las culturas mesoamericanas, en buena medida asociadas a Tlazoltéotl, madre diosa de la fertilidad y la lujuria y los desperdicios; y si bien la figura de la diosa huasteca está muy presente tanto en códices como en piezas escultóricas, apenas si se conoce fuera del ámbito de los estudios históricos y arqueológicos. Ya sea por su significado ritual y religioso, ya sea por su pertenencia a culturas remotas y excéntricas al eje —y el ojo— de Occidente, no forma parte del imaginario colectivo.

edad, leyó por primera vez *Cumbres borrascosas* de Emily Brontë. "Crucé las fronteras de mi experiencia inmediata y me adentré en otro mundo, y ese mundo pasó a formar parte de mi experiencia, como si se hubiera alojado físicamente en el engranaje cerebral de mi memoria". Ella entonces no lo sabía, pero cruzar ese umbral la había convertido ya en escritora.

Hay umbrales que se atraviesan de una zancada y otros que apenas se cruzan con las yemas de los dedos de la mente, tras años de dar vueltas en sus inmediaciones. Quizá nadie note nada, ni siquiera un desplazamiento, pero, una vez del otro lado, sabemos que ya nunca seremos los mismos.

Esto no es una pipa

Los días parecen contados para la pipa. El clima de prohibición y peligro sanitario llevará a que muy pronto se confunda con una flauta de humo de la que se desprende una música asmática.

Tal era la intimidad entre el fumador y la pipa que semejaba una prolongación de su aparato respiratorio, una suerte de apéndice tubular para la combustión suplementaria de sustancias estimulantes y ansiolíticas. En el apogeo comercial del instrumento, entre los siglos XVII y XIX, una pipa colgando de los labios solía ser una continuación natural del rostro, menos en el sentido de la superposición de los anteojos que como una prótesis disimulada del alma.

Utensilio más personal que el cepillo de dientes, la pipa de segunda mano abunda en los mercados de pulgas como una reliquia extraña, y al comprador no parecen importarle las capas de aliento impregnadas o las costras resecas de alquitrán y nicotina. Mordisqueada y maloliente, se diría que envejeció a la par que su dueño; y quizá porque las pipas más comunes se elaboraban de espuma de mar —un mineral fibroso y blanco parecido a una esponja rígida—, algo en ellas remite al hueso, a una excrecencia del esqueleto del fumador en que cobrara nueva vida, a través del trance contemplativo y placentero, el viejo concepto griego de *pneuma*, entendido como espíritu o aire en movimiento.

Cuando el capitán Ahab arroja al mar su vieja pipa tras descubrir que se ha esfumado su encanto, es como si se deshiciera de la parte externa de su cerebro.

A diferencia de Sudamérica y el Caribe, en donde el tabaco se fumaba arrollado en hojas (del propio tabaco o de otras plantas), la pipa fue un invento de los climas fríos de Norteamérica. La inclemencia del invierno llevó a la creación de hornillos portátiles, sahumerios en miniatura que, a la par que impusieron cierta distancia entre los labios y las hierbas ardientes, propiciaron una ceremonia íntima en que el fuego debe encenderse una y otra vez, en un ejercicio de interrupción y demora, de paciencia y posposiciones, gracias a la cual es posible envolverse día y noche en una nube de humo.

A pesar de que en las reservas indias actuales perduren variantes del culto al tabaco, queda muy poco del rito ancestral que atravesaba toda Norteamérica. El pequeño artefacto de piedra humeante que pasaba de mano en mano y de boca en boca ha dado lugar a boquillas electrónicas y vaporizadores, pero en contraste con la importancia social y religiosa que llegó a tener en una época, hoy los fumadores deben apartarse y procurar los rincones más vergonzantes para aspirar su veneno a solas.

Entre el pacto colectivo de paz y el vicio solitario de chacuacos y apestados hay un tobogán acelerado de quinientos años que incluye cambios abruptos en la concepción del tabaco y sus prácticas rituales: de concebirse como una tradición comunitaria, se volvió un esparcimiento individual; de acto espiritual, se redujo a hábito cotidiano; de invocación sagrada, se resolvió en símbolo comercial. Quizás esta última sea la transformación decisiva, pues atraviesa todas las demás: tras representar una plegaria unificada que se elevaba al cielo a través del humo compartido hasta comprometer los poderes del universo, el tabaco se convirtió en uno de los negocios más lucrativos de la modernidad naciente y uno de los primeros hitos de la exportación y tráfico a escala global.

De forma paralela al acto mismo de fumar, la pipa sufrió una profunda metamorfosis. Como explica Neil MacGregor, ex director del Museo Británico, las antiguas pipas americanas estaban asociadas a rituales chamánicos y generalmente se tallaban en piedra con la forma de algún animal. En *La historia del mundo en 100 objetos* señala que, en túmulos funerarios de hace dos mil años, se han encontrado auténticos zoológicos de pipas: nutrias, pájaros, sapos, ardillas, gatos monteses, tortugas y peces tallados que torcían su cuerpo y extremidades para dar cabida a la boquilla y la cazoleta. El fuego encendido en su dorso o directamente en la cabeza hacía que aquellos seres cobraran vida. Por lo que se sabe, la variedad de hierba que se fumaba en Norteamérica —*Nicotiana rustica*— tenía efectos alucinógenos, y muchas de esas pipas, con incrustaciones de gemas y piedras preciosas, debían producir el efecto de un animal humeante que mira directo a los ojos.

Aquellas pipas zoomórficas eran muy distintas de las pipas actuales, con una cánula larga, generalmente curva, que culmina en un cuenco que se acopla a la mano en un gesto sabihondo de intelectual comprometido. Incluso difieren de las pipas rectas de madera decoradas con plumas que asociamos con los siux y los pieles rojas, y tampoco están emparentadas con los recipientes estilizados y largos del Oriente para el opio o el hashish. Más parecidos a silbatos o amuletos, aquellas pipas fundacionales, estrechamente asociadas a variedades de nahualismo, eran equiparables a seres vivos, animales de fuego que guiaban a la comunidad en las praderas del espíritu y fungían como tótems protectores.

Si se pudiera mostrar el célebre cuadro de René Magritte, *Ceci n'est pas une pipe,* a un fumador americano de hace dos milenios, coincidiría al instante en que ese adminículo fabricado en serie, liso y sin rostro, en efecto *no es una pipa*, desestimando de un plumazo el juego de representaciones y trampas referenciales que se da entre el dibujo y la frase, analizado hasta la extenuación por Michel Foucault. El humo podrá resbalar como una leche sublime y aromática a través del tubo reluciente de brezo y boquilla negra, pero guarda tanto parentesco con la pipa originaria como un saxofón.

La desnaturalización de la pipa americana se aprecia en el cariz individual e introspectivo que adoptó en un personaje como Sherlock Holmes, para quien la pipa es una muleta del pensamiento, un apéndice de combustión analítica que estimula la concentración y aguza la inteligencia. A fin de resolver un caso, al detective de la silueta icónica le basta encerrarse una noche en su habitación con la ayuda de su pipa curva y una sobredosis de alcaloides.

Si bien la pipa no deja de tener una función ritual incluso en las rutinas del detective (cuando se encuentra nervioso Sherlock fuma cigarrillos y, cuando lo hace por placer, prefiere los habanos), representa ante todo un salvoconducto para su ostracismo, un túnel que se angosta hacia el ensimismamiento y la precisión inferencial, despojado de cualquier fundamento cosmogónico. Y tan estrecha llega a ser la compenetración entre la boca y la pipa, entre el pensamiento y el humo azulado, entre las conclusiones racionales y la exhalación, que no es fácil determinar quién fuma a quién: si el fumador a la pipa o la pipa al fumador. Como los lentes de pasta al intelectual o la biblioteca al erudito, en la figura del detective diletante el objeto se sobrepone y casi sustituye al sujeto.

En *El hilo y las huellas*, libro laberíntico de Carlo Ginzburg que tiene como tema las relaciones entre la verdad histórica, la ficción y lo falso, se recogen las más variadas observaciones y experiencias de los viajeros europeos alrededor del consumo de tabaco en América. Aunque a la postre se convertiría en la sustancia más codiciada y vendida en el Viejo continente, incluso por encima de la hoja de coca y del chocolate, los relatos de los exploradores están envueltos en una espesa nube de condena y escándalo moral. La explicación que ofrece Ginzburg es que, en contraste con el consumo placentero y de carácter individual que le impondrían en primer lugar los conquistadores, la yerba se consideraba sagrada en el Nuevo Mundo y, a través de la pipa humeante, era el centro de un rito grupal, de alcances tanto políticos como religiosos, por lo que a los ojos de los extranjeros sólo podía estar asociada a la idolatría.

El declive de la pipa quizá comenzó en el instante mismo en que fue despojada de su significación comunitaria. A pesar de que sólo entonces se extendió por el mundo, propagando el vicio del tabaco como si se tratara de una llamarada, el giro individualista que adoptó, así como su marcado cariz hedónico, desvincularon a la pipa del aura totémica que la acompañó durante siglos, apagando la espiritualidad del tabaco hasta reducirlo a un mero carburante.

En caso de que haya un futuro para la pipa seguramente dependerá de las ceremonias colectivas y de la continuidad de comportamientos atávicos. Mientras haya un grupo de amigos que se reúna todavía a conspirar, a sintonizar sus mentes en una hermandad de humo y alquitrán (del prefijo *con*, "todos", "juntos", y *spirare*, "exhalar aire del cuerpo"), la pipa seguirá viva; pues quizá lo decisivo en ella, más que la sustancia estimulante que arde en su interior, sea precisamente ese fuego tóxico, esa llama compartida que pasa de mano en mano como una estafeta de comunión y camaradería.

Reinvención del retrete

Trono de la renovación, ducto hacia el inframundo, último rincón metafísico, el escusado es quizás el lugar más importante de la casa, del que depende el equilibrio del ánimo y ya ni se diga la salud del organismo. En contraste, como si fuera un problema resuelto, como si pudiéramos confiar nuestro bienestar a reliquias de hace siglos, nos contentamos con un concepto de retrete estrafalario, anterior a la ergonomía, amigo de las almorranas y el estreñimiento, que ha disimulado el contrasentido de arrojar nuestros desechos en litros y litros de agua potable.

Reconozco que en una ocasión, al sentarme sobre su asiento hueco, temí ser succionado hacia la era victoriana, transportado a una noción puritana de asepsia, a una estética decimonónica de ingeniería hidráulica, en que la cumbre del buen gusto consistía en malgastar agua en una atmósfera de tonos pastel y porcelana. Desde entonces, cada vez que me instalo en el W.C., no puedo dejar de pensar en la relación que guarda, equívoca pero reveladora, con la tradición inglesa de tomar el té. Del otro lado del espejo de Alicia, acudo puntual a la cita para depositar en la taza una bolsita pestilente de bagazo.

A medio camino entre el mueble y el inmueble, la pudibundez le ha conferido al escusado muchos nombres, que lo mismo designan la pieza de cerámica que la habitación en cuanto tal, el espacio en que nos encerramos a purgar los intestinos. "W.C.", "inodoro", "sanitario", "trono" o simplemente "baño" son algunos de los vocablos al uso; en épocas en que imperaba la madera, lo innombrable se llamaba "sillico", "silla horadada" o "asiento de negocios". La proliferación de apelativos responde al mecanismo psicológico del eufemismo: cada vez que un término se extiende y se torna demasiado común, debe reemplazarse por otro para encubrirlo.

Aunque sólo lo utilizo por escrito, declaro mi predilección por "retrete": gracias a su eufonía, liga el retraimiento con el lado tétrico de lo excrementicio, cierto recato frente a ese lado oscuro y fétido de nosotros mismos, del que uno se desprende a la manera de un esbozo cotidiano de cadáver.

Concebido como continuación de la silla y no para favorecer las evacuaciones, la estructura del escusado impide colocarnos en cuclillas —por mucho la posición más natural para expulsar las sobras del cuerpo. La confusión con un recinto intelectual o gabinete de las cavilaciones lo ha convertido un enclave para el pensamiento íntimo; en la actualidad, ese paréntesis obligado ha hecho de él uno de los ambientes predilectos para ponerse al tanto de las redes sociales. Muy pocos se sorprenderían de la cantidad de mensajes y publicaciones virtuales que se generan, como emanados de un mismo impulso, a la par que las heces o de los pujidos infructuosos. Si hay algo de insustancial y viciado en el ciberespacio se debe a que muchas de sus entradas se inscriben, también en sentido escatológico, en la categoría de *flatus vocis*.

No faltan los tratados que discuten las ventajas e inconvenientes del escusado imperante (*Pulcro y decente*, de Lawrence

Wright, "La interesante y divertida historia del cuarto de baño y del W.C.", es un ejemplo insustituible), pero no parece estar en ninguna agenda internacional, tampoco en las prioridades de la ONU o la OMS, la discusión sobre la urgencia de renovarlo, de modificar su altura e inclinación, de revisar su diseño desde cero, así sólo sea para reducir el dispendio que implica en un planeta sediento y amenazado por la sequía. En la era del alcohol en gel y la sanitización sin agua, ¿no hay modo de romper con la superstición, derivada del viejo rito de las abluciones, que exige que el líquido deba correr para arrastrar consigo el mal y sus muchas máculas? Concebido por primera vez en Escocia hace miles de años, el sistema de fontanería que transporta los desechos en un flujo de agua se inspiraba en el ejemplo de los ríos y arroyos; hoy, sin embargo, ese modelo fluvial se ha vuelto obsoleto, un escándalo que preferimos pasar por alto mientras el tinaco lo abastezca y perpetúe.

El último avance revolucionario en el diseño del inodoro —la "trampa de hedores"—, ideado por el matemático y relojero británico Alexander Cumming, data de 1775, por lo que resulta inaudito que no haya sido superado todavía. Adoptado de manera industrial a partir del siglo XIX, el hoy denominado "sifón" o "cierre hidráulico" consiste en formar una barrera líquida al interior de la taza que interrumpa toda comunicación odorífera desde abajo, desde la cloaca. La especie humana ha logrado llegar a la Luna y, entre otras cosas, ha resuelto el problema de cómo lidiar con las deyecciones en el espacio exterior, en condiciones de gravedad cero, pero no ha sabido popularizar un método óptimo que deje atrás aquel invento vetusto, tan simple como derrochador, tan elegante como desfasado, reflejo de una concepción insostenible sobre los recursos naturales y, en particular, el manejo del agua.

Más allá de la plomería y las alternativas al desagüe, una pregunta que cabe plantear de nueva cuenta, no por controvertida menos necesaria, concierne a la privacidad, a la pertinencia de una habitación solitaria para una misión que exige, en efecto, concentración, pero que no excluye la sociabilidad ni la charla. Aunque se han encontrado infinidad de baños individuales en la antigua Roma, también se acostumbraban los cagaderos colectivos (denominados *foricae*, para distinguirlos de los compartimentos personales o *latrinae*): recintos amplios, con hileras continuas de piedra adosadas a las paredes, en las que se abrían agujeros a una distancia prudente entre sí, pero sin puertas o paredes que disimularan los pujidos paralelos o interrumpieran la confraternización del esfuerzo. ¿Es posible que el estreñimiento se combata mejor en equipo? ¿Y si descubriéramos que no hay mayor inhibición que la de enfrentar una cita tan decisiva privados de compañía y en un desamparo solipsista? Por epigramas descarnados como los de Marcial sabemos que no faltaban los ociosos que se sentaban el día entero en esos escusados comunales, con más ganas de ser invitados a cenar que de cagar...

Así sea como prueba de que todo es relativo y cambiante en los hábitos humanos, cabe mencionar un detalle adicional acerca del ánimo solidario durante el Imperio romano en materia de deposiciones. Además de compartir el mismo espacio y de intercambiar opiniones y chanzas en un animado foro excrementicio (que bien podría crear un clima de relax y despreocupación favorecedor para la motilidad intestinal), los romanos se pasaban de mano en mano una misma escobilla húmeda (el *xylospongium*, literalmente un palo coronado por una esponja), en una versión pública y poco higiénica —aunque amigable con el medio ambiente—, de lo que siglos más tarde daría paso al papel de baño.

En el Japón, donde ha alcanzado un grado de sofisticación insospechable, con calefacción para el asiento, luces propiciatorias y música que garantiza discreción, el escusado es apenas una versión tecnificada del modelo occidental. Hace menos de un siglo, sin embargo, estaba en boga el retrete de estilo japonés, que al redundar en una satisfacción en esencia fisiológica, se planeaba de principio a fin para fomentar la paz del espíritu. En *El elogio de la sombra,* Tanizaki anota que a principios del siglo XX la arquitectura japonesa llegó, en materia de retretes, a la cúspide del refinamiento. Apartado idealmente de la casa, construido con paredes sencillas, desde las cuales se pudiera contemplar el cielo, debía guardar una relación estrecha con la naturaleza: que se divisara el verdor del follaje o que una planta irrumpiera por la ventana desprovista de vidrio. En vez de la iluminación blanca y escandalosa que acostumbramos hoy —en razón de que lo consideramos el lugar de lo sucio y, por ende, de la vigilancia y el horror a la mancha—, era fundamental que incorporara cierto matiz de penumbra, una media luz tranquilizadora y benéfica, no muy distinta de la aconsejada para la meditación.

Al igual que en muchos pueblos de México, en que la letrina o el baño seco se disponen a la intemperie, en una palapa próxima a los muladares, que de alguna manera ya participa imaginariamente del afuera o de "el monte" —esa región ambigua que designa lo silvestre y lo indeterminado—, la incomodidad de los retretes tradicionales japoneses radica en el desplazamiento, en que sin importar los temores de la noche o las inclemencias del tiempo obliga a salir de casa y cruzar un descampado. Entre los antiguos nahuas y chinantecos se añadía el peligro de las apariciones tenebrosas, provenientes del orbe subterráneo. Tanto como los basurales, el sitio de los excrementos pertenecía ya al Inframundo y su hedor correspondía al Mictlan. En *Una vieja historia de la mierda*, López Austin refiere que, entre los antiguos mexicanos, salir en plena oscuridad a vaciar el vientre significaba arriesgarse a un encuentro espectral con la Cuitlapanton (o Cintanaton o Centlapachton), una enana peluda y nalgona, de larga cabellera y alaridos dolientes, que traía un aviso de muerte.★

Quién sabe si los retretes campiranos podrían adaptarse al hacinamiento y la vida vertical de las grandes ciudades contemporáneas, pero se sabe que la antigua Tenochtitlan, cuya población alcanzó los trescientos mil habitantes, se las arreglaba muy bien sin necesidad de contaminar el lago sobre el que se asentaba. Bernal Díaz del Castillo describe los *nemanahuilcalli* o *axixcalli*: chozas a orilla de los caminos para aliviar la urgencia de los viandantes. Por paradójico que resulte, no había lugar para el desperdicio: la cultura mexica procuraba aprovecharlo todo sin excepción y la hienda acumulada se extraía en canoas y era transportada al mercado para emplearse como abono o el curtido de pieles.

Aunque no se descartan inventos poco funcionales y desaguisados pestíferos, la reinvención del retrete no tendría porqué regresarnos a aquellas épocas experimentales y enfermizas en que los orinales y las sillas perforadas se "perfeccionaban" cada año en busca de la eficacia y el disfraz. Un modelo popular en Francia en el siglo XVIII era un taburete

---

★ Se desconoce cuál era el mal que se cernía sobre las letrinas en la Roma imperial, pero en distintos lugares de Pompeya se han encontrado enigmáticos grafitis que advertían de un peligro inefable, quién sabe si por entonces sobreentendido: "*Cacator cave malum*", "Cagador, guárdate del mal". En comparación, el miedo más recurrente que rodea hoy al váter occidental parece ser la irrupción de la rata nadadora, que desde la alcantarilla atraviesa en sentido contrario toda la tubería y emerge cuando menos se la espera por el lado más ciego…

de libros dispuestos horizontalmente con el título inquietante de *Mystères de Paris*. La portada se abría a una versión portátil de las catacumbas, cuyo contenido, claro está, debía ser vaciado continuamente.

En 1860, por las mismas fechas en que se afianzaba el W.C. y su despilfarro de agua, Henry Moule inventó el "retrete de tierra", un modelo con grandes posibilidades a futuro, que quizás habría que apresurarse a recuperar y poner a punto para patentarlo por segunda vez en la historia: al jalar una manija, caía un puñado de tierra y ceniza que volvía estéril e inofensiva la porquería.

Ahora que termino este texto apoltronado en un baño seco a las afueras de Tepoztlán (un modelo ecológico que, a pesar de que prescinde del agua, copia los modelos antinaturales y poco inspiradores de porcelana a los que nos hemos resignado) me pregunto, con piernas y nalgas entumidas y el cuerpo en la misma posición inconsecuente que adoptaría en una butaca o un pupitre, en qué momento perdimos el rumbo, en qué momento renunciamos a la búsqueda del alivio ideal...

Cazadores de huellas

Cualquier cosa que hagamos deja huella. Incluso el contacto más insignificante se acompaña de un rastro. Nuestras pisadas quedan impresas y adquieren vida propia y pueden condenarnos o testificar a nuestro favor. Esta cualidad se conoce en criminología como el "principio de intercambio" o "de Locard", en honor del forense francés que, a comienzos del siglo XX, se empeñaba en encontrar evidencias en los sitios más insospechados, guiado por la convicción de que dos cuerpos que se encuentran comparten al menos una mínima fracción de sus materiales. Si un crítico literario investiga el texto como si se tratara de una escena del crimen, el principio de intercambio posibilita que cualquier escena o situación se lea como una página abierta.

Durante miles de años la especie humana ha afinado sus habilidades de cazador. La persecución de la presa, que solía prolongarse durante días y, por lo general, culminaba con su muerte por extenuación, obligó a un aprendizaje detallado de las pistas, a reconstruir los pasos y movimientos de un animal apenas entrevisto a partir de sus huellas en el lodo, de su olor o sus rastros de estiércol, de algún mechón o pluma enredado en una telaraña. Incluso una simple rama quebrada podía convertirse en un indicio valioso. El registro e interpretación de marcas infinitesimales dio paso a un tipo de inferencia que algo tenía de adivinación pero, sobre todo, de secuencia narrativa: una reconstrucción que permitía pasar de la parte al todo y de los efectos a las causas, hasta dar con la pieza de caza.

En *Mitos, emblemas, indicios,* Carlo Ginzburg describe esa operación mental de lectura de vestigios como parte de un "paradigma indicial" que vincula disciplinas tan apartadas entre sí como la jurisprudencia, la identificación de obras de arte, la criminología, la medicina y el psicoanálisis. Con base en elementos inadvertidos o poco apreciados —de auténticos detritos de la observación—, el experto, *connoisseur* de nimiedades e insignificancias, puede dirigirse al pasado o al futuro según un hilo de pistas que sólo se revelan a su ojo avezado. La semiótica médica, por ejemplo, que identifica enfermedades a partir de un conjunto de síntomas, puede anticipar la fecha aproximada de su desenlace; no en vano el método hipocrático ganó reputación por la exactitud de sus pronósticos.

Al narrar las proezas de Sherlock Holmes, el doctor Watson acepta estar en desventaja en cuanto a agudeza y agilidad mental, pero hace un esfuerzo por seguir los razonamientos con que el detective, a partir de detalles imperceptibles a ojos profanos, logra desvelar realidades ocultas. "Ya conocéis mi método. Se basa en la observación de menudencias", declara el detective de la pipa humeante en *El misterio del Valle Boscombe.* Hacia finales del siglo XIX, este paradigma indicial, en el que se aúnan el olfato y la perspicacia, el sabueso del detective y la ilación narrativa, permeaba el ambiente cultural y dio pie a una confluencia de procedimientos que incluían el análisis, la clasificación y las tablas comparativas. Mientras Freud manifestó su interés por las aventuras de Sherlock Holmes y cita profusamente a Giovanni Morelli, historiador del arte especializado en atribuir la autoría de los cuadros con base en detalles "poco trascendentes" como el trazo de las orejas, hay pasajes en las novelas de Holmes que delatan que Conan Doyle, médico de profesión, había leído a Morelli, lo cual completa una trenza inusitada de atención a lo ínfimo. Es también por esas fechas que se desarrolla la dactiloscopía y que, no sin espectacularidad, la criminalística resuelve casos "imposibles" al recabar los datos más detallados de la escena del crimen, que desde entonces resulta crucial preservar inalterada.

Antes de las huellas dactilares, las pisadas se contaban entre las pistas decisivas para resolver un caso. En su libro de *Medicina legal* de 1882, el patólogo forense Charles Meymott Tidy incluye un apartado relativo a las huellas donde destaca la importancia de la materia en que quedaron impresas: arena, fango, charcos de sangre… Probablemente, como sugiere la historiadora criminal E. J. Wagner, en *La ciencia de Sherlock Holmes*, este sea el antecedente de la monografía "sobre el análisis de las pisadas" que el gran detective presume con fingida modestia en *El signo de los cuatro*.★

★ En la esfera de la ficción, ha sido cautivante la imagen del detective sedentario y abstraído que, encerrado en su gabinete, a la manera de un Monsieur Teste del crimen que se envuelve en una nube de tabaco, da saltos deductivos de gran audacia hasta dar con la solución del robo o del asesinato como si se tratara de un acertijo. Pero Sherlock Holmes pertenece sólo hasta cierto punto a la estirpe de Auguste Dupin, la mente especulativa de la calle Dunot creada por Edgar Allan Poe; también, como parte de sus investigaciones, se fatiga en el acopio de pistas y en el estudio minucioso de huellas, en una prefiguración de las fantasías televisivas de CSI y programas forenses afines. A lectores puristas del género policial como Jorge Luis Borges, esa doble faceta les resulta un tanto decepcionante en cuanto se aparta del pensamiento puro y debe condescender a las pesquisas de orden material. En una

Las huellas de apariencia humana más antiguas son las del yacimiento de Laetoli, en Tanzania, descubiertas por Mary Leakey y su equipo de paleoantropólogos. En una capa de ceniza del volcán Sadiman se conservaron por más de tres y medio millones de años las impresiones de los pies de tres individuos que caminaban en la misma dirección. Con base en estudios detectivescos que recuerdan las sutilezas del cazador, se ha podido determinar que esas huellas fueron dejadas por homínidos habituados a la posición erguida. A partir del tipo de zancada, que comienza con el apoyo del talón, se estableció que su locomoción era muy semejante a la humana y que se trataba de una caminata distendida, quizá de un paseo familiar. Una secuencia de huellas se superpone a otra, por lo que parece que uno de los caminantes pisaba donde ya había pisado el guía de mayor tamaño, en fila india.

Al otro extremo de la aventura bípeda documentada en Laetoli se encuentran las huellas de la primera caminata sobre la superficie lunar, fotografiadas por el astronauta Neil Armstrong en julio de 1969. Apenas si somos capaces de imaginar lo que una inteligencia futura podría leer en esas pisadas irregulares, flotantes y patosas, impresas en el Mar de la Tranquilidad, si las llega a descubrir dentro de millones de años.

---

reseña de 1937 de *Las paradojas de Mr. Pond* de Chesterton, Borges observa que "Por un 'detective' razonador —por un Ellery Queen o Padre Brown o Príncipe Zaleski— hay diez descifradores de cenizas y examinadores de rastros. El mismo Sherlock Holmes —¿tendré el valor y la ingratitud de decirlo?— era hombre de taladro y de microscopio, no de razonamientos".

Es curioso, pero no casual, que la misma disputa entre deductivistas y lectores de indicios (o de síntomas) o, si se quiere, entre razonadores y cazadores, tuvo lugar en la Grecia clásica alrededor de la práctica de la medicina, cuando dos escuelas —la filosófica y la hipocrática—, se enfrentaron entre los siglos v y iv a.C.

Aunque metafórica, la idea de "leer" huellas se relaciona con el origen mítico de la escritura. Según la tradición china, un alto funcionario habría inventado los primeros caracteres tras observar las huellas de un pájaro en la ribera de un río. Hay una distancia enorme entre la huella que representa el paso del animal y la abstracción que supone un pictograma —y ya ni se diga la escritura fonética— pero, en su materialidad, una línea manuscrita puede ser entendida como el rastro del pensamiento y, a la vez, como una gráfica de su personalidad. No está claro si los rasgos de la mala letra admiten ser leídos como un lenguaje no intencional; hoy la grafología se considera una disciplina endeble, cercana a la fisiognomía, que nos devuelve al terreno de la adivinación.

Si lo que hacemos deja siempre algún tipo de huella, casi todo a nuestro alrededor se presenta como la pista inadvertida de un descubrimiento potencial. A la manera de los adivinos mesopotámicos que interpretaban los mensajes "escritos" en los astros, las vísceras de los animales o los movimientos involuntarios del cuerpo, es difícil resistirse a la tentación de leer las huellas como si fueran signos y reconsiderar las cosas que nos rodean como una variedad más rica y asombrosa de alfabeto.

El método del lápiz

Se puede discutir si el lápiz es al fin y al cabo una máquina, pero sus líneas grises de destellos metálicos parecen surgir de nuestro cuerpo. A diferencia de la computadora y de la máquina de escribir, en que el teclado se manipula con cierta distancia desde lo alto, como un piano que requiere de caricias y a veces de martillazos, en la escritura a mano incorporamos el instrumento hasta convertirlo en una extensión de la mente, no tanto en el sentido de una sexta falange, sino de una excrescencia afilada del cerebro.

Ese prodigio de madera y grafito, auténtica varita mágica que se acorta con el uso —y el sacapuntas— y sirve también como un reloj en los proyectos de largo aliento, se acopla a los dedos y descansa con suavidad en el ángulo entre el índice y el pulgar del mismo modo que los instrumentos con que nuestros antepasados de las cavernas dibujaban caballos y mamuts en las paredes de piedra caliza. Tal vez hayamos olvidado el largo proceso de aprendizaje de sujetarlo con firmeza y conducir el pensamiento hacia su punta, todas aquellas planas de rayas y bolitas para hacerlo nuestro a fuerza de borrones y repetición; pero ahora el lápiz se desliza con naturalidad sobre la hoja, un poco a la zaga del flujo mental, dejando tras de sí un hilo sinuoso que sirve de puente entre un cuerpo y otro.

Juan José Saer observó que, al escribir a mano, formamos una esfera o burbuja con el cuerpo. Aunque la inclinación del tronco sea poco aconsejable para las vértebras, creamos un capullo alrededor del lápiz mientras lo volvemos parte de nuestra intimidad. Un procesador de palabras impone, en contraste, cierta rigidez y lleva a que experimentemos la escritura desde "afuera", en un procedimiento acaso más limpio pero menos orgánico; por la perspectiva panorámica que introducen, las máquinas se consideran ideales sobre todo para pasar borradores en limpio. En la era del mensaje instantáneo, una carta que no viene de puño y letra se carga de un halo de impersonalidad, de trámite burocrático; sin necesidad de leerla, sabemos que no brotó de las entrañas de esa cueva íntima suscitada en el escritorio.

Por más superficial que sea el trazo del lápiz, deja una marca y una incisión. En las pinturas rupestres del Paleolítico los dibujos figurativos de animales salvajes se realizaban con lascas, huesos o pinceles de vara que horadaban los muros y techos, o bien los teñían de carbón, óxido de hierro o negro de manganeso. Más allá de la técnica del tamponado, basada en una sucesión de puntos discontinuos o yuxtapuestos que, por lo general, se imprimían con los dedos, en la antigüedad se impuso el punzón, la herida causada por una cuña, púa o espina. De las tablillas sumerias a las tabletas de cera o de boj, el estilete ha desafiado el paso del tiempo bajo el principio elemental de la cicatriz.

La ventaja incomparable del lápiz consistió en combinar el trazo y el calado. Como una rama disimulada de enebro que alberga un corazón negro, deja una capa de tizne en el surco que abre en el papel, síntesis de las dos grandes tradiciones que sustentan el dibujo y la escritura: la de la incisión y la de la tinta. Una línea precisa, en un ambiente completamente seco, libre de derrames, manchas y tinteros, es un logro que no celebramos lo suficiente. Según cuenta la leyenda, se lo debemos a Nicolas Conté, militar y pintor francés que a fines del siglo XVIII ideó el lápiz moderno a partir de una mezcla de grafito pulverizado y arcilla. Fue él quien decidió su forma cilíndrica y experimentó con distintas graduaciones según su dureza. A pesar del tatuaje que se forma en la hoja por la presión de la punta —en ocasiones sólo discernible al tacto—, la nueva mezcla de tonos plateados dio pie al arrepentimiento y a la posibilidad de correcciones instantáneas, gracias al milagro cotidiano de la goma de borrar, para la que antes bastaba una simple miga de pan.

En su libro sobre la historia y circunstancia del lápiz, Henry Petroski observa que Henry David Thoreau ni siquiera lo menciona en la lista de artículos que lleva a su cabaña de Walden para "enfrentar los hechos esenciales de la vida". La omisión es significativa porque, como reconoció su amigo y mentor Ralph Waldo Emerson, el filósofo inconformista no salía a ningún lado sin su diario ni su lápiz, pero sobre todo porque, gracias al perfeccionamiento de su diseño, pudo amasar una gran fortuna en la fábrica familiar, con la que financiaría, entre otras cosas, la publicación de sus libros. Previo a las mejoras practicadas por Thoreau, los lápices norteamericanos eran grasosos, toscos y quebradizos, mientras que los importados de Europa costaban demasiado; soñador y amante de la naturaleza pero a fin de cuentas un hombre práctico, se dedicó en cuerpo y alma al desafío de crear un lápiz que superara los entonces conocidos. La prueba definitiva de que la ingeniería no entra en conflicto con la filosofía está en que sus lápices no tardaron en dominar el mercado estadounidense.

Una vez que el negocio marchaba sobre ruedas, abandonó la vida empresarial para fundar una escuela con su hermano, pero sobre todo se entregó a pasear por los bosques y a dibujar y escribir "con un lápiz que hizo él mismo".★

Quizás el modelo de lápiz más famoso de la historia sea el Original Blackwing 602, de la marca Eberhard Faber, por el que sentían debilidad escritores de la talla de Nabokov, Capote y Steinbeck, además de dibujantes de Disney y algunos compositores. Su trazo de color negro suave lo volvió irresistible, y su mayor atractivo era la forma aérea de planear en el cielo de papel. Su goma rectangular era también muy ponderada, y hay constancia de que para la adaptación al cine de *Lolita* Nabokov realizó miles de bocetos en fichas de 4 x 6 con ese lápiz que le permitía "borrar y escribir de nuevo las escenas que había imaginado por la mañana".

Entre los beneficios de la escritura manual, además de una mejor concentración y ortografía, se cuentan el incremento de la memoria y la creatividad. Al dibujar el contorno de cada letra, los vínculos sensomotores entre el cerebro y la mano hacen que el procesamiento cognitivo sea más profundo y duradero, lo que contribuye a una mejor retención y al desarrollo de la coordinación motriz. Los estudios sobre las diferencias entre escribir a mano y en computadora arrojan que, más allá de la velocidad que pueden alcanzar los diez dedos sobre el teclado, hay una relación especial entre los útiles escolares de siempre y aquello que los poetas y talleristas literarios denominan "voz propia" —no por

---

★ Se tiene noticia de muy pocos lápices elaborados en la fábrica familiar de J. Thoreau & Co's. en Concord, Massachussets, que hayan resistido el paso del tiempo. Su precio original, de al parecer ¢25 centavos por pieza, estaba muy por encima del promedio en su época. En fecha reciente se puso a la venta uno por la cantidad de $5,000 dólares.

nada el concepto de estilo procede en línea directa del *stilus* de los antiguos romanos.

Aunque el sueño de la tecnología sería lograr un dispositivo de escritura que pueda ir a la par del pensamiento, en el teclado ese ritmo apenas lo alcanzan quienes han completado un curso de mecanografía; lo habitual es que escribamos con torpeza sólo con los índices, de allí que la mente deba desacelerarse y armarse de paciencia y casi deletrear las palabras. Si Jack Kerouac acondicionó famosamente un rollo continuo de papel con la intención de "ir más rápido, sin perder energía creativa" para teclear *On the Road* en un solo párrafo de treinta y seis metros a renglón seguido, John Steinbeck, por su parte, le sacaba punta a veinticuatro lápices Blackwing al comienzo de cada jornada, con la intención de no perder ni un minuto la concentración cuando perdieran su filo.

Se han investigado los cambios estilísticos de quien, como Nietzsche, dejó de escribir a mano para hacerlo a máquina (subiéndose a la ola de la tecnología más avanzada de su tiempo), pero quizás haga falta explorar las ventajas comparativas de empuñar un lápiz y no, digamos, un bolígrafo o una pluma fuente. En una carta de 1927, Robert Walser confiesa su "espantosa aversión hacia la pluma" y describe cómo, tan pronto empieza a utilizarla, sufre un colapso de su mano y un decaimiento general, mientras se convierte en "todo un estúpido". A fin de liberarse de esa enfermedad a la que llamó "el tedio de la pluma", el paseante y divagador optó por El método del lápiz, que consistía en esbozar y garabatear exclusivamente con ese instrumento en el reverso de papeles de desecho —volantes, facturas, almanaques—, con la premisa de aprovechar hasta el mínimo espacio en blanco. Fuga a escala, deriva tímida, pasadizo hacia una escritura secreta, gracias al murmullo bienhechor del grafito reaprendió a escribir y recuperó su libertad y soltura. Es al amparo del neologismo *lapicear* que se agrupa toda su producción de los años veinte, en especial sus irrepetibles y a veces indescifrables microgramas, redactados en una caligrafía gótica diminuta y publicados bajo el título escueto y poético de *Escrito a lápiz*, en los que consiguió afilar de nuevo su pasión juguetona por el detalle y lo efímero.

El método del lápiz combina el despojamiento y la contingencia. La inspiración tiene fama de ser una divinidad elusiva, que requiere de un teatro propicio y de condiciones ideales para que comparezca. A diferencia del fasto y la parafernalia estricta y melindrosa que precisan algunos escritores, Walser se contentaba con lo mínimo: un lápiz y un pedazo de papel cualquiera, artículos que el caminante puede llevar en el bolsillo. La procedencia azarosa de los sobres, envoltorios e incluso cartas de rechazo que reciclaba para infestarlos con su letra de hormiga nerviosa y disciplinada, comporta un principio compositivo o, si se quiere, una ética y una estética: ningún material —en el doble sentido de "tema" y "soporte"— es inadecuado, despreciable o demasiado bajo para la literatura. Se cree que lo fortuito del tamaño y forma del papel eran determinantes para esas composiciones que no parecían destinadas a la imprenta; los exploradores de su archivo han hecho notar que la extensión de sus microgramas coincide casi al milímetro con la dimensión de la hoja, como si un límite físico dictara el punto final, el arco de texto que puede desenvolverse sobre su superficie.

Compacto, ligero y al cabo portátil, me doy cuenta de que el lápiz es aliado de los paseantes y de los que gustan de tomar apuntes de la fugacidad y lo transitorio. En uno de sus ensayos más memorables, Virginia Woolf camina a la deriva por las calles de Londres con el pretexto de comprar un lápiz. Desde el comienzo sabemos que se trata de una coartada para perderse en el azar de las encrucijadas y deslizarse suavemente por la superficie de las cosas como un ojo inmenso de receptividad y reflexión. Ya muy lejos de las certidumbres domésticas, en parajes ignotos que seducen y agudizan el desfase del yo, después de sintonizar con el temperamento de los distintos barrios y de imaginar la vida de una sarta pintoresca de desconocidos, se acuerda de pronto del lápiz, del lápiz que la hizo salir de casa y echarse a andar sin rumbo; ese lápiz que seguramente no necesita en absoluto, pues durante todas esas horas de vagancia y callejeo, de ensoñación y deleite en que ha podido tomarle el pulso a la ciudad, ella misma se ha convertido en un lápiz, en un lápiz viviente que la recorre y que también la escribe.

El hechizo de los guantes negros

Manos lánguidas y sin cuerpo, apéndices desmontables, caricias de repuesto, los guantes entrañan una poética y están cargados de significado y erotismo. Hubo una época en que dejarlos caer con coquetería o lanzarlos a la cara de algún enemigo formaba parte de un código caballeresco en el que se ponían en juego la seducción o el honor; hoy, que vivimos tiempos más literales, si acaso nos hacen señas obscenas por la posición desmayada que ocupan en el cajón.

Los hay de lana, carnaza, algodón o gamuza, así como de toda clase de materiales sintéticos. Los de hule y látex tienen algo de globos potenciales, y en las cocinas y quirófanos no faltan las manos obesas que flotan como miembros fantasma por los aires, con un acento entre festivo y macabro.

Pese a que asociamos los guantes al frío y a la nieve, los más antiguos se confeccionaron en Egipto hace más de dos mil trescientos años. En el sarcófago de Tutankamón, descubierto en 1922, se encontraron dos pares de lino muy bien conservados, uno de talla infantil, indicio de que el faraón los gastaba desde pequeño. Eran el último grito de la moda para montar a caballo y sujetar las riendas del imperio, y en su viaje al más allá debían de servirle para propósitos análogos.

Entre la conmoción del hallazgo y el temor a la maldición de la momia, el *New York Times* reportó que una firma exclusiva de alta costura los pidió en préstamo para estudiar sus acabados, con un interés vagamente histórico. Antes de que la apropiación cultural se volviera un problema planetario, se fabricaron réplicas para los nuevos faraones del gran capital.

Hay un modelo peculiar de calcetines que abriga de manera separada cada dedo, pero que a mi juicio no alcanza el estatuto de guantes. ¿Qué se inventó primero: los guantes o los calcetines? Ya que requieren más diseño y oficio en su confección, los guantes se antojan una sublimación de la prenda con menos glamour del guardarropa, un refinamiento de esos toscos y anticlimáticos envoltorios para los pies. Sutilezas aparte, ambos tienden, por su parecido de familia, a perder su par, ese cotidiano misterio de la vida doméstica. Al ser objetos arrojadizos, la viudez de los guantes rara vez es un enigma: después de una bofetada con guante blanco suelen llover los sombrerazos, se desata la trifulca y salen a relucir los guantes de box. En pleno desorden, ni quién se acuerde de reconstruir el par.

Los guantes de pelea provienen de la antigüedad clásica: ya conocidos por las referencias literarias, las vasijas y las esculturas de bronce, en Vindolanda, un centro romano al norte de Inglaterra, se hallaron pares intactos hechos de cuero y rellenos de fibras naturales para amortiguar los golpes. La afición por los puñetazos seguramente antecede a la aparición de nuestra especie, pero las primeras evidencias de su reglamentación proceden de un relieve sumerio de más de cinco mil años. A continuación encontramos representaciones de un boxeo primigenio diseminadas en Tebas y Creta. En un fresco de la isla de Santorini que data del siglo XVII a.C., dos púgiles se enfrentan casi desnudos. Sorprende que no mantengan la guardia ni hagan el menor gesto defensivo y, desde luego, que lleven guantes para la contienda: uno solo cada quien, en la mano derecha, amarrado con un lazo a la muñeca. La parafernalia deportiva suele evolucionar a la par que el deporte mismo y con la expansión del Imperio romano, a comienzos de nuestra era, el boxeo ya luce bien perfilado.

También en los guantes de trabajo se advierte una especialización que los distingue de los de vestir: los de labranza y jardinería, por ejemplo, hicieron su aparición en fecha temprana, y ya en la *Odisea* se los menciona por primera vez. Ulises, de vuelta en casa, encuentra a su envejecido padre Laertes ocupado en la viña, envuelto en un manto zurcido y vergonzoso: "alrededor de sus piernas tenía atadas unas mal cosidas grebas para evitar los arañazos; en sus manos tenía unos guantes por causa de las zarzas". Es probable que con anterioridad a esos guantes milenarios existieran otros más toscos y bastos, bandas que ceñían los nudillos o acaso manoplas rudimentarias elaboradas con piel animal.

La pelambre de un oso o de un bisonte, sobrepuesta a la piel desnuda, pudo propiciar en los primeros tiempos del guante sobresaltos como el de Dr. Jekyll al advertir en sus propias manos la sombra de Hyde, y no en vano Walter Benjamin sospecha que, en todo guante, ya sea de estambre o de piel de armiño, hay un componente de aversión a los animales. En *Calle de dirección única* anota que el temor de que ellos —los animales— nos reconozcan al tocarlos, así como la negación de nuestro parentesco bestial, sustentan su uso consuetudinario.

Mi hipótesis va más bien en sentido contrario: una vez satisfechas las necesidades de abrigo y protección, esas pieles prestadas habrían inaugurado un universo de caricias y molicie en la oscuridad de la era de las cavernas. ¿Quién, con un tacto falso de gorila o lobo, no ha recorrido la espalda de la amada como parte de un juego de desplazamientos y adivinanzas sensoriales? Estamos ya en las inmediaciones del territorio de Sacher-Masoch y su libro *La Venus de las pieles,* donde las pelambres y las texturas prestadas avivan, con un guiño a nuestra animalidad recobrada, el placer y la obsesión.

Aunque el objetivo fuera muy distinto al de aumentar la sensibilidad y el disfrute, los primeros condones eran de tripa de oveja. ¿Y qué es un condón sino una variedad elemental y monolítica de guante? Todavía hoy, a pesar de su elevado precio, hay quienes prefieren ese guante totémico y visceral frente a los que se fabrican de látex: a pesar de su halo campirano y burdo, brindan una sensación "más natural" y no contienen alergenos.

Crear una coraza es parte fundamental de la idea de guante, y aun para lavar los platos acudimos a ellos en busca de cierta insensibilidad o anestesia; pero una vez que las manos se han habituado a su nueva epidermis consiguen ampliar, a través de la propiocepción y los receptores cutáneos, el rango de alcance del tacto. Damos por descontado que la cara externa del guante ofrece texturas ásperas o, al contrario, irresistibles, pero la cara interna no tendría por qué condenarnos a una cárcel de adormecimiento perceptivo. Tras la extrañeza inicial, incluso los guantes sintéticos parecen contagiarse de vida como si fueran una extensión, ya no únicamente de las manos, sino del cerebro.

Quizá la prenda más célebre del cine sea el guante negro de *Gilda.* Striptease inolvidable de un solo brazo, danza de los siete velos condensado en un acto hipnótico, Rita Hayworth desató terremotos mientras descubría centímetro a centímetro su piel blanquísima y llevaba el guante de seda del antebrazo a la punta de los dedos. En España, tras su estreno en

1946, la Iglesia censuró la película por considerarla "gravemente escandalosa", haciendo creer que incluía un desnudo completo de la actriz; en realidad sólo mostraba la palidez de sus hombros y axilas y, claro, la insinuación de ese brazo ondulante y lábil que remite a la manera sinuosa en que una serpiente deja atrás su antigua piel. El hechizo del guante negro fue tan intenso que ella se lamentaría de que todos anhelaran acostarse con Gilda, pero no despertar al otro día con la mujer de carne y hueso: Margarita Carmen Cansino (pariente, por cierto, del escritor Rafael Cansinos Assens).

La rima más a la mano para "guante" es "amante" y, por supuesto, la prenda abunda en la poesía. En "El sueño de los guantes negros" López Velarde los convierte en objeto de deseo tétrico y pesadillas de ultratumba. La amada resucita y sale a su encuentro en el plano onírico. Cuando sus manos se entrelazan, el tacto de los guantes le hace sospechar una verdad terrible, quién sabe si esquelética o putrefacta, enmascarada por la tela. "¿Conservabas tu carne en cada hueso? / El enigma de amor se veló entero / en la prudencia de tus guantes negros".

Ana Cristina Cesar, reina de la escritura experimental brasileña, siempre de incógnito bajo unos enormes lentes oscuros sesenteros, en el epílogo de su libro *Guantes de gamuza* se entrega a una ceremonia nostálgica mientras explora el contenido de una maleta. Lo primero que toma es un par de guantes blancos, que se enfundará para manipular con delicadeza el resto del interior de esa caja de música objetual, llena de cartas y postales. La genialidad estriba en que los guantes son el instrumento quirúrgico para ese ejercicio de la memoria, pero también el punto de partida del recorrido poético, que puede leerse como la descripción de un ritual íntimo o de un performance casero.

La canción de amor de Giorgio de Chirico, uno de los cuadros más influyentes de la pintura metafísica, es una suerte de maleta de la incoherencia y el anacronismo en que las proporciones se convulsionan como en los sueños. Al lado de un busto de Apolo, de una pelota verde y una locomotora que se antoja de juguete, un guante de goma rojo gigantesco cuelga de la pared. Precursor del surrealismo, sombra colorida detrás de René Magritte, De Chirico puso en primer plano la fuerza plástica y el poder evocativo del guante, convirtiendo su presencia indolente en un enigma de lo cotidiano.

La vigilia del foco

El acto mecánico de prender la luz ha cancelado el misterio de la penumbra. La noche se ha convertido en una continuación deslavada del día, que ha permitido mayor movilidad y acaso mejores fiestas, pero ha llevado al estiramiento insensato de la jornada laboral. El triunfo de la incandescencia se aprecia en todo su esplendor desde el espacio: en una extraña síntesis navideña continua, la Tierra flota como una esfera enmarañada de foquitos —"estrellas dóciles y domesticadas", según R. L. Stevenson.

Hubo un tiempo en que no había más que el fuego y el claro de luna para guiarse en la oscuridad, y muchos imperios prosperaron y cayeron en ruinas sin que ninguno de sus habitantes tuviera el privilegio de presenciar el chisporroteo de una vela encendida. Si se tiene en cuenta que Euclides, Newton y Hooke contaron con fuentes más bien primitivas de alumbrado para desarrollar sus tratados de óptica y sus teorías de la luz, la mirada que dirigimos al pasado se envuelve en un velo ocre, espeso y vacilante, comparable al de una antorcha que desafía las tinieblas.

En los pocos rincones que no han sido alcanzados por la orgía de reflectores, la llegada de la noche divide la jornada en mitades irreconciliables, que no sólo implican actividades distintas, sino que propician estados de ánimo distintos, con regocijos y recompensas contrastantes para los sentidos y la imaginación. Así como los primeros rayos del alba difuminan las aprensiones y miedos nocturnos, el imperio de las sombras le resta urgencia y gravedad a las actividades prácticas y pone en perspectiva los pensamientos instrumentales de la vigilia. Allí donde un foco cuelga del techo e insiste en extender la vida diurna más allá de sus posibilidades, ya no hay lugar para la fantasía noctámbula, para ese tipo de ensoñación subterránea y secreta que se enciende con el crepúsculo, lo cual supone la amputación de una parte de nuestra actividad cerebral —la que involucra la ambigüedad, los claroscuros y también la inconsciencia—, un límite a nuestra capacidad de reconocernos en el espejo como algo más que un Dr. Jekyll unidimensional y laborioso, obsesionado con los privilegios de la vista.

Para conocer la cualidad terrosa de las tinieblas se ha vuelto necesario huir muy lejos de las ciudades. El grado de intoxicación lumínica es tan alto que no sólo nos hemos olvidado de la bóveda nocturna, sino que parece que libramos una batalla encarnizada también contra la luz natural: al interior de muchos edificios las lámparas están encendidas incluso a pleno día, imponiendo una atmósfera fría e inhóspita que facilita que perdamos la noción del tiempo y que el ciclo circadiano se ajuste a las demandas de la explotación laboral. En una estampa precisa del *multitasking*, la iluminación artificial hace que nuestro cuerpo proyecte no una, sino cuatro sombras, como siervas rendidas ante soles falaces.

Se calcula que la capucha de una lámpara de gas de antaño, o como las que todavía se estilan en algunos campamentos, emite tanta luz como la de una docena de velas; un foco, en contraste, emite el equivalente a cien. Ignoro cuántos watts tenga la bombilla más potente jamás creada, pero he visto una descomunal de veinte mil que, para no hacer estallar los transformadores, debía encenderse paulatinamente hasta alumbrar como un sol artificial todo el vecindario.

Aun si sólo la medimos en lúmenes —la unidad del flujo de luz—, la noche de 1882 en que las calles de Londres se iluminaron con los primeros faroles eléctricos debe ser considerada un acontecimiento histórico y, al mismo tiempo, una frontera decisiva y ya sin retorno, que quizás ameritaría que comenzáramos hablar de un antes y un después del foco, en el mismo sentido en que hablamos de un antes y después de Cristo (a.f. y d.f.). La exageración blasfema deja de parecerlo cuando consideramos el número de almas que hemos visto transformadas nuestras vidas a partir de entonces: no únicamente en cuanto a dinámicas sociales y cambio de costumbres, sino en lo que respecta a la alteración profunda de la psique, que ahora se cree capaz de desestimar los secretos de la noche y desenvolverse sin interrupciones en una sintonía diurna, cautiva en una prisión inaparente de vigilia perpetua, casi por completo al margen de contrapesos y desmentidos. Como recuerda Al Álvarez en el libro de ensayos en que explora la vida nocturna, intitulado con llaneza y contundencia y acaso nostalgia *La noche*, el instante en que se bajó la palanca para activar el tendido eléctrico en la zona de Holborn se considera el inicio de "la mayor revolución ambiental de la historia humana desde la domesticación del fuego".

Intruso y cenital, vigía todopoderoso, dios pelón de la vida doméstica, el ojo de la bombilla no deja intocado ningún resquicio, ningún lapso de la jornada escapa a su dominio. Con una mezcla de asepsia y rayo censor, la luz del foco nos persigue sin descanso, constriñéndonos a una moral impúdica en donde todo está a la vista de todos, en donde no hay nada que ocultar y las cosas quedan expuestas en una suerte de espectáculo obsceno sin límites. En el breve lapso de su vida (murió a los cuarenta y cuatro años), a Stevenson le tocó presenciar el chisporroteo de las últimas lámparas de aceite, pero también el salto del alumbrado público de gas al tendido eléctrico; en "Una petición a favor de las farolas de gas" describe el resplandor de los nuevos focos con dos epítetos todavía vigentes: "feo" y "cegador".

Dan escalofríos de sólo pensar en todo lo que ha visto pasar bajo su luz el llamado "foco centenario", un ejemplar incandescente que ha permanecido encendido desde 1901, sin apenas interrupciones y ahora con una tonalidad ambarina y tenue, en una estación de bomberos de California. La disminución de su poder a sólo cuatro watts y el récord que ostenta como el más longevo del mundo se antojan poca cosa comparados con la persistencia de su mirada, con esa voluntad implacable de escrutador y de auténtico ojo sin párpado.

Más allá de las tímidas incursiones en el pasado con antorchas, velas y lámparas de gas, una vez que la conquista definitiva de las tinieblas resultó posible, y la humanidad se lanzó a colonizarlas como si se tratara de un viejo continente apenas explorado, no tardó en afianzarse la fantasía de eliminar cualquier distinción entre el día y la noche, y de extender las demandas de la vigilia hasta esa cifra inhumana y acaso diabólica del 24/7, que debe leerse como "a toda hora y sin interrupción", dígito que condensa el gran sueño paradójico del capital, el sueño monstruoso de lo diurno en el que, en vez de dormir, se produce y consume sin descanso, al amparo de la gran revolución de la luz eléctrica.

El filamento de tungsteno de las primeras lámparas incandescentes, capaz de iluminar a varias generaciones, ha dado paso a nuevas formas de iluminación, más eficaces y ahorrativas, pero menos cálidas (fluorescente, halógena, led), que convierten cualquier habitación en una sala de hospital, cuando no en un remedo casero de la morgue. Acostumbrados a vivir bajo esa luz mortecina y cruda que reproduce la del interior de los refrigeradores, toda conversación se desenvuelve al filo del interrogatorio y casi cualquier guiso en la cocina, en particular si involucra carne, se confunde con una operación sobre la mesa de disecciones. En vez de apreciar las transiciones y los juegos de sombras que se producen en las diferentes horas del día, el ojo adopta los modos del bisturí y se solaza en comportamientos vigilantes o de orden quirúrgico.

En 1933, Junichiro Tanizaki escribió *El elogio de la sombra*, una defensa de los valores orientales asociados a la oscuridad. El autor de *El diario de un viejo loco* proyectaba construir su casa sin privarse de los avances occidentales, pero no quería que la instalación eléctrica inundara las habitaciones de una luz escandalosa, tan blanca como trivial, que eclipsara la belleza cultivada en sus márgenes y acabara por estropear los juegos de sombras tradicionales del Japón. Su ensayo, que es también una breve bitácora reflexiva sobre la idea de "habitar", se convierte en un contrapunto y en una advertencia, susurrada y envolvente, sobre los abusos occidentales de la luz eléctrica.

Desde el punto de vista de la sensibilidad estética, uno de los inventos más decisivos del siglo xix ha resultado también uno de los más burdos. En cubos blancos que se diría se rigen por el ideal del set de televisión, cualquier objeto de arte corre el riesgo de perder su potencial de enigma sometido a la saturación de luz, como una fotografía velada por un proceso de exposición demasiado prolongado. No importa qué tan sofisticados sean los medios artificiales de iluminar los cuadros en galerías y museos, si se trata de los medios equivocados o en una intensidad desproporcionada, es como si se los condenara a brillar en contra de su naturaleza. Un lienzo que fue pintado a la luz de las velas o de la lámpara de aceite, y que presumiblemente estaba destinado a un corredor o gabinete en el que recibiría la mayor parte del tiempo la incierta claridad que despide este tipo de lámparas —piénsese en Caravaggio o en De La Tour—, si no se preserva en un espacio umbrío en que una flama parpadee débilmente, extrayendo de la superficie de la tela brillos suaves pero inusitados, será un cuadro condenado a la incomprensión, del cual se exigen resplandores inconsecuentes.

Y si consideramos la creencia tradicional, todavía presente en los velorios y ofrendas de día de muertos, de que los espíritus encuentran su camino final a la oscuridad gracias a la ruta que les señalan las velas, podemos entender lo pernicioso que ha sido, incluso para los difuntos, la creación patentada en paralelo por Joseph Wilson Swan y Thomas Alva Edison. Concebido en parte para disminuir la inseguridad de las calles, el foco se ha vuelto una fuente de aturdimiento y desorientación aun para las almas en pena.

Más que una vuelta a las lámparas de gas y la parafina, tal vez ha llegado el momento de desenroscar los focos de sus casquillos y liberarnos de su adoración desmedida. En sociedades que asocian las buenas ideas con un foco prendido y miden la riqueza per cápita por el número de bombillas en los domicilios, hace falta explorar otra forma de riqueza: la que nos aguarda en la oscuridad, desenchufados, allí donde ni los focos ni el sol, como en la célebre canción de la Maldita Vecindad, entienden lo que pasa.

Filosofía del perfume

Quizá los olores son obsesionantes porque no sabemos describirlos. Aunque la fragancia más evanescente sea capaz de disparar un caudal de evocaciones, el aroma en sí elude el vocabulario, se resiste al esfuerzo de fijarlo mediante el alfiler de la palabra exacta. Como los dedos de una mano leve que rasgara una guitarra, efluvios de otro tiempo rozan nuestras fibras sensibles y nos transportan a la infancia o a la noche de ayer, pero debemos contentarnos apenas con nombrar su origen: huele a pan recién horneado; huele a la primera lluvia de mayo; huele a ti.

Aludimos pero no acertamos; desplazamos la descripción hacia la fuente o sus proximidades; es como si, en vez de decir "verde claro", tuviéramos que efectuar rodeos y contorsiones en que la memoria se tropieza con el lenguaje: "se ve como el reverso de las hojas jóvenes de un arbusto en primavera". El frasco bien puede estar allí, ante nuestras narices, resguardando las gotas de una esencia subyugante, pero las palabras se estrellan contra el cristal como moscas perturbadas que habitaran un mundo muy lejano.

Los perfumistas se han aprovechado del reducido léxico de los olores para envolver sus productos en un halo de enigma.

"Algalia" y "almizcle" se antojan palabras demasiado eufónicas para nombrar las secreciones que los ciervos y las civetas producen en el ano —y que luego rociamos coquetamente sobre nuestro cuello—; y lo mismo puede decirse del ámbar gris, utilizado para fijar los perfumes, que no es sino bilis de ballena expulsada espontáneamente al océano para prevenir obstrucciones intestinales: puro y llano vómito, que se cotiza a la par del oro. Como si las fragancias surgieran de un pozo exótico, las marcas recurren al vínculo ancestral entre el aroma y el embrujo: Trésor, Samsara, Mystère, Magia Negra…

En su libro de psicología del olfato, *La seducción secreta*, Piet Vroon explica el porqué de nuestra distancia léxica con el mundo de los olores. Desde el punto de vista evolutivo, el sentido del olfato es un órgano antiguo, que mantiene pocas conexiones con la parte más reciente del cerebro, el neocórtex izquierdo, que alberga los "centros del lenguaje". En contraste, se comunica de manera estrecha con el sistema límbico y la hipófisis, estructuras que regulan las emociones, las motivaciones y la producción hormonal, de allí que un olor pueda desatar reacciones y conductas de carácter instintivo.

Pero las limitaciones del lenguaje olfativo también guardan relación con el desprestigio generalizado de los olores y su desdén cultural, que crea una suerte de nudo en la punta de la lengua que, entre otras cosas, apuntalaría el ideal de una vida cada vez más desodorizada y aséptica. Desde Platón, el olfato ocupa un lugar inferior en la jerarquía de los sentidos, incluso por debajo del gusto, ya que en él lo vulgar se mezclaría con lo primitivo y obsceno. El filósofo asociaba el olfato con el deseo y la animalidad, pues entregarse a sus incitaciones nos aparta del cielo de las matemáticas e invita al placer carnal e incluso, según él, al "afeminamiento". Un par de siglos antes, Solón, uno de los siete sabios, prohibió la venta de perfumes en Atenas, impulsado no tanto por consideraciones filosóficas, sino porque al parecer las perfumerías eran entonces refugio de vagos y desocupados.

La antigua devaluación del olfato se expresa también en la división del trabajo. En la cima se sitúan las labores más pulcras e intelectivas, mientras que las terrenas o sucias, aquellas que lidian con inmundicias y hedores, se desprecian por degradantes. La prostitución, oficio tan vilipendiando como extendido en la economía libidinal de las sociedades, se asocia a lo hediondo e impuro; en sus versos, Juvenal envuelve a las meretrices en miasmas y las describe como "pestilentes", designación que se extendió a las principales lenguas de Occidente —*puttana, putain, old put, puta*— a partir de la raíz indoeuropea *pu:* "descomponerse", "podrirse" (de allí también "pus", "pútrido" y "pudor").

Según las filosofías de ceño fruncido, dar importancia a los llamados "sentidos químicos" nos emparentaría con los animales "inferiores", con los perros, los cerdos y las ratas, cuya olfacción es decenas de veces más aguda que la nuestra. Si el rinencéfalo, el conjunto de estructuras del sistema límbico responsable de las sensaciones olfativas, ocupara en los humanos la misma proporción de tejido cerebral que ocupa en los animales de presa, habitaríamos un mundo muy distinto, menos visual y abstracto, un mundo de señales envolventes, embriagadoras o fétidas, en el que quizás imperaría la excitación, el miedo y el asco, como en la famosa novela de Patrick Süskind.

En el libro *De olores*, Teofrasto, alumno a veces desobediente de Platón y Aristóteles, en contra del estigma que pendía sobre los perfumes, aporta evidencias de sus propiedades curativas, reconfortantes y tónicas; y es significativo que los demás filósofos del linaje socrático, precisamente aquellos que no se paseaban por el ágora con el gesto altivo e inconfundible de oler mierda, mantuvieran una actitud opuesta a la de los fundadores de la Academia y el Liceo: se sabe que Diógenes el cínico abandonaba su tonel para frecuentar las perfumerías, y que Aristipo, el filósofo del placer, tenía debilidad por los ungüentos, las cremas y los talcos. No por nada pasaron a la historia con sobrenombres de animales: mientras que los cínicos reivindicaban el apelativo de "perros", los hedonistas fueron descalificados con el mote de "cerdos".

Ya entonces, en el que se conoce como "el siglo de Pericles" (v a.C.), se consideraba que la posición erguida había privilegiado el sentido de la vista con fundadas razones, y que dado que los olores pesan más que el aire y se incrementan en la proximidad del suelo, crean el ambiente propicio para el desenvolvimiento y solaz de los cuadrúpedos.

Al mismo tiempo que el olfato era objeto de disputas conceptuales entre los filósofos, el encanto sensual de los perfumes seguía su camino paralelo entre la población de Atenas. Quizá como un aprendizaje del Oriente, entendieron que los estados de ánimo podían modificarse mediante el humo subliminal del incienso, y que gracias a una combinación adecuada de fragancias podía alcanzarse un estado relajante, eufórico, embriagador o lujurioso. Ello explica que se pagaran fuertes sumas por las materias primas de tales prodigios, y que se las apreciara incluso en los ritos funerarios, tanto como las flores. Al parecer los hierofantes de los misterios eleusinos dominaban el arte de difundir por los aires perfumes en sucesión, que concertaban con la música para crear un *crescendo* que aumentaba la expectativa de las revelaciones al interior de la gruta. Tal era la importancia que se les asignaba para crear una atmósfera que, como observa el cosmetólogo Eugène Rimmel en *El libro de los perfumes,* Homero y otros poetas de la antigüedad clásica nunca describen la aparición de una diosa sin mencionar las nubes de ambrosía que la envuelven.

Los romanos llevaron su entusiasmo por los perfumes a niveles desorbitados: aromatizaban las paredes, la pelambre de perros y caballos, el agua de las fuentes, y no concebían un banquete sin una secuencia de fragancias ambientales, tan apreciada como la música. Con materias primas provenientes de todos los rincones del imperio, elaboraron ungüentos, mezclas líquidas o perfumes en polvo (no conocían el alcohol como compuesto químico), e incluso ensayaron combinaciones con el fin menos concupiscente de provocar la temeridad entre los guerreros que se aprestaban al combate.

¿Qué explica que un olor nos parezca agradable y otro no? En un reino tan etéreo, ¿cuál es la frontera entre la peste y el perfume, entre la repugnancia y el deleite? ¿Por qué un aroma irresistible puede cambiar de signo al día siguiente o apenas consumado el acto sexual?

En dosis infinitesimales, nuestro cuerpo emite fragancias que bastarían para llevarnos al éxtasis. Las heces humanas contienen pequeñas concentraciones características del jazmín, mientras que el olor de la axila, que los poetas romanos denominaban *hirco* —por su parecido con el hedor del macho cabrío— no ha dejado de ser nuestra tarjeta de presentación olfativa, por más capas de desodorante que la disimulen. De manera parecida a las secreciones del gato de algalia, ciertas glándulas en nuestra región anal despiden partículas volátiles que hacen las veces de las feromonas animales y transportan señales que influyen en nuestro comportamiento, a pesar de que viajan a espaldas del radar de la conciencia. Al parecer, para los fines impredecibles del ligue y la conquista amorosa, en lugar de la higiene tenaz o remilgada a la que nos conmina una filosofía centrada en la visión y la apariencia, lo más indicado sería omitir el baño durante al menos un par de días… Conozco a un par de personas que lo han probado en carne propia, por diversión experimental o por llana urgencia; la rotundidad de los resultados los han hecho descreer del jabón y del baño frecuente y, por una reacción en cadena, de otros viejos y apolillados pilares de la civilización.

Claroscuros del libro

Ante las alarmas por la extinción del libro, Umberto Eco solía responder con una sonrisa sabia: de igual modo que la cuchara o la rueda, el libro es uno de esos inventos insustituibles que, una vez que ha encontrado su forma, difícilmente aceptará mejoras. El libro digital podrá seguir su propia parábola de auge y previsible ruina, pero lo hará en una dimensión distinta a la de su pariente de celulosa y tinta, del que deriva y al que nunca desplazará, por la misma razón por la que un fantasma no puede expulsarnos de una habitación a empujones: habitan universos paralelos, acaso coincidentes pero que nunca se tocan.

Si el video pudo matar a la estrella de radio, el *ebook* sólo hará que los ejemplares de papel se valoren un poco más, se aprecien por su despliegue material y palpable, por su belleza en cuanto objeto físico, por su composición, textura e incluso olor. Aun si al final se reservan únicamente para la lectura hedonista o el coleccionismo, los libros de papel se quedarán con nosotros algunos siglos más.

Al margen de si hay algo que añadir o modificar al diseño del libro, algunas de sus principales cualidades se han puesto en entredicho frente a su contraparte digital. De ser un objeto ligero, casi alado, presto para el viaje y la aventura, en plena era de la movilidad se ha revelado como un auténtico fardo, y las bibliotecas personales se equiparan a un lastre, visitadas por el demonio de la acumulación. El amor por los libros de papel tiene un límite y suele medirse en kilogramos, de allí que la prueba de las bibliofilias auténticas se decida casi siempre en las mudanzas.

Recuerdo ventas de saldos en que las editoriales establecían un tope máximo a la avidez libresca: podías llevarte sólo los ejemplares que estuvieras en condición de cargar tú mismo. Ni uno más. El propio espinazo convertido en la balanza de nuestra desmesura. Seguramente era una estratagema para disuadir la visita de los libreros de viejo, esos lobos de mar de la materia impresa, cuyo sexto sentido los orienta hacia las gangas y oportunidades; pero a la vez funcionaba como un criterio razonable y humano, que anticipaba las consignas de desprendimiento y orden al estilo de Marie Kondo.

De las tablillas de arcilla a las tabletas electrónicas, se ha ensayado con toda clase de soportes para fijar la escritura: piedra, metal, piel de cordero... En otro tiempo se apreciaba en particular la madera aromática del árbol de boj y la cera de abeja, superficies en las que se practicaban incisiones con el *stilus*, el punzón que prefiguró la estilográfica o pluma fuente. Como argumenta Irene Vallejo en su fantástico y erudito libro sobre el libro, *El infinito en un junco*, el rollo de papiro supuso un avance sin precedentes. Una vez que el aliento de las palabras pudo ser fijado en la sábana clara y flexible de una planta acuática de las orillas del Nilo, la proliferación del libro ya no se detendría, hasta llegar a las montañas inconcebibles de hoy, en que se producen más de dos millones de títulos nuevos cada año en todo el planeta. ¡Hablamos de títulos y no de ejemplares!

Mientras la fabricación de papel dependa de la tala de árboles y la deforestación, la búsqueda del soporte ideal para el texto seguirá su curso entre tanteos y experimentos que apostarán cada vez más por el reciclaje. Idealmente, ese material del futuro subsanará también uno de sus defectos ancestrales: la erosión y caducidad de sus fibras, su deterioro y fragilidad amarronada; pero se antoja muy improbable que algunos aspectos característicos del libro, como el formato rectangular o la disposición en códice, se puedan modificar sustancialmente.

Basta imaginar los estantes de bibliotecas del pasado como la de Alejandría o la Villa de los papiros, aquellas estructuras hexagonales que debían lucir como colmenas del saber atiborradas de rollos ajados y difíciles de identificar, para agradecer la invención del sencillo y revolucionario lomo, esa columna vertebral sobre la que solemos pasar las yemas indecisas de los dedos. Alguna vez practiqué con un diploma —pero lo mismo puede hacerse con una simple cartulina— el proceso simultáneo de enrollado y desenrollado que se ejecuta con ambas manos a medida que se avanza en la lectura a la usanza antigua, y comprobé que la técnica vertical que dominaron en la época clásica Platón y Petronio, Heráclito y Filodemo de Gadara, era más exigente y corporal que la contemporánea, que corre, por así decir, en forma horizontal, y reconozco que al menos yo no pude realizarla con comodidad ni de pie ni sentado, ya ni se diga tendido en la cama. En contraste, el compacto y muy manejable libro de hoy, que lo mismo cabe en el bolsillo que puede presumirse sobre la mesa del café, e incluso se deja leer en medio de los apretujones del transporte público, representa un adelanto tecnológico incomparable.

Para Borges, el libro es el instrumento más asombroso que haya inventado el hombre, extensión de la memoria y la imaginación. Y no es poca cosa que sirva también para revestir paredes, para hacerse el interesante y afectar erudición cuando lo llevamos bajo el brazo, o bien para apuntalar la pata tembleque de una mesa. En un libro podemos sumergirnos durante días y días de felicidad y también, en los trances difíciles, puede convertirse en una tabla de salvación, que nos aparta o distrae de las pasiones más tristes. Tras suspender la realidad o dejarla entre paréntesis por el lapso de algunas horas —ese paréntesis laberíntico que se desenvuelve a medida que damos vuelta a las páginas— ya no volvemos de la misma manera de sus pasillos imprevisibles, y no conozco mejor refugio para cambiar de ánimo o para disipar los sinsabores de un día cuesta arriba.

En ensayos como "El libro como un contenedor de la conciencia", William Gass aboga por una doble unidad: la del libro como cuerpo y la del libro como mente. Todo artista está y debe estar de cuerpo completo en su lenguaje, y la forma artística no sería otra cosa que el resultado armonioso de una composición en que el creador y su lenguaje se funden plenamente, en una superación o síntesis del dualismo cartesiano. Quizá de alcance menos radical pero en la misma dirección que "El arte nuevo de hacer libros" de Ulises Carrión, ensayo en que el des-escritor y artista defiende la diferencia entre escribir textos y "hacer" propiamente libros (entendido esto último como el proceso integral en que el autor se compromete con su diseño y su factura material e incluso su distribución), Gass rechaza aquella conocida idea fantasmal de la lectura según la cual nos enfrentamos a textos y no a libros. Defiende que un libro se sostiene como una arquitectura o cuerpo verbal, sensitivo y tangible, y los mejores serían aquellos que han sido moldeados —esto es, esculpidos de principio a fin—, de acuerdo a las decisiones creativas y al temperamento del autor. Aunque Kindle y otros dispositivos digitales lo hayan puesto en entre dicho, leemos libros y no sólo textos por la sencilla razón de que los leemos con el cuerpo y no sólo con la mente, y una buena prueba de ello es que ni la tipografía ni la calidad del papel, ni su peso ni la manera en que se acopla a las manos, ni la presencia o lugar de las ilustraciones, ni su edad o señales de uso o desgaste, ni las huellas y marcas de su antiguo dueño, y ni siquiera su costo nos dejan indiferentes ni es fácil desvincularlos de la experiencia de la lectura.

A pesar de Eco, se ha argumentado muchas veces que la cuchara china, un cuenco aplanado y profundo de nombre *tiáogēng*, resulta más adecuada y elegante que la cuchara occidental para la tarea básica de comer una sopa; del mismo modo, el libro como invento no se ha salvado de recibir toda suerte de objeciones, en última instancia debido a que no está ni debería estar exento de imperfecciones o perfiles sombríos.

Emblema del deber, conglomerado de tareas escolares, símbolo del aislamiento y las ínfulas de sabihondo, el libro ha orillado a muchos estudiantes a odiarlo y arrojarlo por la ventana a fin de cursos. En las culturas de las llamadas "religiones del libro" suele ser motivo de veneración y culto, pero su halo de respetabilidad puede ser tal que sólo muy pocos se sientan inclinados a traspasar el umbral de la portada... Y aun cuando despierte furores y prohibiciones y se preste a fetichismos de toda índole, para la mayoría no deja de ser un artículo ajeno, a la vez intimidante y abstruso, poco más que el decorado de ciertas habitaciones apartadas y silenciosas. Acaso el objeto más coleccionado del mundo, el libro suele apreciarse mientras menos señales de uso tenga, ¡y qué mejor si permanece intonso como un tabique impenetrable que se resiste a ser leído!

George Orwell, quien trabajó una temporada en una librería de viejo, se curó de su ya avanzada bibliomanía después de limpiar miles y miles de libros e intentar venderlos cada día. Obligado a "mentir como un bellaco" y hablar bien de ellos con hipérboles desmedidas e hipócritas, pero sobre todo a raíz de conocer de cerca a la clase de chiflados y obsesivos que se sienten atraídos por la imantación del papel y los sitios penumbrosos en los que se acumulan, renunció a su trabajo que al principio se antojaba paradisiaco y también a su afición por ellos. Aquel ejemplar que había sido objeto de búsquedas detectivescas y desvelos y por el cual estuvo dispuesto a desembolsar sumas exorbitantes, de pronto se transformó entre sus manos en un depósito de polvo y ácaros, un conglomerado de fibras vegetales y signos mudos y necios, uno más de una larga hilera inabarcable...

La cita de Borges que he copiado más arriba, que lo compara con una prótesis de la memoria y la imaginación, es uno de los lugares comunes más socorridos en la defensa del libro; quizá menos conocida es su descripción que lo rebaja a un simple "cubo de papel y cuero", que alberga "símbolos muertos"; imagen válida sobre todo para el ejemplar que duerme en la estantería, a la espera de ser leído —el libro sin lector. Ese símil de extrañamiento lo encontramos repetido en muchos otros autores, por ejemplo en Ralph Waldo Emerson, de quien seguramente la tomó. Y no hay que olvidar que Robert Louis Stevenson, pese a que amaba los libros y escribió algunos inolvidables, los consideraba derivativos y faltos de sustancia, meros "subtítulos anémicos de la vida".

Todos quisiéramos que al comprar o regalar un libro, en vez de medio kilo de papel, tinta y cola, compremos o regalemos "una nueva vida", tal como ambicionaba Christopher Morley. Pero conozco más de un sitio en que el libro es reducido a un simple cubo muerto; ya no digamos las bodegas de tantas editoriales que los guillotinan sin piedad a montones, sino bibliotecas enteras y aun librerías, para las cuales los objetos que conservan y atesoran no se distinguen de ladrillos o meros lingotes...

En el depósito de cartones y papeles de reciclaje, donde también se comercializan libros usados, una caja, ¡una simple caja de tamaño mediano!, se cotiza mejor que cualquier ejemplar, y eso que me refiero a los que se venden de forma individual y no "al kilo", por mucho más devaluados y que en el mercado de los desechos se asimilan a mera pulpa. Y es justo allí, al depósito de cartones y de impresos muertos, a donde ahora me dirijo en busca de más cajas para transportar mis queridos pero plomosos "libros alados".

Los embrollos de la cinta adhesiva

Vendaje de celofán, emplasto traslúcido de última tecnología, epidermis sintética, el abuso de la cinta adhesiva no tarda en convertir en momia todo lo que toca. Como si las roturas del mundo fueran auténticas heridas por las que se desangra la realidad, hay quien lleva consigo un carrete de cinta mágica para reparar las grietas y fisuras que encuentra a su paso, para reunir los fragmentos de cualquier papel hecho trizas, en un afán de remiendo y sutura que suele terminar en un pegoste abominable.

Si en el terreno de la restauración hay ejemplos tan fallidos que se antojan vanguardistas —el *Eccehomo* del Santuario de la Misericordia, en Zaragoza, nos dejó atónitos a todos—, no pasa un día sin que las composturas caseras produzcan aberraciones semejantes, sólo que menos mediáticas, envueltas en capas de película acrílica y emulsiones pegajosas, pues nadie soporta la presencia de lo roto aunque permanezca en pie.

Mientras que la técnica ancestral del *kintsugi*, en Japón, se esmera en poner de manifiesto las fracturas, en señalar los remiendos y nuevas uniones con materiales preciosos como parte de la historia del objeto y de sus accidentes, la medida salvaje del diurex, quizá porque apela a la transparencia falaz de sus materiales, procura más bien el ocultamiento de la grieta, su disimulo y restañadura sin apenas dejar huella, ilusión vana que sólo consigue enfatizar la plasta plástica que añade.

Tanto celo por disfrazar la quebradura, por fingir que no ha pasado nada y, a la larga, por el desvanecimiento de la cicatriz (en España se denomina "celo" a lo que en casi toda América, por efecto de la preponderancia de las marcas, se conoce como "scotch" y en México como "diurex") quizá se relacione con el principio de la doble cara por el que se rige la cinta adhesiva: un lado adyacente y promiscuo, otro impermeable y pulcro. A diferencia del hilo, del pegamento o de metales como el estaño, en que la sustancia reparadora es uniforme y carece de anverso y reverso, la cinta promete restablecer lo roto cubriéndolo con una capa bifronte que hace las veces de segunda piel.

Si la cinta adhesiva es, en algún sentido, "mágica", se debe a la capacidad de articular dos órdenes contrapuestos de las cosas —lo seco y lo húmedo, lo liso y lo pegajoso— de una forma sencilla y asombrosa; lo cual ha llevado a autores como Steven Connor a afirmar, en una de sus inolvidables exploraciones de los objetos cotidianos, que por más anodina que parezca a primera vista, la cinta adhesiva es en realidad una "máquina filosófica", una elegante síntesis conceptual. A excepción de las versiones "doble cara", en que ambas superficies son adherentes, la parte manipulable y reluciente de la cinta contrasta con la otra, pringosa y más opaca, que realiza el trabajo a nivel molecular, creando nuevos enlaces al contacto con las cosas. Ese principio dual la emparienta con la cinta aislante y la quirúrgica, con la *gaffer* y la llamada "canela", y tan decisivo como su poder aglutinante es la promesa, presente en todas, de envolver y sellar, de preservar los cuerpos de daños ulteriores gracias a una película enrollable y uniforme, que parcha y arropa, cura y recubre; cualidades que más de una vez han propiciado iniciativas tan desesperadas como detener la fuga de una tubería con su ayuda...

En una continuación del placer por lo pegajoso que desarrollamos en la infancia, recuerdo haber pasado horas interminables jugando con un carrete de diurex. A estas alturas, me temo que habré invertido más tiempo en buscar la punta de la cinta que en cualquier actividad lúdica con ella, recorriendo su superficie con la uña en busca de ese borde indiscernible y mil veces maldito que parece haberse fundido con el resto del cilindro; pero reconozco que uno de esos juegos de niño no ha dejado de maravillarme. En caso de conseguir manipular la cinta sin demasiado embrollo (incluso las máquinas filosóficas o, *sobre todo ellas*, propenden al enredo y al estropicio y se nos resisten), es posible formar una banda de Möbius con un simple medio giro y la unión de los extremos. Si uno desliza el dedo a todo lo largo, a pesar de que, en teoría, la banda sería un ejemplo topológico de una superficie no orientable que sólo posee una cara, la yema descubre el salto de lo liso a lo pegajoso y de vuelta a lo liso, hasta que la banda se adhiere a sí misma, pierde sus propiedades matemáticas y se convierte en un mazacote del que sólo nos desharemos mediante un papirotazo exasperado. En aquel entonces no me había dado cuenta de que el ciclo de la vida en la Tierra es como una gigantesca banda de Möbius, donde el paso de una cara a la otra equivale al tránsito del nacimiento a la muerte y de la muerte al nacimiento, pero ya había algo en ese cambio continuo, apenas perceptible a la vista, que me parecía revelador, como si se tratara de la metáfora de algo decisivo.

Los médicos del antiguo Egipto utilizaban vendajes bajo el mismo principio de las dos caras: la tira de tela se impregnaba de un lado de grasa y miel, de almidón y resinas, con el fin de envolver la zona enferma. En contacto con la piel, la parte húmeda actuaba como bálsamo, al tiempo que creaba una coraza suave que protegía y preservaba. Las cualidades restaurativas de esa técnica llevarían a que se probaran sus efectos en el viaje hacia el Inframundo, el mítico Duat, de geografía intrincada y habitado por genios benéficos o malignos, lo que quizás explique que cada vez que aplicamos un pedazo de diurex haya cierto aire de embalsamamiento y vuelta a la vida. Es verdad que la cinta adhesiva no desprende un aroma a azafrán o cardamomo, no remite a la canela, el nardo o la mirra de los menjurjes egipcios, sino que sus efluvios tienen ese no sé qué artificial y adictivo del olor a nuevo, pero ¿quién no ha intentado resucitar con ella a un muñeco roto? ¿Quién no ha probado salvar un lápiz partido a la mitad, convirtiéndolo de pasada en un improvisado carrete, enrollándole mil vueltas adicionales de cinta por si luego se ofrece?

Con el paso del tiempo, por más limpio e invisible que haya sido el remiendo, se formará una cicatriz. A diferencia de la silueta clara y fantasmal de una herida en la piel, aquí la cicatriz sigue el contorno rectilíneo del emplasto, que al envejecer se torna escamoso y amarillento, como una capa reseca de epidermis, que a veces se desprende sola, pero otras hay que removerla con cuidado, en una operación casi quirúrgica. Los tonos pardos de la cinta rancia, así como su textura de pellejo o de uña enterrada, remiten a los tiempos no tan lejanos en que el pegamento se creaba a partir del gluten que desprenden las pezuñas y los huesos hervidos (tanto el francés "glu" como el inglés "glue" recogen la raíz latina que vincula las proteínas viscoelásticas con el pegamento).

Aunque muchos libros se hayan salvado del deterioro gracias a que fueron forrados con dedicación escolar, y haya mapas que todavía se despliegan gracias a una retícula de diurex en sus dobleces ajados, las huellas de cinta constituyen una de las máculas más odiosas en el ámbito del coleccionismo especializado. Retirarlas pone en riesgo el papel —en particular las partes impresas—, mientras que pasarlas por alto equivale a rendirse ante una intervención barbárica, tan escandalosa como la del *Eccehomo* (y mucho más común).

Pero los gustos cambian y la cinta adhesiva es un invento todavía muy reciente, que no ha cumplido ni siquiera cien años. No es impensable que, en uno o dos siglos, sus marcas sean comparables a la pátina y lleguen a apreciarse tanto como las cicatrices de oro del *kintsugi*.

El caldo primigenio

En el principio fue el caldo. "Grávido y suculento", como lo describe Neruda en una receta disfrazada de poema, en él se conjugan a fuego lento sabores de la más variada procedencia: del mar y de la tierra, del subsuelo y de las briznas aromáticas que se lleva el viento. El resultado es siempre mejor si se comienza con el agua fría, pues de esta manera, en una receptividad que tiene algo de promiscua, todo se impregna de los jugos de todos; a tal grado son provechosas las nupcias del hervor, que incluso es posible preparar un caldo balsámico y alimenticio únicamente de espinas de pescado, ajo y hierbas. La mescolanza tiene, desde luego, su alquimia secreta: "si la carne es magra, sea el caldo gordo; si fuere la carne gorda, echarle el caldo magro" reza el primer recetario impreso en castellano —y catalán—, el *Libro de guisados de Ruperto de Nola*, publicado en 1529. Un chorro de vino nunca desentona, mientras que el de aceite se antoja redundante, aunque, eso sí, ya que el líquido al espesarse vuelve a su naturaleza marítima y le da por espumar, es necesario retirarla como si se tratara de un encaje.

Reconfortante como pócima mágica y nutritivo como concentrado de proteínas, el caldo tiene el poder de conectarnos con el pasado, con una de las formas más ancestrales de cocina y, si lo espaciamos a cucharadas lentas, devolvernos a la vida. Quizá porque en el caldo primigenio de Oparin se habrían sintetizado las primeras moléculas orgánicas bajo la acción de la energía eléctrica y la radiación ultravioleta, nada como un potaje humeante para restaurarnos después de una jornada de frío y trabajo, o al día siguiente de una borrachera interminable.

La expresión "el año del caldo" remite a un pasado remoto, aunque no tanto como para retroceder a la atmósfera eléctrica y las altas temperaturas que imperaban en la Tierra hace millones de años, y ni siquiera a aquellos tiempos prehistóricos de su invención en las cavernas. Durante el periodo colonial, cuando las administraciones virreinales asignaron un impuesto al tráfico de bebidas alcohólicas entre el Viejo y el Nuevo Mundo, tanto vinos como aguardientes y vinagres fueron etiquetados mañosamente con el apelativo de "caldos". Para poner freno al contrabando, las autoridades no tardaron en tasar también su importación, por lo que ese *annus horribilis* que hoy sugiere lejanía y vetustez ha de ubicarse en algún punto de la primera mitad del siglo XVI, hace ya cerca de quinientos años. Por supuesto el sobrenombre del ardid ha perdurado, para desesperación de enólogos, sumilleres y sibaritas de toda laya que, a pesar de la RAE, detestan que se denomine así al mosto de uva fermentado, y apenas lo toleran cuando se trata de vino caliente con especias y miel.

A propósito del origen primitivo del caldo, en la gruta Font-de-Gaume de Les Eyzies, en la Dordoña, antigua tierra de cromañones, se ha encontrado la primera imagen de su elaboración durante el Paleolítico superior, aunque es probable que la práctica de hervir huesos y vegetales se remonte a varios milenios atrás. Pese a la presencia abrumadora de animales en las pinturas rupestres, la escasez de escenas de caza en la zona franco-cantábrica ha dado pie a una interpretación en clave mágica de las figuras representadas (en especial de las criaturas híbridas o sobrenaturales: cuerpos humanos con cabeza o máscara de ave, danzantes coronados por astas de ciervo, etcétera). La adopción de huecos naturales en las rocas para cocinar, mediante la técnica de introducir en ellos piedras al rojo vivo, se antoja ya una operación chamánica, pero a menos de que se tratara de un brebaje psicotrópico de significación ritual —acaso un caldo con hongos enteógenos—, la estampa culinaria es plenamente reconocible, semejante a otras representaciones icónicas de criaturas reales de la vida diurna. En esas oquedades se habría vertido agua y carne animal, para luego incorporar piedras calentadas al fuego que producirían la cocción, el ablandamiento de los ingredientes y el realce de los sabores.*

En *Mecha de enebros*, obra inclasificable de Clayton Eshleman (libro de culto que se despliega como un móvil de Alexander Calder en donde la poesía se transforma en prosa y la prosa en poesía), los glifos y pinturas parietales se interpretan como el registro del surgimiento de la conciencia humana y la expulsión psíquica de lo animal. En aquellos sitios geo-míticos se encontraría el "basamento rocoso" de nuestra imaginación no solamente artística, sino simbólica y metafórica, que en el transcurso de la toma de distancia frente al

---

* Al margen de la representación en cuevas, se han ubicado pozos de ebullición en el sitio arqueológico Pavlov VI, en la actual República Checa, que datan del año 29 000 a.C. Se trata de huecos en el suelo rocoso, al parecer para dos funciones diferenciadas, la cocción y el asado (tipo barbacoa), mediante la técnica de las piedras calefactoras. En el lugar se encontraron también huesos de mamut, zorro ártico, oso, glotón y liebre.

resto de los animales y en el trance de asimilar su otredad, los habría proyectado sobre los muros y techos cavernosos en trazos estilizados y polícromos. En su lectura documentada y poética de las figuras rupestres, Eshleman aventura una versión alternativa de la Caída bíblica: la pérdida de la inocencia correspondería a una dilatada crisis a través de la cual, por el hecho de matar animales para su sustento y vestido, los primeros seres humanos cobraron conciencia de sí mismos —de su grandeza, semejanza e inferioridad relativas—, a la vez que experimentaban el desconcierto y estupor de su extranjería. Si el paraíso se concibe como la etapa en que lo humano y lo animal se encontraban unidos —o, si se quiere, como un periodo de convivencia armónica con la naturaleza—, más que una expulsión o condena, se habría tratado de un autoexilio inexorable, del que ha quedado constancia en lo más profundo de las cuevas de la edad de piedra.

Ya Georges Bataille había llegado a una conclusión parecida con respecto a la emergencia del arte rupestre: la experiencia de una ruptura, de una separación del seno de la naturaleza, y la conciencia de la heterogeneidad del ser humano en relación con el mundo en el que se desenvolvía, habrían sido los fundamentos de toda forma de representación e imaginación. Según A. H. Brodrick, autor de un libro señero sobre pintura prehistórica, ese camino hacia la autoconciencia se habría acelerado gracias al encuentro —en el doble sentido de choque e hibridación— con los neandertales en lo que hoy es Europa, homínidos físicamente diferentes y con ideas y costumbres ajenas —posiblemente con una cultura simbólica propia—, en quienes sin embargo los primeros hombres alcanzaron a ver su reflejo, pero también su diferencia.

Arriesgadas y quizás indemostrables, estas tesis no se contraponen al punto de vista de muchos antropólogos contemporáneos, para quienes el uso de dibujos naturalistas que anticipan o representan conceptos habría sido decisivo en el salto evolutivo hacia el hombre moderno.

En este contexto, la preparación del caldo y su representación cabría entenderlas como parte del proceso por el que se acentuó la distancia constitutiva entre lo humano y lo animal —la extrañeza de saberse a un tiempo "familiar" y "otro" en medio de ese reino—, no sólo por el paso inconmensurable de lo crudo a lo cocido, sino por llevar el dominio del fuego a niveles de sofisticación sin precedentes, que permitieron extraer, incluso de los mismos huesos, toda su médula y sustancia.

Todavía hoy, en algunas regiones de Oaxaca y Veracruz, se elabora el tradicional "caldo de piedra", un platillo colectivo en honor a las mujeres que —aseguran— data de tiempos prehispánicos, aunque quizá se relacione con las primeras migraciones al continente americano. Los varones de la comunidad se encargan de todo: hacen acopio de los ingredientes y la leña, escogen las piedras que se pondrán al fuego por más de tres horas, y sirven los platillos. Se conserva la receta típica de los indígenas chinantecos en torno al cuenco natural de una roca, que le confiere su sabor mineral característico, pero también se han adoptado otros recipientes, como las jícaras y los molcajetes. Al agua se agrega la base de verduras frescas en rodajas o machacadas: jitomate, chile, cebolla, ajo, hierba santa, epazote. Entonces se depositan las piedras al rojo vivo y la ebullición es casi instantánea. Con las verduras en cocción, se añaden camarones, jaibas o trozos de pescado hasta que el caldo tome cuerpo.

Aun cuando la invención del caldo precede al sedentarismo por decenas de miles de años, no sería exagerado decir que tan pronto se formó un asiento nutricio en ollas y marmitas, ya se habían creado las condiciones para los primeros asentamientos humanos. Hoy, arqueólogos y antropólogos coinciden en que la fuerza centrípeta que apartó a las tribus del nomadismo fue la ebriedad y el gusto por la cerveza. Ancla dorada y espumosa, piedra basal líquida, elixir que relaja y alimenta, en torno suyo se levantaron las ciudades, se dictaron las primeras leyes y se erigieron instituciones a la postre no necesariamente benéficas como el Estado, la propiedad privada y la monogamia. Hace alrededor de doce mil años, en la región conocida como "Media Luna Fértil", bañada por los ríos Nilo, Jordán, Orontes, Tigris y Éufrates, la necesidad de grandes cantidades de cereal para la elaboración de bebidas embriagantes (primero de trigo espelta y luego de cebada) llevó al abandono del estilo de vida migrante de la edad de oro, basado en la recolección y la organización comunitaria, para sentar las bases de la agricultura. Aunque en la fabricación de cerveza no se habla propiamente de un "caldo", las técnicas de cocina y alfarería habían alcanzado tal desarrollo que el fuego pudo encauzarse hacia la maceración de granos y su cocción controlada. El mosto de malta, a través de la fermentación, daría paso al anhelado alcohol. Y el resto es historia, es decir, protohistoria todavía: civilizaciones jerarquizadas en torno a un poder central que administra el excedente de las cosechas y controla el comercio de menjurjes espirituosos, además de que sanciona la disipación de sus habitantes.

El caldo también es primordial en el sentido de que sirve de base a otros platillos, algunos contiguos y emparentados, como la sopa o el consomé; otros más distantes y sin traza de su origen líquido, como arroces y paellas. A ese fundamento se le denomina "fondo" y los hay oscuros y claros (con carne roja o blanca) o gordos y magros (con o sin grasa). El dicho popular de "hacerle el caldo gordo" a alguien significa halagarlo o favorecerlo interesadamente, y deriva de la tradición de convidar a gruesas y mantecosas comilonas con potajes rebosantes de carne —y no de espinas o ejotes enjutos.

Entre las inconfundibles latas de sopa Campbell que Andy Warhol pintó durante los años sesenta, hay al menos un par que son abiertamente caldos y no sopas: la de Caldo escocés (*Scotch Broth*) y la de Caldo de res (*Beef Broth* o *Bouillon*). Warhol las convirtió en íconos de la cultura pop porque eran su alimento principal y todos los días almorzaba una lata y se bebía una Coca-cola. Se trata de artículos de consumo en los que se combina un empaque llamativo y un halo de familiaridad, producidos en serie y retrabajados artísticamente también en serie, con técnicas mecanizadas que desplazan el énfasis del objeto como "motivo" hacia su representación repetida, monótona y fría.

En la historia del arte occidental puede seguirse un hilo secreto que va del caldo de piedra de la prehistoria al caldo enlatado de los supermercados, un hilo a través del cual, en conservas con etiquetas vistosas en rojo y blanco, se completa el ocultamiento de nuestra condición carnívora y depredadora, al mismo tiempo que se la celebra y rinde homenaje, así sea de manera oblicua o "sublimada" en las nuevas cuevas sacras de los museos y galerías. En la estela del libro de Clayton Eshleman cabría argüir que ese hilo que empieza en la representación del caldo paleolítico y llega a las serigrafías pop no es otro que el de la larga Caída del ser humano para ocupar su lugar único y problemático en el mundo.

La obstinación del martillo

Por su sencillez y la distribución de su peso, por el movimiento de bamboleo y embate al que nos invita al asirlo con una sensación magnificada de poder, por la forma en que la mano se acopla a su mango hasta transformarlo en una extensión formidable del cuerpo, el martillo es la herramienta perfecta.

En *Caja de herramientas*, ese librito genial que se despliega como un teatro de objetos, Fabio Morábito observa que no hay nada como un martillo para sentir adhesión a la faena. Bien dispuestos y enfocados en un único objetivo, el martillo nos dota de la tensión justa, de ese equilibrio secreto que hace que el cuerpo adopte una postura y gallardía clásicas: "Toda estatua debería tener un martillo, visible o invisible, como un segundo corazón o un contrapeso que diera la gravedad debida a los miembros del cuerpo".

En una variedad de meditación activa, el impulso de los músculos debe confluir en un solo punto: la cabeza diminuta del clavo sin fijar, sostenido entre el índice y el pulgar como una pieza delicada —casi el estípite de un hongo—, de la que pronto saldrán chispas, al tiempo que la mente se desplaza por entero a la cabeza de acero forjado, justo detrás de la superficie de impacto. Entonces ya no queda margen para distracciones; si apartamos un instante la atención, nos magullaremos un dedo.

Tiro al blanco de pocos centímetros, instrumento obsesivo de percusión, macho cabrío de las herramientas, el martillo participa de una de las operaciones más elementales de sutura y adhesión: unir dos piezas a través de un tercera que las atraviesa como un nuevo hueso. Su función primordial es la contundencia del golpe, encauzar la energía cinética del cuerpo hacia su cara plana en forma de testarazo, y luego una y otra vez, siguiendo un ritmo en el que han de aliarse la furia y la pulcritud.

Es probable que el martillo —o una versión paleolítica de él—, fuera una de las primeras tecnologías desarrolladas por nuestros antepasados. Al igual que los chimpancés, los miembros más arcaicos del linaje humano utilizaban piedras como armas arrojadizas, pero también como yunques y martillos para partir nueces. Más allá de que, según algunos arqueólogos, el bipedismo se impuso por sus ventajas mecánicas al lanzar proyectiles, hay toda clase de indicios de que ya los primeros homínidos fabricaban herramientas sencillas, principalmente para cortar, raspar y pelar, a partir de lo que se conoce como "percusión dura": golpear una piedra contra otra. De allí extraían bifaces o hachas de mano, cuchillas de sílex y puntas cortantes. Pero las piedras toscas y resistentes con las que labraban esas herramientas eran ya, por su función, herramientas primigenias, que no suelen figurar en los museos de antropología. Hasta el apogeo de la Edad de Piedra el martillo no adoptaría la forma característica de un mazo atado a un mango de madera mediante tiras de cuero.

No está de más observar que, según paleoantropólogos como Pascal Picq, los primeros instrumentos que se conservan no surgieron en relación con el consumo de carne o la necesidad de partir huesos para extraer su médula, sino en torno a los vegetales o la crianza y, si nos atenemos a la división social del trabajo observada en los primates, seguramente a manos de las hembras. Aunque las diferencias no son tan marcadas, las mujeres tienen más habilidades verbales y una mejor coordinación entre la vista y la mano que los varones, lo que refuerza la hipótesis de que la cultura de las herramientas comenzó con ellas.★

Hay un no sé qué de incompleto en el martillo, un aire célibe disimulado por su aspecto de rudeza, una melancolía acorazada que esconde su soltería perpetua. Aunque presuma de frontal y de bastarse a sí mismo, su diseño remite a alguna contraparte o compañero perdido, ya sea el yunque, la hoz con la que en realidad no congenia, o el clavo mismo, razón de ser de la garra en "y" de los modelos para

---

★ Con argumentos convincentes aunque altamente especulativos (dada la ausencia de pruebas directas), algunos arqueólogos arriesgan la hipótesis de que el primer artefacto característicamente humano fue alguna variedad de rebozo o "canguro" para transportar a las crías. Ya fuera elaborado de bandas de cuero o de fibras vegetales, el portabebés habría permitido la protección y cuidado posnatal sin perder el contacto materno ni los beneficios del balanceo, de modo que se garantizara la maduración adecuada del cerebro. A consecuencia de la posición erguida y de la estrechez de las caderas que indujo, el cerebro humano al nacer sólo se ha desarrollado en un 29% con respecto a su peso adulto, lo que significa indefensión y falta de autonomía, tanto mental como física. Gracias a esa solución tecnológica, presente en las más variadas civilizaciones y culturas, no sólo se terminan de solidificar las placas craneales del lactante, sino que se estimula su pequeño cerebro al quedar en contacto continuo con el mundo exterior. No hay que perder de vista que hasta hace relativamente poco tiempo el linaje humano fue trashumante, por lo que el traslado de los bebés en un contexto de migraciones continuas habría sido crucial.

carpintero. Si el sometimiento cuenta como un tipo genuino de relación, el martillo se muestra empeñado en que ningún clavo sobresalga.

Símbolo de trabajo y fuerza bruta, en la mitología se asocia a la forja y el fuego, siempre en relación con la actividad volcánica, como en el caso del dios Hefesto. La transformación de los materiales en las bocas del Inframundo, cerca del magma, lo sitúan en un plano infernal, y es allí donde Charun, el demonio etrusco que guía a las almas tras la muerte, blande su martillo de mango largo.

La distancia entre la herramienta y el arma es incierta. En cuanto objeto contundente para pulverizar lo que se cruza en su camino, el martillo se confunde con el hacha, la mandarria y el garrote; no por nada se suele acudir a estos vocablos para magnificar la contundencia del golpe, como en el retumbante "mandarriazo". Mjölnir, el martillo de Thor de la mitología nórdica —significa "demoledor"— es descrito indistintamente como todos los instrumentos anteriores —y más. En los libros de las Edda, se carga de incontables funciones mágicas, aunque la principal es destrozar cráneos de gigantes. Además de fungir como cetro, tiene la cualidad de encogerse y regresar a las manos del dios, como un búmeran que siempre encuentra el camino de vuelta. Tal era el respeto que se le profesaba que servía para sancionar matrimonios; como emblema no tardaría en confundirse con la cruz del cristianismo. Se decía que el rayo y el trueno eran efecto de su acción destructora.

Quizá por el temor atávico que infunde, el martillo llama al orden en manos del juez, quien dicta sentencia con un golpe seco e inapelable, vía por la cual reverbera, en el plano acústico y gestual, la verticalidad de la justicia. De su alta jerarquía se desprende, acaso inevitablemente, cierto halo de arbitrariedad y violencia, ya que puede ser obtuso y ciego de la forma más machacona.

El *Malleus Maleficarum*, mejor conocido como *El martillo de las brujas*, de los monjes dominicos Kramer y Sprenger, tratado demonológico de 1486 concebido "para golpear a las brujas y sus herejías con poderosa maza", fue un arma de muchas cabezas que brotaban desenfrenadamente de un mismo tronco de odio, prejuicio y misoginia. A fin de legitimar la persecución y ampliarla de forma masiva y sistemática, el libro pretende mostrar que las transgresoras representan un peligro grave para la humanidad, en virtud de su pacto con el diablo. Como anota Elia Nathan en *Territorios del mal*, al sentar las bases que hacían de la brujería un crimen excepcional, el *Malleus* justificaba un castigo acorde a la dimensión de la amenaza. Y la intransigencia del discurso inquisitorial no se limitaba a quienes practicaban la magia baja, la herbolaria o asistían en los partos; alcanzaba a cualquiera que abrigara reservas sobre la existencia misma de la brujería o sobre la severidad de las penas. La duda razonable los volvía culpables de inmediato, por cómplices, herejes o hechiceros. No es necesario notar que el esquema punitivo del *Malleus* ha sido imitado incontables veces a lo largo de la historia…

Aunque el martillo parezca una extensión del brazo y una radicalización del puño, no lo es menos de la cabeza. Su cara de acero, lisa y sin facciones, arremete con una obcecación humana, demasiado humana, y a menudo totalmente ciega. En sentido opuesto, Nietzsche defendió una práctica de la filosofía "a martillazos" que tenía como propósito demoler a golpes de aforismo y críticas certeras los errores, las supersticiones y los valores falaces del racionalismo y la moral cristiana, con el fin de precipitar el ocaso de los ídolos de Occidente.

Meditación sobre una botella de agua

El agua está bajo sospecha desde que fue embotellada. A diferencia de la polémica bizantina del vaso medio lleno o medio vacío, la disputa alrededor de la botella es entre lo puro y lo impuro, entre los poderes refrescantes y las influencias funestas. Casi nos han convencido de que el agua de la llave está del lado de lo sucio y lo insalubre, así que trasladamos esa inquietud a cualquier recipiente que llevemos a los labios. No importa que los análisis de laboratorio arrojen con frecuencia otros datos, el agua corriente se asocia con lo inferior, lo turbio y el peligro, ya que, como su nombre lo indica, no acepta sofisticaciones ni refinamientos. En contraste, a pesar de que el agua embotellada luzca como una prefiguración del estancamiento, la aceptamos como mejor sólo porque nunca es gratis.

En el orden de la mercancía, el cuarto estado del agua corresponde a lo etéreo. Es una sublimación de lo líquido que difiere del vapor en un sentido espiritual. Asociado a la oposición entre lo sacro y lo profano, remite a cierta cualidad metafísica, a un no sé qué sobrenatural que la vuelve más ligera, saludable y eficaz para calmar la sed y depurar el cuerpo. Ya sea carbonatada o de manantial, alcalina o de piedra, el atractivo comercial del agua no reside tanto en su carácter cristalino ni en ningún aspecto relacionado con su apariencia o sabor, sino en la promesa incorpórea de situarse al margen de todo contacto humano, más allá de las fuerzas negativas y contaminantes del bajo mundo. No es casual que algunas empresas embotelladoras jueguen con la idea de que su agua es tan prístina y pura, tan apartada de la suciedad de lo mundano, que casi califica como bendita, pues únicamente lo ya corrupto y pecaminoso requeriría de un proceso de purificación.

En la mercadotecnia de lo natural, el agua precisaba vincularse a lo místico para volverse el producto por excelencia en que se ha convertido. Si la cantidad de agua en el planeta es siempre la misma, sólo un acto de prestidigitación podía convertirla en una mercancía rentable y un objeto de deseo, que ya vende mucho más que la cerveza, la leche o el café. Hay aguas que se cosechan directamente de icebergs o que se embotellan en noches de luna llena en montañas inaccesibles, cuyo precio es equiparable al de un buen vino; sin embargo, antes de convertirse en un artículo de lujo, seguramente pasó, como parte del ciclo ancestral del agua, por los riñones de un mamut o se evaporó de algún charco pestilente, al igual que la que almacenamos en las modestas barricas de los tinacos.

Si yo fuera publicista y hubiera ya vendido mi alma al diablo, retomaría sin rubor helado los versos de José Gorostiza para convertirlos en jingles burbujeantes, a fin de apelar a esa dimensión religiosa en que el agua se impregna de una esencia que la consagra y al mismo tiempo la distingue de las otras, transfiriéndole poderes extraordinarios. El verso "¡Qué agua tan agua!" diría que tiene la eufonía inconfundible de un eslogan; y no es difícil imaginar anuncios subliminales en los que, bajo la voluptuosidad de los rayos del sol sobre cuerpos tendidos al lado de la alberca, unos labios exclaman después de un largo trago incomparable: "¡Qué desnudez de agua tan intensa!"

(Esto me lleva a pensar que si *Muerte sin fin* se reescribiera en este siglo, giraría en torno a la botella de agua antes que al vaso de cristal, y que al explayarse sobre esa prisión de plástico que la aclara y le confiere forma, el poema tendría que sacrificar su frialdad abstracta y su rigor cerebral para mancharse las manos en el fango de las consideraciones económicas y las afectaciones al ambiente).

Según Nietzsche, "quien no quiera morir de sed entre los hombres tiene que aprender a beber de todos los vasos". También, si no recuerdo mal, fue él quien señaló que si deseamos con fervor agua simple, ni aun el mejor de los vinos podrá contentarnos. En lo personal, me parece una locura desembolsar lo mismo por un litro de agua que por un litro de gasolina, así que suelo comprar agua con gas, que por supuesto es más cara, pero me hace sentir que al menos estoy pagando por el cosquilleo de las burbujas. La convicción de que esa efervescencia, esas tempestades festivas del vaso valen cada centavo de su precio, me lleva a deleitarme con el agua carbonatada como si se tratara de champaña.

En sus investigaciones sobre la naturaleza del placer, Paul Bloom descubrió que el disfrute del agua embotellada no depende de su sabor ni de su transparencia, sino del aura del envase o del prestigio de la marca. En un programa de radio en vivo, el fundador y director de la franquicia Perrier para Norteamérica se sometió a una prueba a ciegas, con siete copas distintas dispuestas a la misma temperatura. Atribulado y perplejo, con el sudor frío de quien se descubre de golpe un charlatán (que, para colmo, se autoengaña), no atinó a identificar sino hasta el quinto intento el elixir elemental que promocionaba a un precio exorbitante, y eso que varias de las copas no contenían más que agua del grifo. En su momento fue incapaz de balbucir alguna explicación satisfactoria, pero el directivo no mentía —ni antes ni después del bochornoso experimento— al asegurar con gran bombo que el agua Perrier depara un placer incomparable. El agua envasada en botellas verdes brinda una experiencia más gratificante porque es un signo de estatus y distinción, y porque, como escribió Marx en el célebre apartado sobre el fetichismo de la mercancía, está atravesada por quimeras y fantasmagorías que enmascaran su naturaleza recóndita —en este caso, su simpleza de agua. El quid está en que, para disfrutarla a plenitud, uno tiene que saber *de antemano* que se trata de Perrier y no de agua de la llave.

Desde luego no todo depende de nuestras expectativas. Los pozos contaminados abundan, lo mismo que los protocolos de higiene más bien laxos en el manejo del agua; y tal es la cantidad de cloro que se añade en ciertas ciudades al agua corriente, que tomar un vaso nos transporta a una atmósfera de alberca o de balneario en Sábado de Gloria. Se ha descubierto que el agua "ligera", reducida en sales, en realidad deshidrata, pues en su paso por el organismo absorbe los minerales del cuerpo; y aunque los sibaritas y catadores de agua fallen una y otra vez en su identificación en las pruebas a ciegas, el consenso es que el agua más rica, en toda la extensión de la palabra —tanto por sus propiedades como por su gusto—, es la de manantial, que sin embargo puede estropearse fácilmente con los nanoplásticos que se desprenden de las botellas en que se expende.

Una de las tantas islas flotantes de plástico que crecen en los océanos ya rebasa la superficie de Francia. Cuando finalmente, alimentada por las toneladas de desperdicio que recibe todos los días, alcance la condición de tierra firme (que nada nos impide bautizar como Plastiterra o como el subcontinente de Petlandia), podría ser el paraíso en el que se exilie a los mercenarios del agua embotellada, que venden pureza mística y estatus efímero a costa de destruir el planeta.

Referencias

Aunque las cosas de las que nos rodeamos parecen investidas de poderes y, a través de su forma, sugieren disposiciones y modos específicos de relacionarnos con ellas, difícilmente podríamos leer su historia y todas sus incitaciones a través de la observación directa o de la experiencia de interactuar largo tiempo con ellas. La empuñadura de un cuchillo o el mango de una sartén, por la naturalidad con que la mano se acopla a sus diseños, muestran hasta qué punto estamos implicados en los objetos, a pesar de que no necesariamente terminen de revelarnos sus secretos, ni respecto de su significado ni de su genealogía, ante acercamientos puramente fenomenológicos.

Según los arqueólogos y antropólogos, el ser humano coevolucionó a la par de la tecnología que ha creado. Cortar la carne con instrumentos líticos, por ejemplo, se tradujo con el paso de las generaciones en la transformación de la mandíbula. Hizo que perdiéramos los dientes caninos afilados y, más importante, que los músculos de la masticación se redujeran, lo cual permitiría el ensanchamiento del cráneo y, eventualmente, daría espacio a un cerebro de mayor tamaño.

Al tomar una piedra y arrojarla contra un blanco —digamos, contra el letrero de "no arrojar piedras"—, repetimos una acción con millones de años a sus espaldas, que probablemente esté en la raíz de que nuestros ancestros adoptaran la postura erguida, dadas las ventajas que supone para la mecánica del lanzamiento. Basta sentir la plenitud elemental de la piedra que nos llena la mano y le confiere tensión al resto del cuerpo para darse cuenta de que se trata de una relación muy antigua, tal vez inscrita en nuestra memoria remota, que mediante el impulso de arrojarla nos pone en contacto con el pasado de la especie. A partir del momento en que los miembros del linaje humano comenzaron a manipular piedras y otros materiales para trabajarlos y crear las primeras armas y herramientas, una fuerza desconocida tomó cuerpo, una fuerza nueva y de tal magnitud que, como una ola que se propaga a través de las generaciones, nos trajo hasta aquí.

A lo largo de la escritura de estos ensayos me obsesioné con los libros sobre la evolución humana. Me atrajeron en particular aquellos que subrayan la importancia de los utensilios y la elaboración de objetos en las etapas más decisivas de nuestro viaje inusitado hacia la humanización: el bipedismo, el desarrollo del cerebro, el lenguaje estructurado gramaticalmente y la autoconciencia. Didi-Huberman llama la atención sobre el hecho de que los niños se entretengan con juguetes que tienen su origen en la ardua lucha por la supervivencia de la humanidad primitiva —como el arco y la flecha o como la honda—, hoy fabricados en serie y en colores chillones, como si hubiera que atravesar durante la infancia las etapas de la evolución asociada a los instrumentos que, en buena medida, nos conformaron. Aun si aceptamos la idea de Darwin de que no hay un rumbo ni una finalidad en los mecanismos de la selección natural, no parece exagerado decir que el ser humano se ha moldeado a sí mismo, así sea inadvertidamente, a través de los inventos y astucias que ha materializado y transmitido a sus descendientes para adaptarse al medio y sobrevivir.

Quizá porque se trata de un terreno altamente especulativo y cambiante, donde una nueva pieza de evidencia puede echar abajo hipótesis que se antojaban bien asentadas, los textos que más me cautivaron fueron aquellos que no pierden de vista otras aproximaciones además de las estrictamente científicas y que, sin desatender el registro arqueológico, intentan responder con rigor a las preguntas sobre el pasado evolutivo también a la luz de la mitología, la literatura y la intuición. Uno de mis libros de cabecera en este periodo fue *Mecha de enebros* de Clayton Eshleman, una revoltura estimulante de poesía y exploración de primera mano, de investigación exhaustiva y vislumbres proféticos que se adentra en el surgimiento de la conciencia a partir de la creación de las primeras imágenes en las cuevas del Paleolítico superior. Aunque quizá descabellado y en muchos puntos indemostrable, el libro despliega vuelos audaces alrededor de las primeras manifestaciones artísticas y, sin olvidarse de que al final debe poner de nuevo los pies en la tierra, se acerca a las dificultades teóricas con flexibilidad, apertura de miras y atrevimiento. Como bien apunta Phillip Lopate, cuando una mente nos interesa consentimos de buena gana que nos lleve a donde quiera, así sea a una pared al fondo de una gruta con tres o cuatro dibujos milenarios y algunas huellas humanas en las que parece esconderse el secreto de la emergencia de la metáfora.

Además del libro de culto de Eshleman, destacaría otros tres que me acompañaron en mi recorrido alrededor del lado material de la vida cotidiana. Hechizado por su punto de vista reflexivo y de gran hondura filosófica acerca de la historia y la forma de los objetos, consulté una y otra vez *Parafernalia* de

Steven Connor, obra apasionante y enigmática que consigue, casi en cada página, iluminar algún aspecto de ese conjunto de bártulos irrenunciables y chucherías superfluas que dan continuidad a nuestra vida y permiten que nos dediquemos a "la actividad de ser nosotros mismos". El mamotreto ilustrado de casi ochocientas páginas de *La historia del mundo en 100 objetos* de Neil MacGregor, en otro tiempo director del Museo Británico, también me deparó momentos inolvidables de lectura; aunque poco práctico por su peso y tamaño, y con el defecto —casi nunca disculpable— de que es muy difícil de sostener en la cama, me ayudó a reflexionar con distancia y perspectiva histórica sobre artefactos y soluciones tecnológicas que damos por descontadas, así como sobre la relación que esos objetos y reliquias guardan con el presente y acaso con el futuro. Por último, resaltaría *Cosas (y) materiales* de Mark Miodownik, un descenso a la estructura interna de los objetos comunes y corrientes; libro de múltiples capas que no por su precisión técnica y su halo de aridez ingenieril deja de obrar el milagro de que incluso el hormigón resplandezca ante nuestros ojos.

Desde luego también consulté decenas de artículos en línea, pdfs borrosos y con páginas faltantes, así como toda clase de diccionarios, desde etimológicos hasta de mitología y de símbolos. Y, claro, la RAE y la *Enciclopedia Británica* en línea y la Wikipedia. Abajo consigno únicamente los textos que cito de manera explícita o a los que aludo así sea de pasada, pero soy consciente de que se trata de una lista incompleta y de que estoy en deuda con muchos libros y autores más.

Bibliografía

Abe, Kōbō, *El hombre caja*. Madrid: Siruela, 2012.
Agamben, Giorgio, "La filosofía del contacto". En: *La Jornada Semanal*, 04/07/21.
Alcalá, Graciela y Viqueira, Juan-Pedro, "De la quesadilla al taco: un mito mexicano". https://pmcarbono.org/pmc/descargas/biblioteca/QuesadillaTaco.pdf
Alvarez, Al, *La noche*. Buenos Aires: Fiordo, 2022.
Bachelard, Gaston, *La llama de una vela*. Buenos Aires: el cuenco de plata, 2015.
Baudrillard, Jean, et al., *Los objetos*. Buenos Aires: Tiempo contemporáneo, 1971.
Benjamin, Walter, *Calle de sentido único*. Madrid: Akal, 2015.
——— *Libro de los pasajes*. Madrid: Akal, 2007.
Blackledge, Catherine, *El origen del mundo*. Barcelona: Ediciones Península, 2020.
Blum, Andrew, *Tubos*. México: Océano, 2013.
Boom, Paul, *How Pleasure Works*. Nueva York: W.W. Norton & Company, 2011.
Borges, Jorge Luis, *Borges oral*. Barcelona: Bruguera, 1980.
Brennan, Maeve, *Crónicas de Nueva York*. Barcelona: Alfabia, 2011.

Brodrick, A.H., *La pintura prehistórica*. México: FCE, 1965.

Carelman, Jacques, *Catalogue of Extraordinary Objects*. Londres: Abelard-Schuman, 1974.

Casati, Roberto, *El descubrimiento de la sombra*. Barcelona: Debate, 2001.

Castellanos, Rosario, *Poesía no eres tú*. México: FCE, 1972.

Cela Conde, C.J. y Ayala, F.J., *Senderos de la evolución humana*. Madrid: Alianza, 2003.

Cesar, Ana Cristina, *Guantes de gamuza*. Buenos Aires: Bajo la luna, 1992.

Christian, David, *La gran historia de todo*. Barcelona: Paidós, 2019.

Clottes, Jean, *Cave Art*. Londres: Phaidon, 2010.

Connor, Steven, *Parafernalia*. Barcelona: Ariel, 2012.

Copi, *Los pollos no tienen sillas*. Buenos Aires: El cuenco de plata, 2012.

Corominas, Joan, *Diccionario crítico etimológico castellano e hispánico*. Madrid: Gredos, 1984.

Deltoro, Antonio, *Balanza de sombras*. México: Joaquín Mortiz, 1997.

Delumeau, Jean, *Historia del paraíso*. Madrid: Taurus, 2004.

Díaz del Castillo, Bernal, *Historia verdadera de la conquista de la Nueva España*. Madrid: Alianza, 2016.

Didi-Huberman, Georges, *Fasmas*. Santander: Shangrila, 2015.

Domínguez, Carlos María, *La casa de papel*. Buenos Aires: Alfaguara, 2004.

Doyle, Conan, *El misterio del Valle Boscombe*. Barcelona: Bruguera, 1981.

Duchamp, Marcel, *Escritos*. Barcelona: Galaxia Gutenberg, 2012.

Durham, Jimmie, *Entre el mueble y el inmueble*. México: Alias, 2007.

Duverger, Christian, *La flor letal*. México: FCE, 1983.
Eshleman, Clayton, *Mecha de enebros*. México: Aldus, 2013.
Faraday, Michael, *The Chemical History of a Candle*. Project Gutenberg eBook, 2004.
Frazer, James George, *La rama dorada*. México: FCE, 1986.
Galeano, Eduardo, *Memoria del fuego*. México: Siglo XXI, 2016.
García Font, J., *Historia y mística del jardín*. Barcelona: mra, 1995.
Gass, William, *Sobre lo azul*. Madrid: La navaja suiza, 2017.
Ginzburg, Carlo, *Mitos, emblemas, indicios*. Barcelona: Gedisa, 1989.
—— *El hilo y las huellas*. Buenos Aires: FCE, 2010.
Gómez de la Serna, Ramón, *Greguerías*. México: Rei, 1990.
Grimal, Pierre, *Diccionario de mitología*. Barcelona: Paidós, 1994.
Harris, Marvin, *Nuestra especie*. Madrid, Alianza, 2011.
Hernández, Felisberto, *Obras completas*. México: Siglo XXI, 1983.
Hernández, Francisco, *Historia de las plantas de Nueva España*. México: Imprenta Universitaria, 1942-1946.
Hernández Cortés, Eduardo, *Recetario nahua de Morelos*. México: DGCP, 2003.
Hustvedt, Siri, *Madres, padres y demás*. Barcelona: Seix Barral, 2022.
Illich, Iván, *Némesis médica*. México: Joaquín Mortiz, 1978.
Kawakami, Kenji, *Unuseless Japanese Inventions*. Nueva York: Norton & Co., 2005.
Kingsley, Peter, *Filosofía antigua, misterios y magia*. Girona: Atalanta, 2017.
Kramer, H., y Sprenger, J., *El martillo de las brujas (Malleus Maleficarum)*. Madrid: Felmar, 1976.

Kulka, Tomas, et al., *El kitsch*. Madrid: Casimiro, 2011.

Leakey, Richard, *El origen de la humanidad*. Barcelona: Debate, 2000.

Leander, Birgitta, *Herencia cultural del mundo náhuatl*. México: SepSetentas, 1972.

Lengen, Johan van, *Manual del arquitecto descalzo*. México: Pax, 2011.

Lenz, Hans, *El papel indígena mexicano*. México: SepSetentas, 1973.

López Austin, Alfredo, *Una vieja historia de la mierda*. México: Ediciones Toledo, 1988.

——— "Los temacpalitotique. Brujos, profanadores, ladrones y violadores". En: *Estudios de cultura náhuatl* 6:97-117, 1966.

——— Los mitos del tlacuache. México: UNAM, 2003.

López Velarde, Ramón, *El son del corazón*. México: BOI, 1932.

MacGregor, Neil, *La historia del mundo en 100 objetos*. Barcelona: Debate, 2018.

Macías Valadez Treviño, C.A., *Los nudos*. México: Los scouts de México, 2011.

Maeterlinck, Maurice, *La inteligencia de las flores*. Barcelona: Hyspamérica, 1987.

Martínez Cortés, Fernando, *Pegamentos, gomas y resinas en el México prehispánico*. México: SepSetentas, 1974.

Maurette, Pablo, *El sentido olvidado*. Buenos Aires: Mardulce, 2015.

——— *La carne viva*. Buenos Aires: Mardulce, 2018.

Mendoza, María Luisa, *Las cosas*. México: Joaquín Mortiz, 1976.

Miodownik, Mark, *Cosas (y) materiales*. Madrid: Turner, 2017.

Moles, Abraham A., *Teoría de los objetos*. Barcelona: Gustavo Gili, 1975.

Mollerup, Per, *Collapsible*. San Francisco: Chronicle Books, 2001.

Montaigne, Michel de, *Los ensayos*. Barcelona: Acantilado, 2007.

Morábito, Fabio, *Caja de herramientas*. México: FCE, 1989.

Moreno Villarreal, Jaime, *El salón de los espejos encontrados*. México: El Equilibrista/CNCA, 1995.

Murasaki Shikibu, *La novela de Genji*. Barcelona: Espasa-Calpe, 2010.

Nathan, Elia, *Territorios del mal*. México: UNAM, 1997.

Neruda, Pablo, *Odas elementales*. Buenos Aires: Losada, 1970.

——— *Nuevas odas elementales*. Buenos Aires: Losada, 1977.

Novo, Salvador, *En defensa de lo usado*. México: Editorial Polis, 1938.

Orwell, George, *Ensayos*. Barcelona: Debate, 2013.

Panati, Charles, *Extraordinary Origins of Everyday Things*. Nueva York: Harper & Row, 1987.

Papini, Giovanni, *El espejo que huye*. Madrid: Siruela, 1984.

Perniola, Mario, *El sex appeal de lo inorgánico*. Madrid: Trama editorial, 1998.

Petroski, Henry, *The Pencil*. Nueva York: Knopf, 2014.

Picq, Pascal, *Sapiens frente a Sapiens*. México: Siglo XXI, 2021.

Plinio el Viejo, *Historia natural*. Madrid: Gredos, 1995.

Ponge, Francis, *El jabón*. Valencia: Pre-Textos, 1977.

——— *De parte de las cosas*. Caracas: Monte Ávila, 1992.

Porchia, Antonio, *Voces reunidas*. México: Fondo Editorial UAQ, 2020.

Quevedo, Francisco de, *Poesía varia*. México: Rei, 1990.

Reichholf, Josef H., *La aparición del hombre*. Barcelona: Crítica, 1996.

Rimmel, Eugène, *El libro de los perfumes*. Madrid: Hiperión, 2002.

Russell, J.B., *Historia de la brujería*. Barcelona: Paidós, 1998.

Saer, Juan José, *El concepto de ficción*. Barcelona: Rayo verde, 2007.

Sahagún, Bernardino de, *Historia general de las cosas de la Nueva España*. México: Editorial Pedro Robredo, 1938.

Sarduy, Severo, *El cristo de la rue Jacob*. Caracas: Monte Ávila, 1994.

Schifter, Isaac, *La huella invisible: humos, polvos y perfumes*. México: FCE, 2009.

Shônagon, Sei, *El libro de la almohada*. Buenos Aires: Adriana Hidalgo, 2004.

Stevenson, Robert Louis, *Memoria para el olvido*. México: FCE/Siruela, 2008.

Stoichita, Victor I., *Breve historia de la sombra*. Madrid: Siruela, 1999.

Strömquist, Liv, *La sala de los espejos*. Barcelona: Random House, 2022.

Swift, Jonathan, *Instrucciones a los sirvientes*. Madrid: Sexto Piso, 2007.

——— "Meditation upon a Broomstick", en: *A Modest Proposal*. Colonia: Könemann, 1997.

Tanizaki, Junichiro, *El elogio de la sombra*. Madrid: Siruela, 2009.

Taylor, Timothy, *The Prehistory of Sex*. Nueva York: Bantam, 1997.

Tibón, Gutierre, *25 años en México*. México: Costa Amic, 1965.

Toriyama, Sekien, *Guía ilustrada de monstruos y fantasmas de Japón*. Madrid: Quaterni, 2014.

VVAA, *El juego de pelota*. México: Museo Nacional de Antropología, 1986.

Vallejo, Irene, *El infinito en un junco*. Madrid: Siruela, 2021.

Veblen, Thorstein, *Teoría de la clase ociosa*. Barcelona: Hyspamérica, 1987.

Vila-Matas, Enrique, *Historia de la literatura portátil*. Barcelona: Anagrama, 1985.

Vroon, Piet, *La seducción secreta*. Barcelona: Tusquets, 1999.

Wagner, E. J., *La ciencia de Sherlock Holmes*. Barcelona: Planeta, 2010.

Wallace, Alfred Russel, "The Importance of Dust". https://people.wku.edu/charles.smith/wallace/S547.htm

Walpole, Horace, *Historia del gusto moderno en la jardinería*. México: Umbral, 1998.

Wasson, G., Hofmann, A., Ruck, C.A.P, *El camino a Eleusis*. México: FCE, 1980.

Weil, Simone, *Echar raíces*. Madrid: Trotta, 1996.

Wittgenstein, Ludwig, *Zettel*. México: IIF-UNAM, 2007.

Woolf, Virginia, et al., *El arte del paseo inglés*. México: Tumbona ediciones, 2015.

Wright, Lawrence, *Pulcro y decente*. Barcelona: Noguer, 1962.

Yalom, Marilyn, *Historia del pecho*. Barcelona: Tusquets, 1997.

Zepeda de Alba, Sergio, "Diminuta historia de las quesadillas sin queso". https://revistareplicante.com/diminuta-historia-de-las-quesadillas-sin-queso/

Índice

Preámbulo. Un gabinete de curiosidades de lo inmediato   9
Agradecimientos   18

Elogio de la cobija   21
Viaje alrededor de la maceta   28
La melancolía del polvo   33
El reino de la mesa   39
La hospitalidad de lo cóncavo   44
La doble vida del paraguas   51
Nostalgia del aire   57
Hacia una historia de la puerta   62
El hueco de la almohada   69
El vuelo de la escoba   75
Una casa de papel   80
Voracidad del fuego   86
El *selfie stick* o la prótesis del yo   94
Celebración de la quesadilla (sin queso)   100
Monumento al jabón   105
El baile de la bolsa de plástico   111
Nuevo elogio de la sombra   116
Los saltos de la pelota   123
La fiebre del papel de baño   129

Fluidos pegajosos	135
El túnel del tacto	140
El paréntesis de la hamaca	146
La maleta insaciable	151
El estridente encanto de las baratijas	157
La silla en el banquillo	162
El sueño de lo inalámbrico	167
Balance de la pastilla	172
Añoranza de la vela	178
La ventana en primer plano	186
El jardín como ficción	193
Al otro lado del espejo	199
El horizonte de la caja de cartón	205
La fiesta del molcajete y el metate	210
El secreto de los nudos	215
Música de tuberías	220
Las balanzas invisibles del umbral	225
Esto no es una pipa	231
Reinvención del retrete	237
Cazadores de huellas	244
El método del lápiz	249
El hechizo de los guantes negros	256
La vigilia del foco	262
Filosofía del perfume	268
Claroscuros del libro	274
Los embrollos de la cinta adhesiva	281
El caldo primigenio	286
La obstinación del martillo	293
Meditación sobre una botella de agua	298
Referencias	303
Bibliografía	307

Esta obra se terminó de imprimir
en el mes de febrero de 2025,
en los talleres de Diversidad Gráfica S.A. de C.V.
Ciudad de México